TOURNIER ÉLÉMENTAIRE

Purdue Studies in Romance Literatures

PSRL volume 6

TOURNIER ÉLÉMENTAIRE

Jonathan F. Krell

Purdue University Press
West Lafayette, Indiana

98 97 96 95 94 5 4 3 2 1

The paper used in this book meets the minimum requirements of American National Standard for Information Sciences—Permanence of Paper for Printed Library Materials, ANSI Z39.48-1984.

Printed in the United States of America
Design by Anita Noble

Library of Congress Cataloging-in-Publication Data
Krell, Jonathan F., 1952–
Tournier élémentaire / Jonathan F. Krell.
p. cm. —(Purdue studies in Romance literatures ; v. 6)
Includes bibliographical references and index.
ISBN 1-55753-056-4 (alk. paper)
1. Tournier, Michel—Criticism and interpretation. I. Title.
II. Series.
PQ2680.083Z75 1994
843'.914—dc20 94–11288
CIP

A ma famille, cellule élémentaire

Table des matières

Avant-propos

Si tout roman de Tournier raconte un voyage géographique dont la trajectoire est plutôt horizontale, le protagoniste vit également un voyage *vertical* le long d'un axe imaginaire défini par les quatre éléments. Dans le premier chapitre, nous introduisons le concept de ce trajet imaginaire, que nous appelons le *voyage élémentaire.* Lié aux images substantives, donc statiques, du feu, de l'air, de la terre et de l'eau, ce voyage n'appartient pas moins aux schèmes verbaux, donc dynamiques, de l'imagination.

Tournier lui-même nous suggère cette clef verticale qui ouvre son univers romanesque dans "L'Esprit de l'escalier" (*Des clefs et des serrures* 47–49; *Petites proses* 21–23), un petit texte où, s'inspirant de Gaston Bachelard, il explore les escaliers antithétiques qui mènent au grenier et à la cave. L'escalier est un symbole qui sied bien à l'œuvre de Tournier. Objet des plus communs, il est connu de tous; cependant, de cet espace humble et intime de la maison va naître un immense réseau symbolique, résumant "tout le drame de la verticalité," selon Jean Chevalier et Alain Gheerbrant (414). L'escalier représente "la progression vers le savoir" (413), que ce soit la connaissance divine du ciel ou la connaissance occulte des enfers. Pareillement, Tournier prétend écrire des livres à la portée de tout le monde, des enfants comme des adultes. Mais ses romans, hésitant entre souillure et salut, sont aussi des quêtes métaphysiques pour Sophie, "le soleil simple et nu de la sagesse" (*Le Vent Paraclet* 289).

Professeur de Tournier à la Sorbonne, Bachelard était un des principaux maîtres à penser de l'écrivain. C'est la raison pour laquelle ses livres sur les quatre éléments forment le cadre de cette étude, comme les éléments eux-mêmes sont les substances à partir desquelles se construisent l'espace du voyage imaginaire que nous proposons d'analyser. Mais Tournier est un auteur de l'époque "après-Bachelard" (Durand ix), et il faut ainsi tenir compte des travaux synthétisants du grand héritier de Bachelard, Gilbert Durand. Ce dernier prête une rigueur scientifique aux rêveries bachelardiennes et insiste sur le dynamisme qui mobilise l'imagination, idée qu'il ne trouve pas assez clairement établie dans la classification élémentaire de Bachelard. Durand insiste que si l'on veut analyser le fonctionnement de l'imagination, il faut se mettre dans le "trajet anthropologique" (38), tenant compte des échanges constants entre l'être humain et son milieu. Ce trajet à travers les régimes diurnes et nocturnes de l'imaginaire nous semble un outil indispensable pour suivre le voyage que nous avons identifié comme le dénominateur commun entre tous les grands personnages tourniériens.

Les éléments, chargés de connotations sans cesse oscillant entre le positif et le négatif, sont cruciaux aux études de Durand comme de Bachelard. Leur ambivalence peut nous révéler le secret de l'univers de Michel Tournier, où les personnages subissent l'inversion des symboles qui contrôlent leur destin.

Ce livre propose donc une triple lecture: Tournier en parallèle avec les rêveries de Bachelard et la mythanalyse structurale de Durand. Basée sur les quatre arcanes mineurs du Tarot, lesquels s'assimilent aux quatre éléments, la structure imaginaire de Durand est particulièrement pertinente aux écrits de Tournier, dont le premier roman s'ouvre sur une lecture des cartes du Tarot. Le symbolisme initiatique du jeu ésotérique nous pousse à y voir une importante structure ludique—caractérisée surtout par un déconcertant "humour blanc" (*Le Vent Paraclet* 198)—qui s'étend sur toute son œuvre.

A partir du second chapitre, nous suivons le personnage le long de son voyage élémentaire, commençant sur la surface terrestre. Dans cette région de pierre et de poussière, de champs, d'arbres et de jardins, nous rencontrons le nomade et le sédentaire, symboles de deux modes de vie et de deux pensées contradictoires, dont la lutte incessante définit en grande partie l'univers romanesque de l'auteur. Pour Mireille Rosello, un désir de surmonter la dualité est au cœur de l'œuvre de Michel Tournier:

> [C]omment serait-il effectivement possible d'être "les deux" [. . .] dès lors que le langage revient toujours à l'un, tâche de distinguer l'un de l'autre en créant toujours et partout la différence. [. . .] Les textes de Tournier sont à la recherche d'une problématique indifférence qui *contiendrait* la différence au lieu de l'exclure. (Rosello 14)

L'androgyne, que nous étudions d'abord sous la forme de l'arbre-androgyne et sa personnification dans "Logre" du "Petit Poucet," s'impose comme l'image de la perfection. Arlette

Bouloumié note que l'androgyne est pour Tournier "un modèle idéal, transcendant, impliquant la dissolution des formes terrestres et réservé à de rares initiés, [. . .] réalisant la coïncidence des opposés" (193). Au cours de cette étude nous verrons bien d'autres manifestations de l'androgyne, qui seul réussit à vaincre les dualités menaçant de déchirer les personnages.

Dans ce début du voyage élémentaire, nous constatons une préférence de l'auteur pour l'horizontalité. Un tel penchant montre déjà le caractère subversif de ses écrits, car pour son Robinson Crusoé, préférer l'horizontal, c'est refuser la profondeur et l'intériorité, valeurs traditionnellement plus nobles que la superficialité que prône Robinson.

Le troisième chapitre explore les régions souterraines dans lesquelles sombre le héros tournièrien. Nous y analysons la terre molle, la grotte et les mines de sel, ainsi que les créatures chthoniennes—l'ogre et le cheval—et les substances immondes—les excréments et les ordures—qui habitent le monde imaginaire de la descente digestive.

La longueur de ce chapitre traduit la préoccupation de Tournier pour ces lieux qui attirent et répugnent en même temps. Si "L'Esprit de l'escalier" nous révèle la dynamique verticale dans ses écrits, un autre texte des *Petites proses,* "Bas-fonds" (26–28), décrit l'univers où le protagoniste va séjourner principalement. Ce n'est pas l'escalier du grenier, mais celui de la cave qui obsède Tournier, et la "cuve septique, sorte d'ogresse coprophage et souterraine, âme noire, gourmande et immonde" (27), serait, avec la cuve à fuel et le puisard, ce que sa maison "a de plus intime et de plus humain" (28). Région ambiguë, le souterrain semble d'abord incarner l'androgyne, mais on verra que ses qualités maternelles et intimes cèdent enfin à une voracité de bête mordante.

Les deux chapitres suivants traitent des images de l'eau et du feu, substances qui fonctionnent comme les charnières du voyage élémentaire. Ce sont des éléments baptismaux, marquant le passage entre un passé enraciné dans la terre et un avenir qui jouit de la liberté aérienne ou solaire. Eléments donc de la mort: "l'eau noire" mobile et insaisissable comme les instants du temps, ou immobile comme le miroir porteur d'un double menaçant; le feu de l'enfer qui torture ou le feu apocalyptique qui sidère. Mais aussi éléments du salut: la plage qui apporte Vendredi riant et abrite les autres marginaux célébrés par

Tournier; le feu du foyer sortant du bois de l'arbre-androgyne, né d'un frottement qui inspire les penseurs comme les amants.

Le chapitre six analyse les dénouements des six romans de Tournier, où le héros, après avoir subi les tortures du souterrain, de l'eau et du feu initiatiques, renaît purifié, léger, aérien. Nous nous arrêtons surtout sur les apothéoses de Robinson et de Paul dans *Vendredi ou les limbes du Pacifique* et *Les Météores.* Robinson, devenant "l'épouse du ciel" (*Vendredi* 230), illustre le pouvoir de l'androgyne, qui seul brise les entraves de la sexualité œdipienne, qui seul apprend à vivre en harmonie parfaite avec le cosmos. Le Robinson minéro-solaire de la scène finale atteint le *coincidentia oppositorum* crucial aux alchimistes. A travers Paul, Tournier élabore son écriture alchimique, et l'on peut déceler une version moderne de l'*opus alchymicum* dans la souffrance suivie de l'apothéose du jumeau abandonné: comme "l'œuvre au blanc" dépend de "l'œuvre au noir," la subtile âme de Paul ne se sublime que grâce au sacrifice de son corps impur, matière première de la grande œuvre.

Le mouvement alchimique est toujours double: les impuretés descendent pour faire monter et libérer la substance pure. Ce rythme binaire caractérise l'œuvre de Tournier, comme tous les critiques—notamment Mireille Rosello—l'ont remarqué. Le dernier chapitre examine le thème de la dualité chez Tournier à la lumière de la critique sociologique de la littérature avancée par Northrop Frye dans *The Critical Path.* Les livres de Tournier sont autant de "clefs" provocatrices et libératrices, qui tentent de forcer les "serrures" fermées qui constituent les bases de notre société. *Vendredi, Le Roi des Aulnes* et *Les Météores* renversent les pierres d'angle—le christianisme, le freudisme—sur lesquelles s'appuient nos idées de la sexualité, en même temps qu'ils récrivent l'histoire et les mythes, les déformant pour mieux les informer.

Remerciements

Je remercie vivement Janet Beizer, Réda Bensmaïa, Sophie Colladant et Roland Simon pour leur lecture minutieuse et les questions pénétrantes qu'ils ont soulevées sur mon manuscrit, ainsi que les lecteurs de Purdue Studies in Romance Literatures, qui m'ont également fourni de valables critiques. Je suis reconnaissant aussi au Humanities Center et à la Research Foundation de l'University of Georgia pour les bourses généreuses qui m'ont permis de terminer mes recherches.

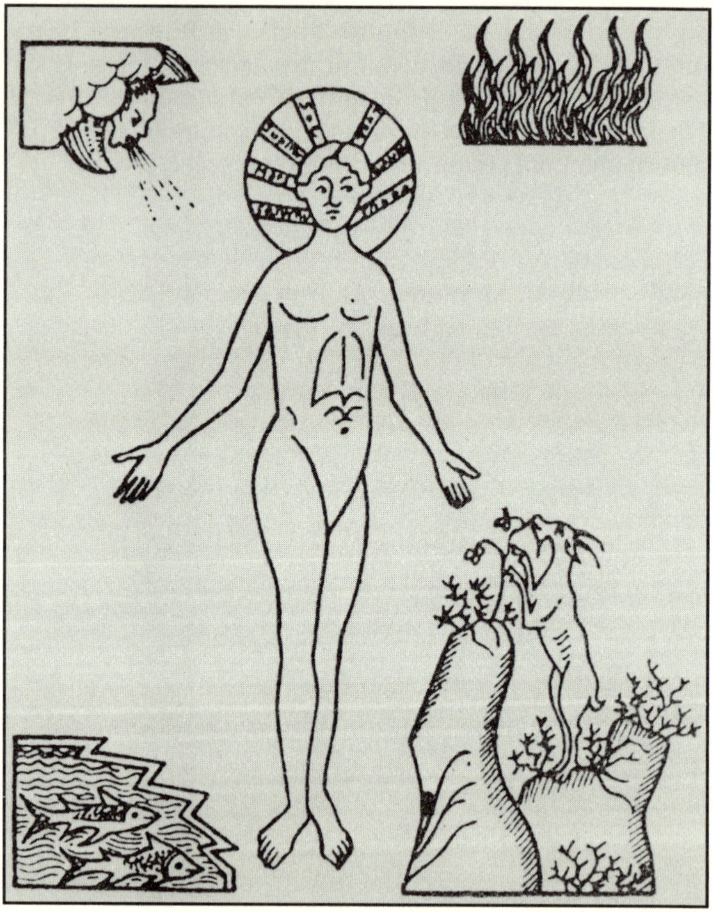

"Eléments. Miniature. XIIe siècle. Art alsacien." *Dictionnaire des symboles.* Ed. Jean Chevalier et Alain Gheerbrant. Collection "Bouquins." Paris: Robert Laffont et Jupiter, 1982. Reproduit avec permission.

Chapitre un

Le Voyage élémentaire

> Toute fiction s'inscrit [. . .] en notre espace comme voyage, et l'on peut dire à cet égard que c'est là le thème fondamental de toute littérature romanesque. [. . .] La terre est ronde, et [. . .] ce qui apparaîtra derrière l'horizon c'est mon point même de départ, mais tout nouveau.
>
> Michel Butor
> "L'Espace du roman"

> La littérature, comme l'existence, reste pour Tournier une errance sans signification établie.
>
> J.-P. Damour
> "Michel Tournier"

1.1. Le Voyage élémentaire et "L'Esprit de l'escalier"

Si l'on admet, avec Michel Butor (50–51), que la fiction est avant tout un voyage de renouvellement, il faut dire que se lancer dans un roman de Michel Tournier, c'est s'embarquer dans un voyage périlleux. Le héros emmène le lecteur dans une aventure lointaine—"une errance," selon la formule de J.-P. Damour (2317)—qui comprend bien plus de péripéties qu'un simple déplacement dans l'espace; car il s'agit tout autant d'un voyage psychologique, initiatique, durant lequel le caractère du personnage et sa façon d'appréhender l'univers connaissent une évolution profonde. Les déplacements sont souvent *linéaires,* là où le héros s'éloigne progressivement de son point de départ. Dans *Vendredi ou les limbes du Pacifique,* le Robinson de 1787, libéré de toutes contraintes sociales et sexuelles, ne pourrait être plus éloigné—physiquement ou spirituellement—du jeune puritain qui avait quitté York vingt-huit ans auparavant. De même, le timide écolier normand qu'est Abel Tiffauges au début du *Roi des Aulnes* doit errer jusqu'en Prusse-Orientale, passant par toutes les horreurs de la guerre et de la perversion, pour devenir un géant lumineux, sauveur du petit Ephraïm dans l'holocauste du château de Kaltenborn. Le voyage de Gilles de Rais dans *Gilles et Jeanne* est géographiquement assez court; mais entre le château de Chinon (où il fait la connaissance de Jeanne d'Arc) et Nantes (où il périt sur le bûcher), Gilles visite les cercles les plus profonds de l'enfer, subissant une déchéance morale complète et irréversible. Taor, le quatrième Roi Mage de *Gaspard, Melchior et Balthazar,* entreprend une immense traversée sur mer et terre, partant de son royaume sur la côte ouest de l'Inde, pour aboutir à Jérusalem, à la recherche d'une confiserie "divine" que lui révélerait Jésus. Mais son parcours comprend une escale imprévue de trente-trois ans à Sodome, où ce prince du sucre connaîtra l'enfer du sel.

De l'Angleterre au Pacifique, de Paris à Kaltenborn, de Chinon à Nantes, du Malabar à Jérusalem: quatre voyages linéaires desquels les héros ne rentreront jamais. Le cas de Paul dans *Les Météores* est quelque peu différent. Son voyage autour du monde a un caractère *cyclique:* quittant son village natal à la recherche de son frère jumeau, Jean, qui l'avait abandonné, Paul visitera Venise, Djerba, l'Islande, le Japon, le Canada et Berlin. Mais il rentrera finalement aux Pierres Sonnantes, son village breton, où, grâce à ses membres amputés par suite d'un accident lors de son évasion de Berlin-Est, il retrouvera l'harmonie élémentaire, gémellaire qu'il avait connue comme garçon. Idriss, le protagoniste de *La Goutte d'or,* accomplit quant à lui un voyage qui est linéaire au niveau géographique, cyclique au niveau psychologique. Il aboutit à Paris, à des centaines de kilomètres de son oasis saharienne, mais c'est là où il retrouve sa goutte d'or, symbole de l'innocence et de la pureté qu'il avait laissées derrière lui.

Ces voyages comprennent donc tous des aspects géographiques et psychologiques (initiatiques). Mais un troisième niveau s'érige, plus grand, plus fondamental et plus essentiel pour celui qui veut déchiffrer l'œuvre de Tournier. Songeant à Gaston Bachelard, on pourrait parler d'un "voyage imaginaire" (*L'Air et les songes* 11). L'adjectif *mythologique* vient aussi à l'esprit, vu la propension de Tournier à récrire des mythes anciens, comme il nous le dit dans *Le Vent Paraclet,* son autobiographie littéraire:

> Cette fonction de la création littéraire et artistique est d'autant plus importante que les mythes—comme tout ce qui vit—ont besoin d'être irrigués et renouvelés sous peine de mort. Un mythe mort, cela s'appelle une allégorie. La fonction de l'écrivain est d'empêcher les mythes de devenir des allégories. (193)[1]

On pourrait parler également d'un voyage "archétype," pour reprendre le vocabulaire de Jung, et accentuer la signification psychanalytique de ce retour aux origines. Je préfère pourtant à tous ces termes l'adjectif *élémentaire* pour décrire le trajet que nous faisons avec Tournier et ses personnages. Le *Robert* propose une définition élaborée du substantif *élément,* dont voici trois extraits:

> **1.** Eléments d'une science: les *premiers principes* sur lesquels elle se fonde. V. *Notion, principe, rudiment; base, fondement.*
>
> **2.** Les quatre éléments, nom donné dans l'ancienne science, à la terre, à l'eau, à l'air et au feu, considérés comme *principes constitutifs de tous les corps* de l'univers.
>
> **3.** Au plur. Les éléments: l'ensemble des *forces* naturelles qui agitent la terre, la mer, l'atmosphère. (Je souligne)

Quant à l'adjectif *élémentaire,* il est synonyme de *fondamental, essentiel* et *rudimentaire.*

Le voyage élémentaire chez Tournier relève de ces trois définitions d'*élément.* C'est donc tout d'abord l'expression des "premiers principes," des notions rudimentaires sur lesquelles toute pensée humaine se construit. *Elément* est ici synonyme de *mythe,* ce que Tournier appelle "une histoire fondamentale" et "une histoire que tout le monde connaît déjà" (*Le Vent Paraclet* 188, 189). C'est "un édifice à plusieurs étages" (188) dont le rez-de-chaussée est une histoire enfantine concrète, et chaque étage successif un récit de plus en plus abstrait: "[A] un niveau supérieur, c'est toute une théorie de la connaissance, à un étage plus élevé encore cela devient morale, puis métaphysique, puis ontologie, etc., sans cesser d'être la même histoire" (*Le Vent Paraclet* 188). Ce passage fait ressortir ce qu'il y a de paradoxal dans les mots *mythe* et *élémentaire,* puisqu'ils se réfèrent à la fois à des histoires très simples, voire enfantines, et aux fondements même de la connaissance, de la morale, de la métaphysique, de l'ontologie. Cette ambivalence n'est pourtant pas gênante, car, comme le dit Bachelard dans *La Terre et les rêveries de la volonté,* "[l]es images les plus belles sont souvent des foyers d'ambivalence" (10), et l'ambivalence embellit le mythe, ajoute à sa signification profane une lueur mystérieuse et sacrée.

"Premiers principes" de la science née du mythe, les éléments sont en second lieu les composants irréductibles de l'univers selon la physique ancienne: la terre, l'eau, l'air et le feu. Ainsi, lorsque je caractérise un voyage d'"élémentaire," j'entends un voyage intimement lié à la *matière* de l'univers. Plus haut j'ai cité trois synonymes d'*élémentaire: fondamental, essentiel* et *rudimentaire.* Voici trois adjectifs dont les formes substantives—*fond* ou *fondement, essence, rudiment*—suggèrent des substances physiques des plus intimes, des plus profondes. L'importance scientifique des quatre éléments primordiaux a évidemment depuis longtemps disparu, la physique moléculaire ayant prouvé que les éléments sont beaucoup plus nombreux et que l'air, l'eau et la terre ne sont point des substances irréductibles, mais de complexes combinaisons d'éléments. Le feu, lui, n'est même pas une "substance" proprement dite, mais une dilatation de la matière, un groupe de particules en état de désordre.

Toutefois, une symbolique fondée sur les quatre éléments perdure aujourd'hui, en tant que structure de l'imaginaire matériel. Pour Bachelard, c'est le règne de l'imagination littéraire, qui, enracinée dans des éléments bien substantiels, bien spatiaux, néanmoins se dynamise, s'envole vers l'infini. Il adresse la question suivante aux poètes: "Dis-moi quel est ton infini, je saurai le sens de ton univers, est-ce l'infini de la mer ou du ciel, est-ce l'infini de la terre profonde ou celui du bûcher?" (*L'Air et les songes* 12). Chaque poète possède son infini, son élément, son absolu viscéral, tiré de la médecine ancienne. Un poète "du bûcher," par exemple, ne croit plus que le feu, comme principe de la vie, est un composant du sang; mais il s'inspire des divers sens métaphoriques du feu qui survivent dans la littérature et dans l'imagination contemporaines. Le soleil est toujours l'incarnation du "feu originel," symbole de la puissance créatrice. Le "feu vital" se manifeste dans les métaphores innombrables du feu de l'amour dans la poésie, ou bien dans la flamme de la vie qui brûle sans trêve sur la tombe du soldat inconnu. Enfin le "feu terminal" reste bien vivant dans notre imagination, des films comme *La Tour infernale* ou *Apocalypse Now* n'étant que des avatars modernes du feu destructeur biblique ou mythologique, tels que l'incendie qui détruisit Sodome et Gomorrhe, le feu apocalyptique qui signalera la destruction générale du monde, l'incendie de Troie, ou le crépuscule des dieux dans la mythologie germanique.[2]

Dans la troisième définition d'*élément,* "l'ensemble des forces naturelles qui agitent la terre, la mer, l'atmosphère," l'élément n'est plus une substance, mais au contraire une *force.* Et dans ce sens, il est étroitement lié au sujet du troisième roman de Tournier, *Les Météores.* Si l'on consulte de nouveau le *Robert,* on trouve une définition peu usitée mais très révélatrice de *météore.* Ce mot peut signifier non seulement un "petit corps céleste généralement lumineux," mais aussi "tout phénomène qui se produit dans l'atmosphère." Il existe ainsi des météores "aériens" (comme le cyclone et la tempête), "aqueux" (comme la grêle et la neige), "ignés" (comme la foudre) et "lumineux" (comme l'arc-en-ciel ou l'aurore boréale). Au sens plein du mot, "météore" peut alors se rapporter à chacun des quatre éléments, même à la terre, car les bolides ou les météorites sont faits de substances rocheuses et traversent l'atmosphère terrestre.

De même qu'un météore, un élément possède un aspect verbal, étant une *force,* et un aspect substantif, *matériel.* Encore une fois, des définitions contradictoires ou du moins ambivalentes, la difficulté de saisir exactement le sens propre du terme *élément,* ne font qu'enrichir sa signification des sens latents. Les quatre éléments sont à la fois des *substances* tangibles et relativement stables (pour ce qui est de la terre et de l'eau), des *phénomènes* volatils (pour ce qui est de l'air et du feu) et des *forces* atmosphériques intangibles et dynamiques.

En résumé, qualifier le voyage dans l'œuvre de Tournier d'"élémentaire," c'est constater trois choses. D'abord, partir avec Tournier veut dire s'aventurer dans la mythologie, retourner aux histoires "élémentaires" de notre civilisation, histoires fondamentales que nous connaissons tous. Ensuite, dans ce voyage mythologique nous explorons les régions abstraites, symboliques du mythe, de la morale et de la métaphysique. Enfin, ce voyage se structure et s'accomplit dans l'univers des quatre matières primordiales et des phénomènes météoriques (ou atmosphériques) qui en dérivent.

Or l'aspect élémentaire diffère du géographique et du psychologique de par sa nature—ni spatiale ni temporelle—et de par sa trajectoire. En effet, un voyage dans le sens courant du terme est horizontal; même s'il incorpore des parcours verticaux, des descentes et des montées, c'est avant tout un déplacement spatial, parallèle à la surface de la terre. Si au contraire l'orientation du "voyageur" est verticale, on a affaire à autre chose qu'un voyage. On escalade une montagne ou on plonge dans la mer pour l'amour du sport, non pour voyager. On monte dans l'ascenseur et on descend dans la mine pour travailler, non pour voyager. Cet aspect horizontal caractérise donc le niveau littéral, géographique du déplacement que fait le héros tournièrien. La distance parcourue peut varier: assez courte pour Gilles de Rais, très longue pour Taor. Au niveau psychologique le voyage est plutôt temporel, puisque c'est dans le *temps* que le héros évolue, dans le temps que ses aventures se déroulent, dans le temps que sa mort et sa résurrection initiatique ont lieu. Tout comme la distance, la durée varie, étant de l'ordre de sept ans dans le cas d'Idriss (Petit, *Metaphysical Fictions* 166) et d'environ trente-cinq ans dans le cas de Taor.

Le niveau élémentaire du voyage n'est lui ni spatial ni temporel. Les quatre éléments forment une structure mythique de *l'imagination* et sont donc comme hors du temps et de l'espace. Ils appartiennent au passé et à l'avenir, figés dans un éternel présent. En outre, le mouvement élémentaire suit une trajectoire verticale, commençant par la descente—ou la chute—du héros, lequel sombre dans un avilissement total. Plus tard, souvent juste à la dernière page du roman, celui-ci se redresse en une apothéose triomphale, symbolisant d'une part une victoire sur les forces responsables de sa chute, et d'autre part le recouvrement d'un état d'innocence.

Il est remarquable que si les différences entre les romans sautent aux yeux—des histoires comme *Vendredi* et *La Goutte d'or* se ressemblent très peu—leurs structures profondes restent essentiellement les mêmes, tous les protagonistes faisant le même voyage vertical. Cette étude aura pour but d'analyser ces parcours verticaux, d'abord à travers la *descente,* où les images dominantes sont terrestres (comme l'arbre ou le jardin), souterraines (comme la grotte, le puits ou la souille), scatologiques ou digestives (comme les excréments, les ordures, la sodomie ou l'ogre), aqueuses ou ignées (comme l'eau noire, le miroir ou le feu de l'enfer); ensuite à travers l'*ascension,* qui comporte aussi des images aqueuses (comme l'île, Vénus ou les marées), ignées (comme le soleil ou le feu purificateur), mais surtout des images aériennes (comme le cerf-volant, le papillon ou le vent).

Ainsi chaque roman de Tournier peut-il être lu comme une *Divine Comédie* en miniature,[3] dominée d'abord par les images terrestres, souterraines et infernales, la descente aux enfers composant la plus grande partie de l'histoire. Lors de sa chute le héros peut avoir d'éphémères aperçus du paradis; cependant, sa vraie ascension, son triomphe sur la pesanteur, se fait en peu de pages vers la fin du livre. C'est à ce moment-là qu'il atteint une sorte de salut psychologique, une paix interne qui se manifeste par une harmonie avec l'élément aérien. Dans son excellent article sur la "symbolique initiatique" de Tournier, Patricia Mignone décrit ainsi cette apothéose:

> Au terme de leur période, les héros tourniériens parviennent donc, par l'actualisation des grands mythes universels, à accéder à l'Eternel: en s'extrayant de l'"atmosphère dialectique," ils passent du contingent, des apparences, au monde des essences. La connaissance du mystère ultime, du centre alchimique apparaît alors comme la découverte du Soi, assortie de la conquête du Sens de leur errance. (193)

Le roman tourniérien est donc une quête de l'absolu alchimique. La structure verticale des livres rappelle en effet l'une des doctrines alchimiques, selon laquelle la souillure de l'initié est un préalable de sa purification. Cette idée (que nous discuterons dans le chapitre six, sur l'ascension du héros) se résume dans la formule cryptique V.I.T.R.I.O.L.: "Visita interiorem terrae rectificando invenies operae lapidem," ou "Descends dans les entrailles de la terre, en distillant tu trouveras la pierre de l'œuvre" (Chevalier et Gheerbrant 1023). L'alchimiste croit en outre que les minéraux formés sous la terre sont tous en voie de perfectionnement, pour devenir, après une longue gestation, de l'or. Une telle évolution dure des siècles, mais peut être accélérée par l'œuvre alchimique. Comme les minéraux passent leur vie dans la nuit de la terre avant d'atteindre la perfection de l'or, le héros tourniérien doit se souiller dans les bas-fonds crasseux de la vie avant d'atteindre la sagesse de l'harmonie élémentaire.

L'œuvre de Tournier est jalonnée de références alchimiques. *Gilles et Jeanne* est écrit sous le signe du feu, et dans d'autres livres, le feu du boulanger (*Vendredi* 80–81, 114; *Les Météores* 310–11; "Pierrot ou les secrets de la nuit," dans *Le Médianoche amoureux* 240–42) et le feu du verrier (*Les Météores* 429) inspirent des rêveries délicieuses ou inquiétantes. L'"âme déployée" de Paul dans le dernier chapitre des *Météores,* flottant dans l'atmosphère, communiant directement avec les éléments, est pareille à la substance pure et volatile qui sort de l'alambic.

Dans les croyances alchimistes, le cosmos évolue de la même façon que les minéraux. Une déchéance terrestre est nécessaire avant que l'univers puisse retrouver l'âge d'or perdu et donc atteindre son épanouissement céleste:

> Abandonné à son évolution naturelle le monde tend vers une solidification dégénérative correspondant aux quatre âges traditionnels, les âges d'or, d'argent, d'airain et de fer. Cette régression spirituelle correspond dans le rythme cosmique universel à une phase de condensation terrestre, à laquelle succédera une phase d'expansion céleste suivant la loi qui fait succéder périodiquement une évolution à une involution compensatrice. Ces deux phases sont à la fois alternantes et simultanées, puisque, selon la formule des adeptes, "la dissolution du corps est la fixation de l'esprit." (Benoist 92)

L'œuvre de Tournier participe au même réseau de sens cosmique que l'alchimie. Nous venons de voir que les personnages de Tournier se dégradent moralement ou psychologiquement avant de se renouveler. Cette chute morale s'accompagne parfois de douleurs physiques abominables: dans *Les Météores,* Paul subit l'amputation de la jambe et du bras gauches, broyés dans un éboulement; dans *Gaspard, Melchior et Balthazar,* Taor endure la soif et le dessèchement total de son corps pendant ses trente-trois ans d'emprisonnement dans les mines de sel. Cependant, ces souffrances sont celles d'une initiation rituelle; ce sont les conditions sans lesquelles le renouvellement du personnage ne peut avoir lieu. "La dissolution du corps est la fixation de l'esprit," disait l'alchimiste. Le philosophe allemand Schelling exprime la même idée lorsqu'il écrit:

> Toute naissance est naissance des ténèbres à la lumière; la graine doit nécessairement s'abîmer dans la terre et mourir dans les ténèbres afin que se lève une figure lumineuse plus belle qui s'épanouisse aux rayons du soleil. C'est dans le sein maternel que l'homme se forme; c'est de l'obscurité de ce qui est privé d'entendement [. . .] que naissent les pensées lumineuses. (Schelling 146–47)

Comme nous le verrons par la suite, les personnages dans les romans de Tournier croient souvent que leur vie est étroitement liée au destin du monde, de même que l'alchimiste considère que le corps est un microcosme de l'univers. Ainsi Abel pense qu'un incendie accidentel détruit son collège et tue son ami Nestor afin d'empêcher que lui-même soit puni pour avoir pris part à une farce écolière. De même il est persuadé que la deuxième guerre mondiale éclate pour une seule raison: lui épargner le châtiment qu'il aurait certainement reçu pour avoir, disait-on, agressé une petite fille. De façon analogue, Gaspard, le Roi Mage noir éperdument amoureux d'une esclave blonde, voit dans une comète, qu'il appelle une "étoile aux cheveux d'or" (*Gaspard, Melchior et Balthazar* 32), la manifestation céleste de son expérience malheureuse avec la blondeur.

Divine Comédie, production alchimique et cosmique: chargés de siècles de mythe, de magie et de mystère, ces termes sont-ils trop grandiloquents, trop pompeux pour décrire l'œuvre d'un romancier contemporain? Une autre métaphore, bien plus domestique (au sens étymologique, *domus,* "maison") mais non moins pénétrée de mystère, nous est suggérée par le court texte de Tournier, "L'Esprit de l'escalier"[4] (*Des clefs et des serrures* 47–49; *Petites proses* 21–23). Dans ce texte, Tournier privilégie le mouvement vertical que l'escalier concrétise:

> A la maison toute de plain-pied—comme à l'appartement qui en est l'équivalent—il manque une dimension importante, la dimension verticale avec l'acte de monter et de descendre qui lui correspond. Cette dimension verticale, c'est l'escalier qui la matérialise, et plus particulièrement ces deux escaliers antithétiques et complémentaires: celui qui descend à la cave et celui qui monte au grenier [. . .]. Le premier est de pierre, froid, humide, et il fleure la moisissure et la pomme blette. L'autre a la sèche et craquante légèreté du bois. C'est qu'ils anticipent chacun sur les univers où ils mènent, lieu

> d'obscurité et de durée épaisse, maturante et vineuse de la cave, ciel enfantin et poussiéreux du grenier où dorment le berceau, la poupée, le livre d'images, le chapeau de paille enrubanné. (*Petites proses* 21–22)

L'escalier est donc la clef de deux univers. Celui d'en-bas est froid, humide, menaçant; il mène à un endroit sombre et sinistre, peuplé, qui sait, par les esprits des ténèbres. C'est le lieu cauchemardesque par excellence, comme le démontre un passage remarquable tiré d'*Aurora,* de Michel Leiris, et cité par Gaston Bachelard:

> Pas à pas, je descendais les marches de l'escalier. [. . .] Les marches gémissaient sous mes pieds et il me semblait fouler des animaux blessés, au sang très rouge et dont les tripes formaient la trame du mœlleux tapis. [. . .] Cet escalier, [. . .] ce sont tes viscères eux-mêmes, c'est ton tube digestif qui fait communiquer ta bouche, dont tu es fier, et ton anus, dont tu as honte, creusant à travers tout ton corps une sinueuse et gluante tranchée. (*La Terre et les rêveries du repos* 126, 127–28)

Nous reverrons plus tard ce schème digestif suggéré par l'escalier, quand nous analyserons la chute du héros dans le monde souterrain. Car de telles préoccupations scatologiques hantent des personnages comme Abel (l'ogre amateur de chair fraîche), Alexandre (l'homosexuel versé en sodomie et en ordures ménagères), et Taor (prisonnier des Sodomites et observateur critique de leurs mœurs).

L'escalier qui mène au grenier est bien plus rassurant que l'autre; fait du bois sec d'un arbre lui aussi vertical, aérien, il mène à la clarté, au fatras pittoresque et bigarré du grenier, où les esprits, s'ils y vivent, sont des esprits célestes. Cependant, la distinction n'est pas toujours si nette, puisque, comme l'explique Gilbert Durand, que l'on monte au grenier ou que l'on descende à la cave, on accomplit dans les deux cas une descente dans le passé: "Les escaliers de la maison descendent toujours et monter au grenier ou aux chambres à l'étage c'est encore descendre au cœur du mystère [. . .]. Le grenier, malgré son altitude, est musée des ancêtres et lieu de retour aussi énigmatique que la cave" (Durand 280).

Le voyage élémentaire n'est pas chose aisée: "monter un escalier est dur, le descendre périlleux," écrit Tournier (*Petites proses* 23). Mircea Eliade remarque que pour Julien Green, l'escalier est souvent associé à un sentiment de peur. Il ajoute que "[l]'escalier est par excellence le symbole du passage d'un mode d'être à un autre" (*Mythes, rêves et mystères* 146), et comme nous venons de le voir, un rite de passage ne se fait pas sans douleur. Dantesque par sa direction, alchimique par sa destination, l'axe vertical du voyage élémentaire est hanté par les esprits maléfiques et bénéfiques de l'escalier. Mais d'une façon ou d'une autre, chez Tournier le voyage se terminera bien pour le héros. A la fin, il échappera aux esprits des ténèbres, ne serait-ce que dans la mort, une mort solaire, glorieuse, libératrice.

1.2. Bachelard, Durand et la mythanalyse

L'œuvre de Tournier est en grande partie construite sur des antithèses: par des jeux d'inversion, le bien se transforme facilement en mal, la lumière en ténèbres, le blanc en noir. Les images des quatre éléments participent donc à cette bipolarité, et on peut les différencier selon leur consistance ou selon leur position. En d'autres termes, on peut classer une image selon sa *matière* (dure ou molle, humide ou sèche, lourde ou légère), ou bien selon *l'espace* qu'elle occupe, en surface, en profondeur ou en hauteur sur l'axe vertical de la descente du héros. Cette analyse s'organisera principalement autour de la classification spatiale. Suivant le trajet imaginaire du héros, j'étudierai les images qui appartiennent à la surface plane de la terre et qui sont caractérisées, le plus souvent, par une certaine dureté. Ensuite, j'aborderai les images souterraines, souvent molles, un ensemble symbolique particulièrement riche chez Tournier. Point bas du voyage élémentaire, les ténèbres du souterrain mènent naturellement à d'autres éléments néfastes: l'eau et le feu destructeurs. Enfin, l'eau et le feu s'inversent en éléments bénéfiques et mènent le héros vers une apothéose aérienne finale.

Le choix d'une analyse spatiale pour aborder l'œuvre de Tournier relève d'une tentative de combiner la classification faite par Gaston Bachelard dans ses études sur les quatre éléments et celle que Gilbert Durand propose dans *Les Structures anthropologiques de l'imaginaire.* Bachelard se donne pour tâche de rectifier la carence de l'imagination matérielle dans la philosophie esthétique, longtemps dominée par l'imagination formelle (*L'Eau et les rêves* 3). Dans ses cinq livres sur le feu, l'eau, l'air et la terre, on entend le même leitmotiv, exprimé de la façon suivante dans *L'Eau et les rêves:*

> [C]'est la matière qui commande la forme. (161)
>
> L'*imaginaire* ne trouve pas ses racines profondes et nourricières dans les *images;* il a d'abord besoin d'une *présence* plus prochaine, plus enveloppante, plus matérielle. (164)

Durand quant à lui admire beaucoup la richesse poétique des études faites par Bachelard, mais les trouve néanmoins insuffisantes:

> [L]a classification élémentaire ne semble pas faire apparaître les motifs ultimes qui résoudraient les ambivalences. Reconnaître explicitement que "les images les plus belles sont souvent les foyers d'ambivalence," n'est-ce pas finalement avouer l'échec d'une telle classification? Si la classification élémentaire est donc inadéquate, elle est d'autre part insuffisante, [. . .] car la perception humaine est riche en tonalités élémentaires bien plus nombreuses que celles envisagées par la physique aristotélicienne. (Durand 32)

Voulant compléter les recherches de Bachelard, Durand a fondé le Centre de recherche sur l'Imaginaire à Chambéry, réunissant dans sa "mythanalyse" les travaux d'innombrables anthropologues, historiens de religions, sociologues, psychologues, physiciens, biologistes et psychanalystes, afin de donner une structure cohérente aux grands schèmes de l'imagination. Disciple de Bachelard, il estime avoir comblé les lacunes des recherches de celui-ci, comme il l'explique dans la préface de la dixième édition des *Structures anthropologiques de l'imaginaire:*

> Nous entrons donc, paradoxalement, grâce aux approches du *Nouvel Esprit scientifique* et de la phénoménologie de l'imaginaire de Gaston Bachelard, dans la phase de l'après-Bachelard. Ce livre, il y a un quart de siècle, explicitait sans en avoir conscience ce grand changement. Illustrant par là que l'effet—dans ce cas une étude empirique, qui se voulait quasi exhaustive, des articulations de l'imaginaire—préludait à cette grande confluence de théories de tous les horizons de la science qui dans leurs formulations, et souvent leurs formulations mathématiques, apparaissent comme le support

> "causal" des recherches empiriques de Jung, d'Eliade, de Bachelard et de moi-même. (viii–ix)

Durand rejette, ou plutôt dépasse, toutes les théories existantes de l'imagination, y compris les structures sociologiques formulées par les historiens des religions et les mythologues (A. H. Krappe, M. Eliade, G. Dumézil, A. Piganiol, J. Przyluski) et les structures psychanalytiques proposées par Freud, Jung, Piaget et Adler,

> les uns voulant réduire le processus motivateur à un système d'éléments extérieurs à la conscience et exclusifs des pulsions, les autres s'en tenant exclusivement à des pulsions, ou, ce qui est pire, au mécanisme réducteur de la censure et à son produit: le refoulement. (Durand 37)

Comment étudier le fonctionnement de l'imagination sans tomber dans les pièges réducteurs des sciences humaines? Il faut, répond Durand,

> s'engager résolument dans la voie de l'anthropologie en donnant à ce mot son plein sens actuel—c'est-à-dire: ensemble des sciences qui étudient l'espèce *homo sapiens.* [. . .] [I]l faut nous placer délibérément dans ce que nous appellerons le *trajet anthropologique, c'est-à-dire l'incessant échange qui existe au niveau de l'imaginaire entre les pulsions subjectives et assimilatrices et les intimations objectives émanant du milieu cosmique et social.* (37–38)

La méthode de Durand est donc dynamique, nécessitant un continuel va-et-vient entre le sujet et l'objet, c'est-à-dire entre l'esprit humain et son environnement.

Durand construit sa classification des images à base d'archétypes "substantifs" (la lumière, les ténèbres, l'arbre, l'androgyne, etc.) et de schèmes "verbaux" dynamiques (monter, descendre, progresser, revenir, etc.), dont les combinaisons donnent naissance à des myriades de symboles qui peuplent notre imagination (le soleil, la caverne, l'initiation, le sacrifice, etc.). Sa méthode aboutit à deux grands "régimes" imaginaires, le régime *diurne* et le régime *nocturne.*

Le régime diurne, c'est celui de la tradition platonicienne de l'*antithèse,* où l'on voit surtout l'opposition entre les archétypes de la lumière et des ténèbres, et entre les schèmes ascensionnels et les schèmes de la chute. Les images ténébreuses, communiquant une forte angoisse face au *temps* et à la *mort,* sont de trois types: symboles "thériomorphes" (des bêtes chthoniennes, fourmillant et grouillant, comme les rats, les serpents, les araignées, etc.); symboles "nyctomorphes" (l'archétype négatif des ténèbres, de la peur du noir; la femme fatale et la sorcière); et symboles "catamorphes" (le schème de la chute et les images de la digestion). S'élevant contre ces images négatives, trois types d'images positives sont liées à la lumière: symboles "ascensionnels" (des images verticales telles que l'aile, la flèche, le monarque); symboles "spectaculaires" (le ciel, l'œil et leur rapport à la parole); et symboles "diaïrétiques" (les armes tranchantes; la purification par l'eau ou par le feu). La fonction de tous ces symboles positifs, c'est d'exorciser, de vaincre le temps par des moyens puissants et violents: on coupe, on tranche, on châtre le temps. Durand résume tous ces symboles positifs dans la figure du *glaive* du jeu de Tarot.

Dans le régime nocturne, la lutte contre Cronos[5] est menée différemment. Au lieu de vaincre le temps par des moyens héroïques et violents, on essaie de le dompter, de le changer en une force bénéfique. La tentative de transcender le temps ou de le dominer par la violence s'euphémise. Les "terreurs brutales et mortelles" face au temps sont adoucies "en simples craintes érotiques et charnelles" (Durand 220). La chute que l'on trouve dans le régime diurne devient une agréable *descente;* le gouffre se change en "coupe" inoffensive. Les deux mots d'ordre du régime nocturne sont l'*euphémisme* et l'*inversion.* Ainsi les terreurs de la nuit sont soit adoucies, soit carrément inversées en valeurs positives.

La première grande partie du régime nocturne est symbolisée par la *coupe* du jeu de Tarot, la chute dans le gouffre s'euphémisant en une douce descente dans le creux de la coupe. Sont compris dans cette partie d'abord les symboles de l'*inversion,* tels l'emboîtement et la gullivérisation, le poisson, la Grande Mère tellurique, le culte romantique de la femme (le contraire de la femme fatale). Un second groupe comprend les symboles de l'*intimité,* comme la tombe, la chrysalide, la caverne, le centre paradisiaque, certains aliments comme le lait et le miel, et des substances comme l'or, l'excrément et la boue.

Le *denier* et le *bâton* sont les figures tarotiques qui représentent la deuxième grande partie du régime nocturne. Les images de ce groupe ne visent donc plus à transcender le temps, mais cherchent plutôt un facteur de constance au sein même de l'écoulement du temps. Celles qui appartiennent à la forme circulaire du denier essaient de maîtriser le temps par *répétition.* Ce sont des symboles cycliques, tels que les cycles végétal et lunaire, le sacrifice, le messie, la spirale, la roue et le tissage. Les images qui appartiennent à la forme linéaire du bâton tâchent de maîtriser le temps par *progrès.* Quelques exemples de symboles progressistes sont la croix, le feu, l'arbre et la colonne.

Je voudrais donc analyser le symbolisme dans l'œuvre de Tournier à la lumière des réseaux d'images extraordinairement complexes tissés par Bachelard et par Durand. Si mon travail suit de plus près les classifications de Durand, c'est en raison de sa minutie et de son caractère dynamique qui sied bien à ma conception du roman de Tournier comme d'un voyage qui se déroule et dans le récit et dans l'imagination de l'auteur. Il me semble que ce "trajet anthropologique" qu'est l'étude de Durand, avec son interaction entre homme et environnement, s'applique fort bien au trajet "imaginaire" ou "élémentaire" du héros de Tournier, qui s'interroge sans cesse sur sa place dans le monde et sur les liens intimes qui unissent son destin personnel et le destin du cosmos. Comme le note Walter Strauss, c'est une approche critique particulièrement fructueuse pour *Vendredi,*

> a fascinating *anthropological* novel, in the widest sense of the term: an ethnographic confrontation between modern civilization and a totally different culture (formerly labeled as "savage"), as well as a metaphysical meditation on the possible redemption of modern man (as an individual). (309)

Mais derrière Durand il y aura toujours l'ombre de Bachelard. Tournier était très admiratif des écrits et des conférences du philosophe (il lui a d'ailleurs dédié *Le Miroir des idées* qui, avec *Le Pied de la lettre,* a paru alors que ce livre était sous presse). Il écrit dans *Le Vent Paraclet:*

> Bachelard me révélait un trait fondamental de l'entreprise philosophique et qui est comme sa marque d'authentification: le rire. Cette drôlerie profonde, divine, de l'analyse bachelardienne, il l'incarnait lui-même dans ses cours. [. . .] Ses livres

> sur les quatre éléments [. . .] révolutionnent non certes la philosophie dont ils ne sont qu'une lointaine application, mais à coup sûr la critique littéraire et plus encore la lecture poétique. (152, 154)

Humour et philosophie: deux dons de Bachelard qui rapprochent le "cosmique et le comique" (*Le Vent Paraclet* 198). Ce rire, cet "humour blanc" (198)—acerbe et moqueur à l'instar de la métaphysique nietzschéenne—est une des qualités les plus remarquables du roman tournièrien.

1.3. L'Ambivalence fondamentale des éléments

Ce qui ressort nettement d'une étude des éléments traditionnels dans une œuvre littéraire, c'est l'*ambivalence* de ces matières primordiales. On peut classer les éléments tout d'abord par les différences assez nettes entre eux en termes de poids, de consistance, de température et d'humidité. Selon toute la tradition de l'imaginaire, la terre et l'eau, féminines pour le grammairien, le sont aussi pour l'imagination: ce sont des substances lourdes, consistantes, froides et humides. Le feu et l'air—mots masculins—possèdent des qualités dites masculines: la légèreté, la volatilité, la chaleur et la sécheresse.[6] Viennent ensuite les *valorisations* traditionnelles: les éléments féminins sont relégués aux régions basses de l'univers, le domaine du corps, de l'obscurité, des créatures ténébreuses habitant la terre et les eaux. La féminité néfaste s'exprime dans l'imagination par des créatures liées à la froideur, à l'obscurité ou à l'humidité, telles l'araignée (Durand 116), le serpent (367), les sirènes ou les sorcières (Jung et al. 187–90). L'eau et la terre symbolisent le principe passif du féminin, intimement lié au passé, aux origines de l'être (dans la matrice) comme de l'espèce (dans le limon de la création biblique). Les éléments masculins, par contre, règnent dans les régions cosmiques élevées, le domaine des dieux, des sages non impliqués dans les imperfections humaines. Masculin est devenu l'équivalent d'actif, que ce soit dans le domaine sexuel, intellectuel ou spirituel, où l'homme d'action prend littéralement le dessus sur la femme réceptrice et réceptacle. En termes psychanalytiques, les éléments masculins sont liés aux activités de la sublimation—la création artistique ou intellectuelle—tandis que les éléments féminins sont plus directement liés aux fonctions reproductrices. De la terre et de l'eau au feu et à l'air, c'est le même mouvement—de bas en haut—qui mène des organes génitaux au cerveau.[7]

Gaston Bachelard, dans *La Psychanalyse du feu,* écrit que ces stéréotypes sexuels comptaient autrefois parmi les "vérités" du savoir "scientifique," enraciné comme il l'était dans la pensée mythique. Il cite la thèse du docteur Jean-Pierre Fabre, écrivant en 1636, sur la naissance des mâles et des femelles. Le sexe d'un individu dépend de quel côté du corps était sortie la semence: de la partie droite, "chaude et vigoureuse," vient la semence qui forme le mâle; de la partie gauche, "la partie plus froide du corps humain," vient celle d'où sort la femelle (82). Fabre lie enfin les tempéraments aux quatre éléments:

> Les femmes à cause de ce tempérament froid et humide [sont] moins fortes que les hommes, plus timides et moins courageuses, à cause que la force, le courage et l'action viennent du feu et de l'air, qui sont les éléments actifs; et partant les appelle-t-on mâles; et les autres éléments l'eau et la terre, éléments passifs et femelles. (82–83)

Bachelard qualifie de "sottises" (83) les écrits de Fabre et d'autres médecins du dix-septième et dix-huitième siècles. Pourtant, aussi absurdes que ces théories puissent paraître pour la science d'aujourd'hui, elles persistent encore dans notre imagination, constituant une structure symbolique importante, comme l'explique Bachelard: "Nous avons rompu, dans notre vie consciente, le contact direct avec les étymologies premières. Mais l'esprit préhistorique, et a fortiori l'inconscient ne détache pas le mot de la chose. S'il parle d'un homme plein de feu, il veut que quelque chose *brûle* en lui" (83).

Classer les éléments comme des substances purement masculines ou féminines n'est qu'un début; il faut reconnaître que chaque symbole contient en lui son opposé, que la totalité du monde est faite d'une combinaison infinie de contraires. Non seulement la Terre-Mère s'oppose à l'Esprit-Père, mais chacun de ces deux archétypes est lui-même double, avec ses possibilités bénéfiques et maléfiques. Nous avons déjà évoqué les "foyers d'ambivalence" que sont les belles images poétiques pour Bachelard. L'ambivalence des éléments se manifeste clairement dans les écrits de ce dernier, surtout pour ce qui concerne la terre: Bachelard sentait la nécessité de séparer en deux livres son étude des images terriennes de la "volonté" et celles du "repos." La dualité innée des grands symboles fait penser également aux concepts jungiens de l'ombre, de l'anima et de l'animus (cf. Jung et al. 171–207), qui font ressortir les dualités de l'homme, créature à la fois bonne et mauvaise, mâle et femelle. L'historien de l'art Luc Benoist note "l'ambivalence essentielle" du symbole, "susceptible d'au moins deux interprétations opposées qui doivent s'unir pour obtenir son sens complet" (43). Or dire que le symbole est foncièrement ambivalent c'est dire que les éléments le sont également, car pour Benoist, le monde des symboles est essentiellement celui des éléments; l'imaginaire suit un axe vertical reliant le monde céleste à la terre, en passant par les "médiateurs élémentaires" (58), le feu, l'air et l'eau. Une analyse approfondie de la représentation de chacun des quatre éléments dans l'œuvre de Tournier fera l'objet des chapitres qui suivent. Tout ce que je voudrais montrer à présent c'est le *dynamisme* des images élémentaires et de leur valorisation chez Tournier: chaque image appelle presque toujours son contraire, chaque image est inversée, sinon pervertie, et on voit apparaître un réseau de thèses et d'antithèses, d'images possédant chacune son endroit et son envers, qui est, dans le langage tourniérien, une inversion "bénigne" ou "maligne." Tournier commente la dualité des éléments—à la fois nourriciers et meurtriers, sécurisants et menaçants—dans un texte intitulé "Douceurs et colères des éléments":

> Les éléments sont tous nourriciers. La terre donne ses récoltes et ses minerais, la mer ses poissons, le feu cuit la soupe et l'air emplit nos poumons.
>
> Mais ces rassurantes fonctions pèsent de peu de poids en regard des forces colossales qu'ils peuvent déchaîner. Il y a dans l'orage ou la tempête une majesté cosmique doublée d'une inaltérable innocence qui leur donne une dimension sacrée. (*Des clefs et des serrures* 126)

Dans *Le Vent Paraclet,* Tournier définit l'inversion comme une "mystérieuse opération qui sans rien changer apparemment à la nature d'une chose, d'un être, d'un acte retourne sa *valeur,* met du plus où il y avait du moins, et du moins où il y avait du plus" (125). Il s'agit donc de *signes:* une action ou une substance apparaît comme une "valeur absolue" innocente, c'est-à-dire toujours positive. Mais lorsqu'on enlève les barres neutralisantes, on voit les vraies "couleurs," les vrais signes qui qualifient chaque objet de bénéfique ou de maléfique. Dans *Le Roi des Aulnes,* où le thème de l'inversion est le plus développé, le Kommandeur de Kaltenborn montre à Abel Tiffauges la substance puissante et potentiellement dangereuse des signes qui risquent de s'inverser:

> Mais n'allez pas croire que les signes soient toujours d'inoffensives et faibles abstractions. Les signes sont forts, Tiffauges, ce sont eux qui vous ont amené ici. Les signes sont irritables. Le *symbole* bafoué devient *diabole.* Centre de lumière et de concorde, il se fait puissance de ténèbres et de déchirement. (473)

Dans cette dernière phrase nous voyons que le symbole détient tout le pouvoir ambigu de Lucifer. Comme la "quatrième" personne de la Trinité, le porte-lumière devenu Prince des ténèbres, le pur esprit plongé dans la matière, tout symbole revêt des significations antithétiques.[8]

Comment se manifeste donc l'ambivalence des éléments chez Tournier? On peut discerner d'abord dans la *terre* un côté bénéfique et un côté maléfique. On verra que la *dureté* de la pierre symbolise une puissance et une stabilité viriles, opposées aux dangers de cette même pierre, laquelle menace également d'écraser ou de broyer. La grotte et la boue offrent un abri maternel, calme et sûr, mais de même que la grotte risque de s'effondrer, la boue peut étouffer celui qui baigne dedans, le réduire à l'état de bestialité, ou le renvoyer au chaos primordial. La terre nourrit, mais elle *enterre* aussi, d'où ses rapports paradoxaux et inextricables avec Eros et Thanatos.

Quant à l'*eau,* son ambivalence est en partie le résultat de sa propension à se combiner avec d'autres éléments, comme l'observe Bachelard: "Elle assimile tant de substances! Elle tire à elle tant d'essences! Elle reçoit avec égale facilité les matières contraires, le sucre et le sel. Elle s'imprègne de toutes les couleurs, de toutes les saveurs, de toutes les odeurs" (*L'Eau et les rêves* 126). Si Bachelard montre que l'eau s'unit aussi à l'air (la brume) et au feu (l'alcool), chez Tournier ce sont les mélanges de l'eau et de la terre qui importent. La *boue* en effet est une substance composée, un "mariage" étrange entre deux éléments féminins. Le *sel,* qui se trouve sous forme solide ou liquide, est l'une des substances les plus ambiguës: il conserve et assaisonne nos aliments, mais son pouvoir destructeur est terrible, comme nous le verrons dans notre analyse de *Gaspard, Melchior et Balthazar* dans le chapitre trois. L'eau semble prendre sa double valorisation de ses rapports avec la pureté: l'eau douce et vive est l'élément purificateur par excellence, tandis que l'eau stagnante ou salée du marais ou de la mer évoquent plutôt la mort ou le danger (la noyade, l'engloutissement).

L'imaginaire du *feu* repose aussi sur plusieurs antithèses, la première étant l'opposition feu originel / feu apocalyptique. Si le soleil est père des divinités, source de la vie et principe régénérateur, il est souvent aussi une figure principale de destruction dans les mythes eschatologiques. Par exemple, parmi les désordres cosmiques dans l'Apocalypse de Jean figurent le soleil noir et des lunes rouges (Chauvin 108); le monde périt dans le feu du "crépuscule des dieux" dans la mythologie germanique; les civilisations troyennes et romaines sont consumées également par le feu. Le feu originel et le feu apocalyptique jouent un rôle clef dans *Le Roi des Aulnes.* Le roman s'ouvre sur une image de Tiffauges en ogre Cronos, "issu de la nuit des temps," faisant tourner la "boule de feu" qu'était la terre (13). A la fin du livre, Tiffauges assiste à l'holocauste qui détruit Kaltenborn, une boucherie de sang et de feu perpétrée par l'armée russe sur les jeunes soldats allemands.

Le feu du haut et le feu du bas s'opposent souvent chez Tournier, pour lequel, comme pour Bachelard, cet élément symbolise "la dialectique de la pureté et de l'impureté" (*La Psychanalyse du feu* 167). Dans *Les Météores* et *Gilles et Jeanne,* le feu joue un rôle double de "[l]umière du ciel et flammes de l'enfer" (*Gilles et Jeanne* 89). Il s'agit dans ces deux œuvres de nombreuses "descentes aux enfers" métaphoriques, qui ont pour but de faire renaître le personnage, et de lui faire mériter le feu du ciel. Une autre opposition se forme donc entre feu destructeur et feu purificateur, qui se confondent dans des symboles tels que l'*incinérateur* (qui détruit les ordures—assimilées aux homosexuels—pour purifier la ville) et le *bûcher* (instrument de purification dans le cas de Gilles de Rais, de meurtre dans celui de Jeanne d'Arc et d'autres victimes innocentes).

La tradition d'Apollon peut élucider les attributs ambivalents du feu que l'on trouve chez Tournier. Des quatre attributions principales d'Apollon—la médecine, la musique, la divination, l'art du tir à l'arc—les deux premières sont plutôt positives, tandis que les deux dernières peuvent être des agents de la destruction. Ainsi Apollon n'est-il pas seulement le dieu lumineux de l'harmonie et de la forme plastique que Nietzsche opposait à Dionysos et dans lequel les psychanalystes ont vu le symbole de la sublimation (cf. Brown 174). C'est également un dieu vengeur qui avec ses flèches massacre d'innombrables mortels; c'est un dieu ténébreux lié—parfois comme tueur, parfois comme défenseur—à des animaux souterrains tels que le rat, le serpent, le lézard, la taupe; bref, un "[d]ieu inquiétant, complexe et contrasté, solaire et chthonien, porteur de vie et de mort" (Moreau 138).

L'*air* est le seul élément qui demeure presque toujours positif chez Tournier: il est l'élément clef—avec le feu—de l'apothéose ascensionnelle du héros. Robinson, par exemple, ne brise les chaînes qui le lient à la terre que par l'intercession de Vendredi, personnage aérien. Et à la fin de *Gaspard, Melchior et Balthazar,* Taor, après être descendu dans l'enfer des mines de sel, monte littéralement au ciel, soutenu par deux anges ailés, symboles par excellence de l'air et du vol.

L'air prend deux formes dans notre imagination: le *souffle* et le *vent.* Dans *Les Météores,* Thomas Koussek, prêtre, homosexuel, adepte du Saint-Esprit, base toute sa religion sur le souffle de Dieu, la *ruah,* mot hébreu qui désigne la présence divine manifestée dans un vent doux. Par extension, il signifie aussi la parole de Dieu, celle, par exemple, qui est entrée sous forme de feu et vent chez les apôtres lors du miracle de la Pentecôte. Le souffle signifie donc esprit, création divine et force vitale sans laquelle l'homme périrait.

Le vent violent ne joue pas un rôle majeur chez Tournier, mais l'auteur y fait quand même référence dans un texte intitulé "Seigneur Mistral" (*Des clefs et des serrures* 167–69), où il évoque les dégâts de ce vent provençal sur une région déjà marquée par la sécheresse. Il y a aussi des tempêtes chez Tournier, comme celle qui détruit la *Virginie* et inaugure l'aventure de Robinson ou comme celle qui contribue au processus initiatique de Taor dans *Gaspard, Melchior et Balthazar.*

Cependant, c'est la "tempête calme" qui intéresse surtout l'auteur des *Météores* et qui exprime sa fascination pour l'ambiguïté des éléments. La "tempête calme" désigne le paradoxe de la marée haute: une mer houleuse par un temps serein, un phénomène qui attire Paul après que son frère jumeau l'abandonne. Elle devient symbole de la blessure invisible portée par le jumeau "déparié" qui, seul sur la plage, contemple la mer:

> [T]oute cette nature recueillie et comme méditative après le coup de hache qui a brisé la cellule gémellaire; et dans ce paysage immobile et silencieux la mer qui soulève son échine verte—une mer tranquille elle-même, lisse comme une joue d'enfant—le gonflement irrésistible du flot recouvrant cette année des chemins, des champs cultivés, sans bruit, sans violence. Un cataclysme paisible. (420)

Tournier est bien un auteur "élémentaire," séduit par la puissance presque sacrée de ces substances primordiales imprévisibles. Non seulement les éléments fournissent-ils le cadre du voyage élémentaire, ils en donnent également l'impulsion. La terre, l'eau et le feu maléfiques sont les forces motrices de la chute du héros, tandis que son apothéose finale se fait à l'aide de la poussée des éléments aériens: l'air et le feu solaire.

Chapitre deux

Le Commencement de la descente

Images du monde terrestre

> Dans la solitude active, l'homme veut creuser la terre, percer la pierre, tailler le bois. Il veut travailler la matière, transformer la matière.
>
> Gaston Bachelard
>
> *La Terre et les rêveries de la volonté*

2.1. La Primauté de l'horizontalité

Dans l'espace terrestre des romans de Tournier, la surface est un lieu privilégié: c'est le domaine souriant de la nature, où la terre, nourrie par les eaux du ciel et surtout par la lumière, est solide et accueillante. Dans "L'Arbre et le chemin" (*Des clefs et des serrures* 19–21), Tournier décrit le mariage du féminin et du masculin qui fait l'harmonie d'un paysage, le "subtil équilibre entre ses masses sédentaires et ses voies de communication" (19). Le sédentaire, c'est le féminin: c'est Eve, née au Paradis et désireuse d'y retourner; c'est son fils, l'agriculteur Caïn, qui partage les désirs nostalgiques de sa mère; c'est l'arbre, prisonnier de la terre, s'efforçant, malgré son immobilité, d'atteindre les nuages avec ses branches, les bas-fonds de la terre avec ses racines. Les voies de communication, elles, appartiennent à la race nomade, masculine: ce sont Adam et Abel, trop agités et avides d'errance pour rester au Paradis; c'est le chemin goudronné qui invite la roue, "fait glisser l'œil [. . .] et le projette vers le lointain" (20). Le côté masculin, toujours rassurant chez Tournier, domine ce paysage horizontal, apprivoisant en quelque sorte la féminité douteuse associée au sédentaire. Autrement dit, le chemin, passant innocemment à la surface, s'oppose à l'arbre, dont les racines fouillent dans les profondeurs hantées du souterrain.

Cette valorisation de la superficie au détriment de la profondeur fait sa première apparition chez Tournier dans *Vendredi ou les limbes du Pacifique.* Dans sa solitude, Robinson poursuit des méditations sur le langage et remarque l'"[é]trange parti pris [. . .] qui veut que 'superficiel' signifie non pas 'de vaste dimension,' mais de 'peu de profondeur,' tandis que 'profond' signifie au contraire 'de grande profondeur' et non pas 'de faible superficie' " (69). L'amour devrait être un sentiment superficiel, pense-t-il,

> [c]ar je mesure mon amour pour une femme au fait que j'aime également ses mains, ses yeux, sa démarche, ses vêtements habituels, ses objets familiers, ceux qu'elle n'a fait que toucher, les paysages où je l'ai vue évoluer, la mer où elle s'est baignée . . . Tout cela, c'est bien de la superficie, il me semble! (69)

L'amour "superficiel" s'étend partout: il couvre tout. Un amour "profond," par contre, est un sentiment physique, borné et médiocre; c'est l'amour du taureau qui "couvre" la vache, visant la pénétration pure et simple.

A ce moment de l'histoire, Robinson est déjà sur la voie de la marginalité. En marge de la civilisation, dans les limbes de l'existence, l'extériorité revêt des significations nouvelles. L'extériorité est d'une part la condition éternelle de Robinson qui ne réintégrera jamais le monde dont il est issu, et d'autre part le domaine de la vue, du visible rassurant. L'intériorité n'a plus aucune valeur pour Robinson: l'intérieur de l'Angleterre n'est plus qu'un souvenir lointain, et l'intérieur de sa propre nature semble mener paradoxalement au dehors, vers la nature qui l'entoure. Le nombril de l'homme se confond avec l'*Omphalos* du monde: "[L]'âme [. . .] s'enrichit indéfiniment à mesure qu'elle s'annexe des cercles plus vastes autour du point-moi. Robinson n'est infiniment riche que lorsqu'il coïncide avec Speranza tout entière" (70). Robinson aurait sans doute compris Milan, le collectionneur de mannequins dans *La Goutte d'or,* exprimant ainsi la pureté des surfaces—pures parce qu'elles ne peuvent rien dissimuler: "Le mannequin n'a pas d'intériorité. C'est un personnage totalement superficiel, dépourvu des secrets plus ou moins répugnants qui se cachent sous la peau des vivants. L'idéal, quoi!" (178–79). L'idéal de Tournier, aussi. Milan, comme Robinson et Abel Tiffauges, est porte-parole d'un anti-Œdipe qui renverse non seulement le signe de profondeur et d'intériorité, mais aussi enrichit l'amour bien au-delà des limites de la psychanalyse freudienne. Au cours de cette étude, nous verrons comment Tournier et ses héros détruisent la famille œdipienne en nous proposant de nouveaux objets d'amour, et de nouvelles façons d'aimer qui libèrent les prisonniers de la génitalité.

2.2. La Pierre et la poussière

Quels sont donc les symboles qui évoquent la mâle assurance de la surface terrestre? Il y a tout d'abord la *pierre* et la *poussière* dont Tournier valorise énormément l'aspect dur et sec. Dans "La Famille Adam" du *Coq de bruyère,* les pierres prennent une valeur cosmogonique, remplaçant le Verbe de l'Evangile: "Au commencement il n'y avait sur la terre ni herbe ni arbre. Partout s'étendait un vaste désert de poussière et de cailloux" (11). Dans ce désert fut créé Adam, un Adam androgyne comme se le représentait la Kabbale, avec "des seins de femme," "un sexe de garçon" et "un petit trou de fille" (11). La moitié homme d'Adam était très contente dans le désert de pierres, où elle pouvait marcher et courir autant qu'elle voulait. Mais la moitié femme n'avait pas envie de se déplacer: elle voulait s'installer dans un endroit tranquille, propice à élever une famille. Croyant plaire aux deux êtres, Jéhovah créa Eden, un paradis certes mais dont la beauté lourde et sensuelle ne réussit pas à sédentariser Adam. L'être androgyne continuait à être malheureux, déchiré entre le désir de rester et celui de partir. Pour remédier au problème, Dieu coupa Adam en deux, et Eve—la première indigène du Paradis—fut créée "dans la terre humide et grasse" (13).

Dans cette histoire de la Création revue et corrigée par Tournier, les significations de la pierre et de la poussière sont claires: sèches et mâles, elles couvrent le sol de l'étendue désertique où le nomade erre à son gré. Elles sont amies du mâle. C'est de ces matières qu'est modelé le corps du nouvel Adam, sa poitrine "dure et sèche comme un bouclier," son ventre "plat comme une dalle" (13). Comme l'expliquent Jean Chevalier et Alain Gheerbrant dans leur *Dictionnaire des symboles* (785), la poussière comme la semence et le pollen est symbole de la "force créatrice." Si le limon, d'essence féminine, est la matière primordiale avec laquelle l'homme fut créé, la poussière représente l'élément masculin dans l'acte créateur. Donc, après l'expulsion hors du Paradis, Adam se retrouve, à son grand contentement, dans l'élément à partir duquel il fut modelé: "Adam se retrouvait en pays de connaissance. Ce désert, c'était là qu'il était né. Cette poussière, c'était avec cela qu'il avait été sculpté" (14).

Adam fut le père des nomades. Le chamelier Ibrahim dans *La Goutte d'or* a hérité du goût qu'avait son aïeul pour le désert dur et sec, ainsi que de son dédain pour les espaces verts et humides qui attiraient Eve et Caïn. Même s'il travaillait pour eux, il "nourrissait à l'égard des oasiens un mépris indulgent" (11), comme s'il se souvenait du "passé glorieux" des tribus nomades. Les sentiments d'Ibrahim sembleraient coïncider avec la valorisation traditionnelle des deux métiers, si l'on en croit Chevalier et Gheerbrant: "[L]'agriculture dans la hiérarchie sociale semble avoir toujours tenu un rang inférieur, tandis que le pasteur, le nomade, avait la dignité du guerrier" (12). La réalité historique est autre, pourtant, et Ibrahim refuse d'accepter les changements sociologiques qui ont vu les sédentaires prendre le dessus.

2.3. Sédentaires et nomades

La force créatrice de la poussière mène à un autre grand symbole terrestre chez Tournier, l'*agriculture.* Mais avant d'étudier l'agriculture, il faut la situer par rapport à son contraire: l'*élevage.* Dans "La Famille Adam" et ailleurs, l'agriculteur sédentaire est juxtaposé en contrepoint au berger nomade. Caïn "suça la nostalgie du Paradis terrestre avec le lait de sa mère" (*Le Coq de bruyère* 15), partageant le goût de celle-ci pour son pays verdoyant duquel la famille avait été banni. Ses talents le portaient donc vers l'agriculture, l'horticulture et l'architecture. Abel, par contre, méprisait les belles maisons et les terres cultivées de son frère, se tournant comme Adam vers une vie nomade: "Devenu pasteur, Abel courait derrière ses troupeaux les steppes, les déserts et les montagnes. Il était maigre, noir, cynique et odorant comme ses propres boucs" (16).

Le contraste est saisissant: l'homme sédentaire est agriculteur, horticulteur, architecte et fondateur de villes; un descendant d'Eve, il est dodu, blond et tolérant. Le nomade est berger, voyageur ou vagabond, analphabète; dans la lignée d'Adam, il est maigre, dur et brun. Cette opposition est l'un des thèmes dominants de toute l'œuvre de Tournier.[1] Dans une autre nouvelle du *Coq de bruyère,* "L'Aire du Muguet," un routier, nomade moderne, se lamente d'avoir perdu sa femme au profit d'un rival sédentaire, l'épicier. Sa femme préférait la chaleur d'un foyer à une existence vagabonde: "Elle s'est mise avec un gars qui fait épicier. Un gars qui bouge pas quoi! [. . .] Au fond l'autoroute et les femmes, tu vois, ça va pas ensemble" (277–78).

Dans *Le Roi des Aulnes,* la construction binaire sédentaire/ nomade prend des proportions bien plus tragiques. Vers la fin du roman, Abel Tiffauges apprend jusqu'où la terrible vengeance de Caïn peut mener:

> [L]es deux peuples sur lesquels s'acharnaient les S.S., et dont ils poursuivaient l'extinction, étaient les peuples juif et gitan. Ainsi, il retrouvait ici poussée à son paroxysme la haine millénaire des races sédentaires contre les races nomades. Juifs et gitans, peuples errants, fils d'Abel, ces frères dont il se sentait solidaire par le cœur et par l'âme, tombaient en masse à Auschwitz sous les coups d'un Caïn botté, casqué et scientifiquement organisé. (560)

Peu de choses ont changé depuis les débuts de la race humaine. Caïn reste blond et gras, Abel brun et maigre. Seule l'arme du meurtre a évolué, la bêche primitive de Caïn s'étant raffinée pour devenir la tristement efficace chambre à gaz.

Si le sédentarisme, avec sa dominante féminine, liée à la terre et donc à la mort (en-terre-ment), est négativement valorisé dans les trois exemples qui précèdent, il ne l'est pas toujours chez Tournier. Comme la plupart des symboles, celui-ci est ambivalent, susceptible d'être inversé. Dans son autobiographie intellectuelle, *Le Vent Paraclet,* Tournier nous fait part de son trouble devant un besoin de choisir entre une vie nomade et une vie sédentaire:

> Qui n'a rêvé d'avoir deux existences simultanées, l'une de perpétuelle pérégrination, chasse cosmopolite à la chair, aux images, aux paysages; l'autre coite, casanière, tapie à

> l'intérieur d'une forteresse de livres, consacrée à la fermentation de la substance cérébrale et à la récolte de ses précieux distillats? (269–70)

L'aspect féminin de la vie sédentaire est donc loin d'être totalement néfaste: il revêt aussi les qualités maternelles de sécurité, de confort, de repos, de chaleur. D'où l'attrait d'une vie de "voyageur sédentaire," comme celle de Des Esseintes dans *A rebours,* lequel fait cette réflexion blasée: "A quoi bon bouger, quand on peut voyager si magnifiquement sur une chaise?" (Huysmans 226). Pour lui une baignoire remplie d'eau salée remplace convenablement une journée à la plage; un pub anglais à Paris où l'on sert du gin et du rosbif le transporte en Angleterre; l'odeur des fleurs exotiques de sa serre est un départ pour des pays lointains. Balthazar, le roi esthète de *Gaspard, Melchior et Balthazar,* est, par ses goûts raffinés, sa passion pour la beauté et pour les objets d'art, l'avatar tournièrien de Des Esseintes. Avant qu'il parte à la recherche de la comète, il s'était plutôt voué à une existence de voyageur sédentaire, traînant et rêvant devant les étalages fabuleux des souks de Nippur:

> Je ne pouvais manquer de hanter, dès l'ouverture du marché, les échoppes et les arrière-boutiques où s'entassait ce prestigieux bric-à-brac qui sentait l'Orient et les grands espaces désertiques. J'étais alors un voyageur sédentaire auquel les choses exotiques tenaient lieu de chameaux, de navires, de tapis volants pour fuir là-bas, fuir de l'autre côté de l'horizon. (71)[2]

Dans *Signes, symboles et mythes,* Luc Benoist souligne le caractère fondamental de l'opposition sédentaire/nomade. Il classe les nomades sous le sens de l'*ouïe* et les sédentaires sous le sens de la *vue.* Les civilisations nomades, plus anciennes, parlaient des langues rythmiques, qui exprimaient bien le mouvement si important dans leur vie quotidienne. Les premières langues, dit Benoist, étaient rythmiques et répétitives, un cri qui évoluait en chant. Adam parlait en vers, raconte un mythe islamique, une langue poétique qui avait été auparavant le privilège des divinités (Benoist 28). Les sédentaires, menant une existence fixe, tendaient à exercer des activités s'adressant à la vue et ont donc inventé l'architecture, les arts plastiques et l'écriture, "elle-même une fixation du langage" (42).

Chez Tournier l'opposition historique entre ces deux peuples engendre deux nouvelles antithèses, l'une de nature biologique, l'autre politique. Il y a d'abord la question de l'*hérédité* et du *milieu:* Comment sont-ils combinés pour former la personnalité de l'individu? Certains individus ou certaines races sont-ils dominés par l'un ou par l'autre? L'intérêt biologique n'a pas la primauté chez Tournier pourtant, et bientôt, la question se politise en une analyse des différentes valeurs mises sur l'hérédité et le milieu par la gauche et par la droite:

> Car aussi longtemps que ces deux pôles de la pensée biologique exerceront leur attraction contradictoire, il y aura une biologie de *droite*—mettant tout sur le compte de l'*hérédité*—et une biologie de *gauche*—pour qui seule le *milieu* est déterminant, et par extension une droite et une gauche. (*Le Vent Paraclet* 244; je souligne)

La droite, donc, c'est l'hérédité; c'est l'Ancien Régime qui "fondait les privilèges sociaux sur les ancêtres" (245), c'est plus tard la bourgeoisie qui, une fois au pouvoir, accentua les différences entre les classes sociales, et enfin, c'est l'"ultime radicalisation" (246) du racisme nazi. Dans *Le Roi des Aulnes,* le point de vue nazi est articulé par le docteur Blättchen, qui souligne dans son cours le rattachement du bolchevisme au milieu, à l'espace et au nomadisme, de l'hitlérisme à l'hérédité, au temps et au sédentarisme. Les communistes, dit-il, croient avec optimisme que toute personne, quelle que soit son hérédité, peut s'améliorer, s'éduquer: "Si un cochon n'est pas un lévrier, c'est une injustice sociale" (*Le Roi des Aulnes* 431). Nier d'une telle façon les lois de la génétique relève d'"une philosophie de bâtards, de nomades, sans tradition ni race, de citadins cosmopolites sans racines" (431), bref—comme Abel Tiffauges l'a remarqué—de Juifs et de Gitans. Le Nazisme, par contre, "enraciné dans la vieille terre allemande, doctrine d'agriculteurs et de sédentaires" (431), refuse de croire qu'une "mauvaise" hérédité puisse être "corrigée." La terre est dans le sang; la terre réclame du sang:

> Le mauvais sang n'est ni améliorable ni éducable, le seul traitement dont il est justiciable est une destruction pure et simple. [. . .] Comprenez-vous: *Blut und Boden.* Les deux

> se tiennent. Le sang vient de la terre, et y retourne. La terre doit être arrosée de sang, elle l'appelle, elle le veut. (432)

A souligner est l'extrême valorisation négative du point de vue droitiste.[3] *Blut und Boden* ne signifient pas seulement le zèle nationaliste du docteur, prêt à mourir pour sa patrie; ces paroles rappellent aussi le symbolisme ancien de la terre, l'isomorphisme avec la femme, le sang menstruel et la mort. Notons aussi le ton violent, pessimiste et inflexible du discours: l'homme est comme il naît, il ne peut pas changer, et s'il est de "mauvais sang," il ne mérite pas mieux que la destruction.[4]

Si la gauche semble être positivement valorisée chez Tournier, ce n'est pas autant pour ses propres mérites que pour le fait qu'elle a souvent été victime de la tyrannie droitiste. Dans la citation du docteur Blättchen, c'est la haine et la folie meurtrière de l'extrême droite qui ressortent, à côté de laquelle la gauche paraît être un foyer de saints innocents. On pense à Barthes pour qui, dans "Le Mythe, aujourd'hui," la droite est synonyme d'"oppresseur," la gauche d'"opprimé" (*Mythologies* 237). Mais Tournier reconnaît que la gauche a aussi ses faiblesses. N'oublions pas qu'Abel, s'il appartenait à la race privilégiée des nomades, était "cynique et odorant" (*Le Coq de bruyère* 16), et que "rien ne l'amusait comme de bouleverser par quelques coups de pied les plates-bandes et les châteaux de sable du patient et laborieux Caïn" (15). L'agressivité n'est donc pas le domaine exclusif de la droite, et les coups de pied d'un nomade peuvent rivaliser avec ceux d'un "Caïn botté" sédentaire. Comme nous le démontre l'histoire contemporaine, un régime tyrannique peut s'élever du côté de la gauche comme du côté de la droite. La différence, pour Tournier, réside dans l'aspect de la tyrannie: l'héréditaire (droite) est plus directe, elle ne fait aucun effort pour se cacher, tandis que la tyrannie mésologique (gauche), plus sournoise, enveloppe toute la société dans un tissu bureaucratique impénétrable, pour dissimuler ses opérations (*Le Vent Paraclet* 247–48).

Pour conclure cette partie sur ces antithèses sédentaire/nomade, hérédité/milieu, droite/gauche, si fondamentales à son œuvre, je voudrais mentionner quelques "prolongements littéraires" qu'en fait Tournier. Dans *Le Vent Paraclet* (250–52), il montre l'utilité de ces schémas dans une analyse des écrits de

Balzac et de Hugo. Vautrin est un héros de droite: toute sa puissance est dans sa personne, dans ses données héréditaires. Il se moque des contraintes ou des mœurs de son milieu. Par exemple, son homosexualité fait qu'il renonce à tout ce qui symbolise la femme au dix-neuvième siècle: la respectabilité, la vertu, mais aussi la clef pour "arriver" dans la société. Il en va tout autrement dans le cas de Jean Valjean. Celui-ci est presque exclusivement un produit des injustices et des hasards de son milieu. Même sa "fille," Cosette, n'a aucun lien héréditaire avec lui. Tour à tour forçât et philanthrope, il représente une preuve pour Hugo que "[l]'éducation sociale bien faite peut toujours tirer d'une âme, quelle qu'elle soit, l'utilité qu'elle contient" (Hugo 178).

Dans les romans de Tournier lui-même, la question hérédité/milieu est longuement traitée, surtout dans *Les Météores*. Pour la résumer, disons simplement que chacun des jumeaux, une fois la "cellule gémellaire" brisée, s'oriente dans une direction différente: "Paul se veut le conservateur de l'intimité et des jeux gémellaires, Jean secoue la tutelle de son frère et cède aux charmes inconnus et âpres du monde des 'singuliers' " (*Le Vent Paraclet* 252). On pourrait donc ranger Paul à droite, à cause de la force centripète, endogame, qui dirige sa vie, ce qui provoque son conservatisme et son désir de protéger son hérédité. Jean, au contraire, est le nomade de gauche, attiré vers le voyage par une force centrifuge et exogame.

2.4. L'Agriculture

Cette longue parenthèse refermée, je voudrais revenir au sujet de l'*agriculture*, thème immense dans cette première étape du voyage élémentaire tourniérien. Comme tout grand symbole, l'agriculture revêt des sens ambivalents. On a déjà vu que si le laboureur a dépassé le berger en importance socio-économique, sa valeur symbolique reste à un niveau inférieur. Cela vient sans doute du symbolisme féminin rattaché à l'agriculture, laquelle était, selon Benoist, une découverte féminine, car "l'homme se contentait de chasser, la femme plantait et récoltait" (85). Durand place l'agriculture sous le signe du denier dans le régime nocturne, c'est-à-dire avec les images qui expriment un désir de maîtriser le temps par des moyens *cycliques*. La correspondance entre le cycle végétal et le cycle lunaire est évidente, la lune ayant, selon certaines croyances, un pouvoir fertilisant (Durand 340), et les déesses lunaires étant souvent assimilées aux déesses chthoniennes.[5] La lune, passive car elle dépend du soleil pour faire de la lumière, est un symbole de la femme, suivant comme elle un rythme mensuel: "La lune est liée aux menstrues, c'est ce qu'enseigne le folklore universel. En France, les menstrues s'appellent 'le moment de la lune,' et chez les Maori la menstruation est la 'maladie lunaire' " (112). Ainsi la lune représente-t-elle la "féminité sanglante" (113) et l'écoulement, non seulement du sang, mais du temps. Ses phases marquent le temps qui passe, menant irrémédiablement à la mort.

Tout ce symbolisme négatif sera donc assimilé à l'agriculture. Si les plantes poussent à la surface de la terre, les racines et le grain, qui meurt pour les former, appartiennent aux régions humides et sombres du souterrain. C'est le domaine du *ventre* (Chevalier et Gheerbrant 12, 999), dévorateur mais, paradoxalement, en même temps matrice, refuge. C'est Cybèle, la Terre-Mère qui, d'une part, avale et enterre les hommes, mais, d'autre part, crée de nouveaux hommes à partir de la graine humaine enterrée (Benoist 84–85). D'où la valorisation positive de l'agriculture: elle est liée à la vie par sa fonction créatrice et nourricière. Elle a en outre un rapport avec la divinité. Un bon exemple en serait le bétyle, pierre sacrée assimilée au pain, ce produit fondamental de l'agriculture: "Lorsque la maison du Dieu, le bétyle (*beth-el*), devint la maison du pain (*beth-lehem*), le sanctuaire du Dieu invisible devint le foyer entouré de champs, capables de nourrir le peuple élu" (84).

La culture du blé et la fabrication du *pain* jouent un grand rôle symbolique dans *Vendredi ou les limbes du Pacifique*. Ce travail est purificateur, soulevant Robinson de l'état de bestialité dans lequel il était tombé pendant ses années de solitude. Après une bonne récolte de blé et d'orge, Robinson se met au vannage:

> Il aimait ce travail de purification, simple mais non pas fastidieux, pour les symboles spirituels qu'il évoquait. Son âme s'élevait vers Dieu et le suppliait de faire voltiger au loin les pensées frivoles dont il était plein pour ne laisser en lui

> que les lourdes semences de la parole de sagesse. (*Vendredi* 59–60)

Cette première récolte déclarée sacrée, Robinson promet de n'en rien consommer. Elle sera pour l'avenir, symbolisant le nouvel optimisme de Robinson, qui compte vivre longtemps sur son île. Il se tournera désormais vers l'avenir: tout ce qui appartient au présent, notamment la consommation, sera condamné comme vice; tout ce qui vise l'avenir, comme la semence, la récolte, la thésaurisation, sera loué comme vertueux et productif.

Alors commence un stade de production fiévreuse et obsédante. Outre le blé, Robinson se met à élever des chèvres, cultiver des fruits de mer, installer des ruches, se faire des provisions de viande fumée et de poisson salé, et produire une sorte de sucre d'un palmier abattu, qu'il emploie pour faire des fruits confits. La maîtrise du temps est le but de ce travail frénétique: construire un enclos pour les chèvres, un vivier pour les poissons, des ruches pour les abeilles, c'est "emprisonner le temps" (60); faire des provisions de blé, de viande, de fruits, c'est "thésauriser du temps" (61). En bon puritain, Robinson adopte l'éthique du travail comme moyen d'assurer son salut.

Robinson rejoint la tradition qui voit dans l'agriculture l'union des quatre éléments. A la merci des éléments, il préside à leur mariage heureux, l'union de la terre et de l'air, de l'eau et du feu solaire, dont les fruits, s'amassant dans ses entrepôts, lui assureront une existence tranquille. Cependant, la voie de l'agriculture, dans le sens où Robinson la conçoit, n'est qu'une fausse piste vers le salut, conduisant plutôt vers l'excès et la folie. Elle est trop immergée dans la foi chrétienne, dangereuse parce qu'elle nie le présent, mettant tout sur le compte de l'avenir, d'une vie au-delà de la mort. Robinson, se sentant purifié comme le grain qu'il vanne, se met à prier que Dieu lui donne des paroles de sagesse. Il aurait mieux fait de se rappeler les paroles du capitaine Van Deyssel, "ce gros silène néerlandais," ce "diable d'homme" (*Vendredi* 9) qui, interprétant son avenir dans le jeu de Tarot, avait averti Robinson: "[I]l y a en vous un organisateur. Il lutte contre un univers en désordre qu'il s'efforce de maîtriser avec des moyens de fortune. Il semble y parvenir, mais n'oublions pas que ce démiurge est aussi bateleur: son œuvre est illusion, son ordre est illusoire" (7). Les derniers mots de ce prophète diabolique, juste avant sa mort dans le naufrage de la *Virginie,* sont pleins de cynisme à l'égard de la foi chrétienne de son passager "pieux, avare et pur" (8): "Crusoé, lui dit-il, écoutez-moi bien: gardez-vous de la pureté. C'est le vitriol de l'âme" (14).

2.5. Le Pain

Intimement lié au thème de l'agriculture chez Tournier, le pain est d'abord une nourriture sacrée, le corps du Christ. Pour Robinson, le pain rappelle le souvenir de la communion, qui est non seulement un sacrement religieux, mais aussi une cérémonie profondément sociale: "[I]l attachait un prix infini au pain, symbole de vie, unique nourriture citée dans le *Pater,* comme à tout ce qui pouvait encore le relier à la communauté humaine" (*Vendredi* 46). Le pain possède également un aspect maternel, produit comme il l'est des fruits de la Terre-Mère. Dans *Vendredi,* celle-ci est incarnée dans l'île Speranza, et le pain est le don qu'elle fait à Robinson, "preuve tangible qu'elle l'avait adopté, comme il avait lui-même adopté cette île sans nom où le hasard l'avait jeté" (46).

Le pain est ensuite sexué par Robinson. Il ne sera plus le corps du Christ, comme l'aurait voulu le père quaker de Robinson, mais un corps féminin bien plus séduisant. Une rêverie chrétienne cède la place à une rêverie plus substantielle, plus primordiale, celle du boulanger, le torse nu, malaxant la pâte:

> Or je ne concevais rien de plus onctueux ni de plus accueillant que ce grand corps sans tête, tiède et lascif, qui s'abandonnait au fond du pétrin aux étreintes d'un homme à demi nu. Je le sais maintenant, j'imaginais d'étranges épousailles entre la miche et le mitron, et je rêvais même d'un levain d'un genre nouveau qui donnerait au pain une saveur musquée et comme un fumet de printemps. (81)

Cette rêverie aurait pu sortir d'une page de Bachelard, à l'instar duquel Robinson montre une préférence pour la matière sur la forme. Robinson se rappelle comment, écolier, "l'haleine chaude, maternelle et comme charnelle" d'une boulangerie l'avait attiré. Comme il devait envier le mitron, dont les bras tenaient "la masse blonde de la pâte":

> J'ai toujours préféré les matières aux formes. Palper et humer sont pour moi des modes d'appréhension plus émouvants et plus pénétrants que voir et entendre. [. . .] Pour moi la couleur n'est qu'une promesse de dureté ou de douceur, la forme n'est que l'annonce d'une souplesse ou d'une raideur entre mes mains. (81)

Dans ce passage, comme dans le précédent, on assiste à une sexualisation de la pâte entre les mains du mitron. La pâte devient femme, sa demeure une caverne chaude, dorée et sensuelle. La femme est blonde, mais sans tête, c'est-à-dire sans l'esprit qui aurait introduit une nuance de forme à sa pure sensualité. Robinson, peu satisfait d'être un "voyeur" de couleurs et de formes, rêve de "palper et humer," sinon la pâte[6] elle-même, au moins le nouveau pain qui sera le fruit de ces "étranges épousailles."

Le thème du pain sexué n'est pas limité au premier roman de Tournier. Il apparaît dans d'autres histoires, notamment dans "Pierrot ou les secrets de la nuit," *Les Météores* et "La Légende du pain." Dans un conte dit pour enfants, Pierrot est un mitron qui travaille la nuit et dort le jour; il est amoureux de la belle Colombine et songe à ses fesses en contemplant la pleine lune. Pourtant Colombine se laisse séduire par les couleurs éclatantes d'Arlequin, être solaire, qu'elle préfère aux couleurs sombres et froides du mitron nocturne et mystérieux. Mais finalement elle revient à Pierrot, qui la convainc que les couleurs d'Arlequin sont superficielles et toxiques, et que c'est au mitron qu'appartiennent les *vraies* couleurs. Comme pour Robinson, pour Pierrot aussi les couleurs sont à humer, à consommer:

> Ma nuit n'est pas noire, elle est bleue! Et c'est un bleu qu'on respire.
>
> Mon four n'est pas noir, il est doré! Et c'est un or qui se mange.
>
> La couleur que je fais réjouit l'œil, mais en outre elle est épaisse, substantielle, elle sent bon, elle est chaude, elle nourrit. (*Le Médianoche amoureux* 237)

Le pain, substance nourrissante, chaude et dorée, sert d'instrument de séduction; la pauvre Colombine, épuisée par le froid et le travail que lui fait faire Arlequin, ne tarde pas à rejoindre

Pierrot dans sa boulangerie où il fait si bon. Elle s'endort, et le petit boulanger fête sa victoire sur son rival en confectionnant une immense brioche sculptée à la forme de sa bien-aimée: "Ses mains aimeraient caresser l'endormie, bien sûr, mais fabriquer une Colombine de pâte, c'est presque aussi plaisant" (240). Le plaisir du toucher se mêle au plaisir de l'odorat et à la promesse du goût. C'est la joie primordiale qui naît de l'acte de pétrir, sujet que Bachelard a longuement traitée dans *L'Eau et les rêves.* L'*homo faber* trouve sa plénitude en travaillant avec ses mains: "Cette rêverie qui naît du travail des pâtes se met aussi forcément d'accord avec une volonté de puissance spéciale, avec la joie mâle de *pénétrer* dans la substance, de *palper l'intérieur des substances*" (*L'Eau et les rêves* 146).

Est-il possible de "palper l'intérieur" d'une substance? Nous avons vu que Robinson préfère la surface d'une chose justement parce qu'il peut la connaître en la touchant. Le caractère presque sacré de la pâte chez Tournier serait peut-être dû au fait qu'elle réunit un verbe (*palper*) et un objet (*intérieur*) foncièrement incompatibles. "Palper l'intérieur," c'est toucher l'invisible, c'est réunir le profond et le superficiel.

A la fin de "Pierrot," les voluptés de la vue et du goût viennent se joindre à celles de l'odorat et du toucher. Pierrot sort la brioche-Colombine du four et regarde avec Arlequin la réaction de la jeune fille-Colombine:

> Colombine étend Colombine sur la table. Elle écarte des deux mains avec une douceur gourmande les seins briochés de Colombine. Elle plonge un nez avide, une langue frétillante dans l'or mœlleux du décolleté. Elle dit, la bouche pleine:
>
> —Comme je suis savoureuse! Vous aussi, mes chéris, goûtez, mangez la bonne Colombine! Mangez-moi! (*Le Médianoche amoureux* 242)

Il est certes discutable que ce conte soit écrit pour les enfants.[7] Mais il n'empêche que la sexualité qui se trouve dans cette scène finale est d'une innocence naturelle. Pierrot, qui n'est pas privé d'autrui comme Robinson, réalise le rêve de celui-ci, rêve primordial de la pâte, "un des schèmes fondamentaux du matérialisme" (Bachelard, *L'Eau et les rêves* 142).

Avant que Tournier ait écrit "Pierrot," il avait déjà associé le pain au sexe dans *Les Météores.* Edouard, le père des jumeaux, succombe au charme de l'odeur sensuelle du pain, en la personne d'Angelica, vendeuse dans la boulangerie Croissant Doré:

> [E]lle était très grande, très droite et très blonde, et elle sentait bon la brioche et le *chausson amandinois*, une spécialité-maison réputée. La cour d'Edouard passa d'abord par une phase pâtissière consistant en des achats biquotidiens de chaussons. (*Les Météores* 310)

Angelica, blonde et dorée comme les chaussons et les croissants, est la "miche" animée dont rêvait Robinson et que l'heureux Pierrot possédera sous ses deux formes: humaine et pâtissière. Son prénom la rapproche des anges; on retrouve donc une référence au pain comme nourriture spirituelle. Mais quand Edouard médite sur son "grand corps blond et dru, fleurant le pain chaud" (323), c'est surtout aux nourritures terrestres que l'on songe, aux blés dorés et drus qui attendent la moisson et ensuite le four du boulanger.

Dans "La Légende du pain," il s'agit d'une tentative pour réunir les deux sexes par la création d'un pain "androgyne." Le boulanger du village de Plouhinec fait "un pain dur, tout en croûte," tandis que son rival à Pouldreuzic préfère "un pain tout en mie, doux et fondant à la bouche" (*Le Médianoche amoureux* 244). Lorsque leurs deux enfants veulent se marier, il est temps de mettre fin à la rivalité et de marier aussi le biscuit masculin et la brioche féminine. Se servant du royaume animal comme modèle, ils cherchent à créer un "pain crustacé"—dur à l'extérieur et mou à l'intérieur—et un "pain vertébré" (245)—dont la "croûte" intérieure est enveloppée par la mie. Les résultats sont le pain "crustacé" que l'on mange aujourd'hui et le pain au chocolat avec sa "vertèbre" de chocolat entourée d'une brioche.

Les premières critiques du *Médianoche amoureux* semblent douter du sérieux de Tournier: "Est-ce qu'il ne dore pas un peu la pilule? Comment être comblé, ébloui par l'invention du petit pain au chocolat [. . .]?" (Piatier, "Michel Tournier ou l'art du détour"). Mais Tournier se réclame de la simplicité et de la modestie du conteur, dont l'œuvre dissimule souvent des problèmes ou des vérités complexes sous une apparence enfantine. Si l'on connaît le rôle clef du pain sexué dans les écrits antérieurs de l'auteur, on sait qu'il exprime dans "La Légende du pain" la même "nostalgie de l'unité" (Merllié 17) dont nous souffrons tous.

2.6. L'Arbre

Si l'agriculture représente la nature apprivoisée en vue de nourrir l'homme, d'autres plantes, sauvages ou cultivées, suggèrent des images importantes de l'élément terrestre. Première parmi elles, celle de l'*arbre,* dont quatre types semblent s'imposer: l'arbre de vie, qui peut s'inverser en arbre de mort, l'arbre renversé, l'arbre-androgyne et l'arbre-ancêtre.

Si l'*arbre de vie* n'apparaît pas là où on l'aurait attendu, dans le Paradis terrestre de "La Famille Adam," il est un des grands symboles de *Vendredi,* sous la forme du grand cèdre que Robinson découvre au début de son séjour sur l'île:

> Un cèdre *gigantesque* qui prenait racine aux abords de la grotte *s'élevait,* bien au-dessus du *chaos rocheux,* comme le *génie tutélaire* de l'île. Lorsque Robinson s'éveilla, une faible brise nord-ouest animait ses branches de *gestes apaisants.* Cette présence végétale le réconforta [. . .]. (*Vendredi* 18; je souligne)

A partir des cinq groupes de mots soulignés, on peut analyser l'importance du cèdre. D'abord, les dimensions imposantes, "gigantesques," de l'arbre connotent la puissance majestueuse et la longévité. Conifère, toujours vert, le cèdre est d'autant plus symbole de la vie éternelle. Le verbe *s'élever,* et les "gestes" que fait l'arbre, lui prêtent un certain dynamisme, une vitalité dont Robinson, qui vient d'échapper de justesse à la mort, a besoin.

Les "gestes apaisants" du cèdre établissent une atmosphère de calme et d'ordre, la dureté verticale du bois s'opposant au "chaos rocheux" qui entoure les racines. L'arbre peut donc préfigurer l'ordre que Robinson va tenter d'imposer sur Speranza, dont l'état sauvage fait appel à un acte de création, d'organisation. Le "chaos rocheux" rappelle d'autres états chaotiques: la pré-matière diffuse qui formait l'univers avant la Création, ou bien, plus littéralement, les éboulis de roches qui relient les cercles d'enfer dans *La Divine Comédie.*

"S'élever" évoque aussi la verticalité de l'arbre, en perpétuelle ascension vers le ciel. Sa posture verticale en fait un médiateur entre les trois niveaux de l'univers:

> [L]e souterrain, par ses racines fouillant les profondeurs où elles s'enfoncent; la surface de la terre, par son tronc et ses premières branches; les hauteurs, par ses branches supérieures

> et sa cime, attirées par la lumière du ciel. Des reptiles rampent entre ses racines; des oiseaux volent dans sa ramure: il met en relation le monde chthonien et le monde ouranien. (Chevalier et Gheerbrant 62)

Dans un texte intitulé "Le Test de l'arbre" (*Petites proses* 213–14; *Le Vagabond immobile* 101–03), Tournier prétend classer les hommes selon celle des trois parties de l'arbre qu'ils dessinent de préférence.[8] Les hommes-racines sont des métaphysiciens; ils privilégient l'élément nocturne, tellurique, l'étrange synthèse de vie et de mort que sont les racines, ces cadavres enterrés qui assument un rôle nourrissant. Les hommes-tronc sont des hommes d'action, qui, s'identifiant avec l'élément vertical, voient dans l'essor du tronc un symbole de leur propre ambition. Enfin, les hommes-feuilles sont des poètes qui entendent, lorsqu'un souffle de vent passe dans les feuilles, une sorte de langage arboréal. Car *ramage* a deux sens: il indique à la fois les entrelacs de rameaux et le chant des oiseaux.

Médiateur entre la terre et le ciel, l'arbre est doué par l'imagination d'un statut quasi-divin. Pour Robinson, le cèdre est son "génie tutélaire," l'esprit qui, comme un ange gardien, va présider à sa destinée. Il est en quelque sorte la contrepartie positive du Van Deyssel diabolique et cynique qui avait prédit l'avenir de Robinson la nuit du naufrage. Le caractère sacré du cèdre est renforcé par la position dominante qu'il occupe: au centre de l'île, au sommet d'une montagne, à côté de la grotte qui deviendra un endroit sacré pour Robinson. L'arbre dressé sur la montagne forme donc l'axe vertical et le centre du nouveau monde de Robinson; il symbolise l'espoir toujours vivant en l'Anglais qu'il pourra, d'une manière ou d'une autre, transcender sa malheureuse condition. Luc Benoist semble évoquer Speranza dans la description suivante d'une des représentations possibles d'un microcosme sacré: "Ainsi peut-on considérer le *monde* comme une terre sainte au milieu de l'Océan cosmique, une *île* au centre de laquelle se dresserait une montagne, elle-même surmontée par un arbre sacré" (69). Le caractère sacré d'un lieu central qui réunit une montagne, une grotte et un arbre est également évoqué par Eliade lorsqu'il décrit le "vol chamanique," dans *Mythes, rêves et mystères:*

> [C]'est surtout le vol au Centre de Monde qui nous intéresse: c'est là que se trouvent l'Arbre, la Montagne, le Pilier

> Cosmique qui relient la Terre au Ciel; c'est toujours là que se trouve le "trou" fait par l'Etoile polaire. En grimpant sur la Montagne, en escaladant l'Arbre, en volant ou en pénétrant par le "trou" au sommet de la voûte céleste, le chaman réalise son ascension au Ciel. (85)

L'arbre, grand symbole de totalité, réunit les quatre éléments. Dans *L'Air et les songes,* Bachelard note l'aspect synthétisant de la rêverie de l'arbre:

> [D]e cette vie verticale, les imaginations les plus diverses, qu'elles soient ignées, aquatiques, terrestres ou aériennes, pourront revivre leurs thèmes favoris. Les uns rêvent, comme Schopenhauer, à la vie souterraine du pin. Les autres, au bruissement courroucé des aiguilles et du vent. D'autres sentent puissamment la victoire aquatique de la vie végétale: Ils "entendent" la sève monter. [. . .] D'autres enfin savent, comme d'instinct, que l'arbre est le père du feu; ils rêvent sans fin à ces arbres chauds où se prépare le bonheur de brûler [. . .]. (233–34)

Tournier—que j'appellerais un auteur tellurique—semble insister sur l'aspect terrien du cèdre de *Vendredi,* jusqu'à ce que toute l'île soit bouleversée par le feu dans l'explosion de la grotte. L'arbre de vie est en fait un arbre de *mort,* qui attire l'homme vers le domaine ténébreux de la racine plutôt que vers l'espace libérateur, aérien, des feuillages. La confiance que le cèdre donne à Robinson est trompeuse. Elle le déshumanise, le lie à la terre et au passé,[9] ce lien devenant dangereusement littéral lorsque la barbe de Robinson commence à prendre racine pendant qu'il dort, couché sur la terre (*Vendredi* 138). Robinson ne se libère de ses attaches terrestres qu'après l'explosion de la grotte, qui provoque la chute du cèdre. L'arbre géant, symbole de la verticalité, montre désormais sa face cachée, horizontale, maintenant que les racines, ces "bras crochus et innombrables" (190), sont en pleine vue. Le génie tutélaire de Robinson sera désormais Vendredi, dont la légèreté et la jeunesse font contraste avec la lourdeur terrestre et l'ancienneté du cèdre. Déraciné comme l'arbre, Robinson "flottait désormais, libre et apeuré, seul avec Vendredi. Il ne devait plus lâcher cette main brune qui avait saisi la sienne pour le sauver au moment où l'arbre sombrait dans la nuit" (190).

Le cèdre, qui entraînait Robinson dans une voie terrestre qui ne pouvait aboutir qu'à la mort, manque de justesse de tomber sur lui et le tuer réellement. Cet arbre joue donc un rôle analogue à celui de l'arbre de la connaissance du bien et du mal dans la Genèse, sur lequel pousse le fruit défendu, instrument de la chute d'Adam. Robinson, comme Adam et Eve après leur péché, avait honte de son corps. Pâle et roux, il regardait le soleil tropical comme un danger. Mais la mort de l'arbre terrestre et l'exemple du Vendredi aérien et solaire lui épargnent l'exil et les souffrances d'Adam. Robinson retrouvera le Paradis perdu et l'état d'innocence qui ne craint pas la nudité, renonçant à la terre au profit du soleil:

> Encouragé par Vendredi, il s'exposait nu désormais au soleil. D'abord apeuré, recroquevillé et laid, il s'était épanoui peu à peu. Sa peau avait pris un ton cuivré. Une fierté nouvelle gonflait sa poitrine et ses muscles. De son corps rayonnait une chaleur à laquelle il lui semblait que son âme puisait une assurance qu'elle n'avait jamais connue. (191–92)[10]

Le cèdre abattu préfigure un autre arbre de vie et de mort, l'aulne dans *Le Roi des Aulnes*. Chaque fois que cet arbre est évoqué, c'est comme symbole de mort, mais d'une mort qui promet la résurrection et la vie éternelle. Dans le passage suivant, le professeur Keil explique avec émotion la signification d'un cadavre âgé de deux mille ans—et parfaitement conservé—qu'on venait de retirer d'une tourbière:

> —Qu'il me soit permis d'ajouter que notre ancêtre a été *exhumé* près d'ici, dans un petit bois d'aulnes, de la variété *noire* qui *hante* les marais. Et là je ne puis manquer de songer à Goethe, le plus grand poète de langue allemande, et à son œuvre la plus illustre et la plus mystérieuse à la fois, cette ballade du *Roi des Aulnes.* Elle chante à nos oreilles allemandes, elle berce nos cœurs allemands, c'est en vérité la *quintessence* de l'âme allemande. (294–95; je souligne, sauf le titre)

Les mots soulignés montrent la double participation de l'aulne dans la vie et dans la mort. "Noire" et "hante," mots associés directement à l'aulne, renvoient à la mort; de même le Roi des Aulnes dans le poème de Goethe est un esprit de la mort.

Cependant, les mots *exhumé* et *quintessence* nous parlent de vie: *exhumer* est le contraire d'*inhumer* et peut avoir le sens de "ressusciter," tandis que *quintessence* nous emmène au-delà de la matière, dans les régions éthérées de la lumière. L'aulne apparaît encore dans le dernier paragraphe du roman; Abel, voulant sauver le petit Ephraïm juché sur ses épaules, s'enfonce petit à petit dans le marais pour fuir les chars russes. L'avant-dernier objet qu'il aperçoit, c'est "l'aulne noir des marécages" (580), qui semble accueillir ce nouveau Roi des Aulnes dans son royaume ténébreux. Mais la dernière phrase du roman peint l'image lumineuse d'"une étoile d'or à six branches qui tournait lentement dans le ciel noir" (581). La même étoile d'or figurait sur le bandeau du premier "Roi des Aulnes" trouvé dans les tourbières. Les deux rois sont maintenant assimilés: Abel, englouti dans le bois d'aulnes portant un enfant—l'acte suprême de la "phorie"—a atteint la région des "quintessences." Qui sait si, dans deux mille ans, Abel et l'enfant—un Français et un Juif d'Estonie—ne seront pas, à leur tour, exhumés et honorés comme représentant "la quintessence de l'âme allemande"?

L'*arbre renversé* est la deuxième forme de l'arbre qui apparaît chez Tournier. Dans *Vendredi* il symbolise l'aspect aérien de l'Indien, et sa tendance à renverser l'ordre de "l'île administrée" de Robinson. En effet, la domestication de Vendredi est un échec total; travailler n'est pas son fort, et, après avoir vidé la rizière pour sauver le chien Tenn qui se noyait, il disparaît. Robinson part à la recherche de son compagnon et découvre, dans une partie isolée de l'île où apparemment Vendredi séjourne régulièrement, "un univers secret" en marge de l'ordre, où Vendredi avait déraciné et replanté à l'envers de petits arbres. Cet étrange spectacle possède un "aspect fantastique," en quoi les arbres semblent s'épanouir malgré leur "traitement barbare":

> Des pousses vertes et même des touffes de feuilles apparaissaient à la pointe des racines, ce qui supposait que les branches enterrées avaient su se métamorphoser elles-mêmes en racines, et que la sève avait inversé le sens de sa circulation. Robinson ne pouvait s'arracher à l'examen de ce phénomène. (163)

Les arbres, comme Tenn, répondent naturellement aux caresses de l'Indien. "Monstrueuse" pour Robinson, cette replantation par l'être solaire préfigure néanmoins sa conversion à la voie solaire, si l'on rappelle le symbolisme ancien de l'arbre renversé:

> [C]'est d'en haut que [les êtres] puisent la vie, c'est en bas qu'ils s'efforcent de la faire pénétrer. De là, ce renversement des images: la ramure joue le rôle des racines, les racines celui des branches. La vie vient du ciel et pénètre la terre: suivant un mot de Dante, il est un arbre "qui vit de sa cime." (Chevalier et Gheerbrant 64)

L'arbre renversé, comme plus tard le cèdre tombé, symbolise la voie nouvelle que Vendredi ouvre à Robinson: un véritable culte du soleil qui culminera à la fin du roman dans l'apothéose aérienne et solaire de l'Anglais. Il s'intégrera, corps et esprit, dans la nature. Mais à présent il ne sait plus où donner de la tête quant à Vendredi, dont l'unité avec la nature est soulignée par une scène où, déguisé en homme-plante, il danse et rit autour d'un Robinson perplexe et troublé.

L'arbre est un symbole complexe qui réunit les significations que Gilbert Durand prête au denier et au bâton, c'est-à-dire les tentatives de maîtriser le temps d'une part, par des images cycliques (les cycles végétaux et lunaires, par exemple), et d'autre part, par des images progressistes (la rédemption et l'évolution, par exemple). L'arbre appartient au règne végétal, sans doute, et pourrait se ranger du côté cyclique comme les autres plantes; toutefois l'impression dominante de l'arbre est sa verticalité et sa longévité, qui impliquent un certain messianisme, mettant l'arbre plutôt du côté des images progressistes (Durand 391, 396). Survient l'arbre renversé, qui renverse notre conception normale de l'arbre comme symbole d'une verticalité ascendante. L'arbre renversé des Upanishads, ses racines dans le ciel et ses branches sur la terre, représente la descente de Brahman:

> Cet arbre renversé insolite, qui choque notre sens de la verticalité ascendante, est bien signe de la coexistence, dans l'archétype de l'arbre, du schème de la réciprocité cyclique. Il [. . .] refait en sens inverse la procession créatrice; la rédemption messianique étant le doublet inversé, ascendant, d'une descente, d'une chute cosmogonique. (Durand 398)

Il n'y a aucun doute que l'arbre renversé dans *Vendredi* possède la même signification rédemptrice que l'arbre des

Upanishads.[11] Comme certains critiques l'ont remarqué (Merllié 131–36; Petit, "The Bible as Inspiration" 350–51), le rôle principal que joue Vendredi est celui d'un rédempteur. Si Robinson a créé un certain ordre sur Speranza par des activités telles que *dé*nombrer la flore et la faune, *dé*fricher la terre et *dé*clamer les lois, Vendredi travaille dans le sens contraire: il *re*nverse l'ordre artificiel établi par Robinson, *ré*tablit l'ordre naturel antérieur et *ra*chète Robinson de la violence qu'il avait faite aux trois "personnages" du roman: lui-même, Vendredi et l'île.

L'*arbre-androgyne* est le troisième arbre que l'on peut relever chez Tournier. On sait l'importance de l'androgyne dans son œuvre; Françoise Merllié consacre une partie importante de son livre à "la nostalgie de l'unité" (17–90), où elle décrit le héros chez Tournier comme un être seul, perdu, qui cherche les temps heureux des origines et des androgynes. Même Dieu est bisexué, ayant créé l'Adam-androgyne à son image et à sa ressemblance. D'où l'ambiguïté sexuelle ou la tentative de renoncer à la sexualité génitale qui caractérisent Robinson, Tiffauges, Alexandre et Jeanne d'Arc.

Le symbolisme de l'arbre-androgyne relève du fait que, comme Bachelard nous l'a déjà montré, l'arbre réunit les éléments masculins (l'air et le feu) et les éléments féminins (l'eau et la terre). L'air nourrit et fait frissonner les feuilles de l'arbre, le feu jaillit des branches; tandis que la sève y coule comme de l'eau et que ses racines l'ancrent dans la terre. En outre, selon Chevalier et Gheerbrant,

> le tronc dressé vers le ciel, symbole de force et de puissance éminemment *solaire,* est bien le *Phallus,* image archétypale du *père.* Tandis que l'arbre creux de même que l'arbre en feuillage dense et enveloppant [. . .] évoque, lui, l'image archétypale lunaire de la *mère fertile* [. . .]; c'est aussi l'*athanor* des alchimistes, matrice où s'opère la gestation de l'or philosophal, souvent comparé à un arbre. (66)

C'est surtout dans "La Fugue du petit Poucet" (*Le Coq de bruyère* 49–65) que l'arbre-androgyne se manifeste chez Tournier. Menacé par une castration symbolique de par le métier de bûcheron de son père terrible, Pierre Poucet s'enfuit et finit par arriver à la maison des Logre, où le père et ses sept filles lui font bon accueil. C'est une maison où l'esprit de l'arbre émane de tous les objets: la maison est tout en bois, et lorsque Pierre entre dans le salon, il voit Logre assis dans un grand fauteuil d'osier, devant une immense cheminée où brûlent des troncs d'arbre entiers. Tout évoque l'ambivalence sexuelle de l'arbre: la féminité caractéristique de la maison, laquelle, selon Bachelard, peut être symbole du giron maternel (*La Terre et les rêveries du repos* 121), est étayée par la présence des petites filles. Par contre, la force masculine se manifeste par les troncs d'arbre qui flambent dans la cheminée et par le fauteuil d'osier, "un trône léger, aérien" (*Le Coq de bruyère* 56). Mais c'est surtout dans le personnage de Logre que s'exprime l'esprit androgyne de l'arbre. Cet "homme au foyer" hippie est "un géant mince, flexible, où tout n'est que douceur, ses longs cheveux blonds serrés par un lacet qui lui barre le front, sa barbe dorée, annelée, soyeuse, ses yeux bleus et tendres, ses vêtements de peau couleur de miel auxquels se mêlent des bijoux d'argent ciselés" (57). Comme l'arbre de la forêt donc, le physique de ce géant tendre et doux réunit les éléments masculins et féminins. Pierre, ne sachant exprimer son admiration, ne peut que crier: "Vous êtes beau comme une femme!" (57).

Au cours de la soirée qui suit un dîner végétarien, Logre révèle encore son côté féminin, chantant dans un "soprano léger qui monte sans effort jusqu'aux trilles les plus aigus" (58). Ensuite il parle longuement à propos des arbres, leurs origines dans le Paradis, leur importance pour l'homme moderne. Il se montre un vrai philosophe de l'arbre, porte-parole pour l'arbre-androgyne, lorsqu'il vante "la calme croissance dans une union de la terre et du soleil" qu'est le règne végétal. "Toute sagesse," continue-t-il, "ne peut se fonder que sur une méditation de l'arbre, poursuivie dans une forêt par des hommes végétariens . . . " (60).

A la fin du conte, Logre, tel un Christ des années soixante-dix, est arrêté par Poucet père et par "les soldats de Yahvé" (63). Mais avant de se laisser emmener, il donne à Pierre ses fabuleuses "bottes de rêve" (65), par lesquelles Pierre, s'ennuyant au vingt-troisième étage de son immeuble, rêve qu'il se métamorphose en un marronnier:

> Il est suspendu dans l'immobilité du ciel bleu. Mais soudain, un souffle passe. Pierre mugit doucement. Ses milliers d'ailes

> vertes battent dans l'air. Ses branches oscillent en gestes bénisseurs. Un éventail de soleil s'ouvre et se ferme dans l'ombre glauque de sa frondaison. Il est immensément heureux. Un grand arbre . . . (65)

Cette fusion de l'homme et du végétal rappelle Vendredi déguisé en homme-plante, au moment où il replante les arbres à l'envers. Elle rappelle aussi "la voie végétale" de Robinson (*Vendredi* 121–80), qu'il nomme aussi l'ère "île-épouse," durant laquelle il sublime sa sexualité humaine et apaise son désir dans un tronc d'arbre (121), ou bien dans la combe, les "lombes" de Speranza (127). La voie végétale, comme l'ère "île-mère" qui la précéda, est essentiellement une tentative de dépasser la condition de l'homme, soumis à l'ogre dévorant du temps, par un retour en arrière. Ce retour est aussi fusion avec la Terre-Mère, représentée soit par la grotte, soit par les plantes et les arbres.

L'anthropomorphisme de l'arbre-androgyne est donc étroitement lié au passé, ce qui nous conduit au quatrième type d'arbre que l'on trouve chez Tournier, l'*arbre-ancêtre.* Cet arbre a donné naissance à l'idée de l'arbre généalogique, comme par exemple dans le mythe biblique de l'arbre de Jessé (Isaïe 11, 13), qui représente "la chaîne des générations, dont la Bible nous résume l'histoire et qui culminera avec la venue de la Vierge et du Christ" (Chevalier et Gheerbrant 67). L'arbre est donc symbole d'un "messianisme" ou d'un "progressisme," ce que Durand appelle le "complexe de Jessé" (396).

Dans l'œuvre de Tournier, l'arbre-ancêtre fait son apparition dans *Gaspard, Melchior et Balthazar,* lorsque Taor et son entourage, sur le chemin vers la Terre Sainte, tombent sur une tribu de Baobalis, dont le nom signifie "les enfants ou les fils du baobab" (205), un immense arbre éléphantin qu'ils honorent en totem ancestral. Inhumés dans ces arbres, leurs morts s'assimilent littéralement à eux et rejoignent le royaume végétal, car "l'arbre dans sa lente croissance s'incorpore la chair et les os du mort, lequel continue ainsi à vivre sur le mode végétal" (205).

Dans *Totem et tabou* (11), Freud remarque que si un totem est normalement un animal, il peut dans de rares cas être une plante ou même un phénomène naturel tel que la pluie ou l'eau. Dans *Gaspard, Melchior et Balthazar,* le baobab est en réalité un totem animal-végétal; l'éléphant, en raison de son affinité avec l'arbre, participe au caractère sacré du totem. Les Baobalis s'emparent de Yasmina, l'éléphante blanche de Taor, parce que pour eux, elle est la déesse Baobama, mère des baobabs et grand-mère de la tribu. La religion des Baobalis est donc une fusion complète des mondes humain, animal et végétal dans un culte *animiste,* une vision du monde qui trouve son point culminant dans le jardin.

2.7. Le Jardin

Le voyageur élémentaire rencontre dans l'élément terrestre quatre formes du *jardin.* C'est d'abord l'image du Paradis, l'Eden; ensuite l'Eden est sexué, devenant d'abord un lieu de rendez-vous d'amants, le jardin du Cantique des Cantiques; puis il se transforme en un lieu d'initiation sexuelle; enfin la sexualité est transcendée, et le jardin devient symbole de l'absolu, de la totalité du soi.

L'image du Paradis terrestre fusionne avec celle de l'*île* chez Tournier: toutes les deux représentent un endroit sacré, centre d'un monde végétal et animal habité par un couple élu. Telles sont les îles-jardins de Robinson, et de Ralph et Deborah dans le chapitre 16 des *Météores,* "L'Ile des lotophages." A l'opposé de l'Eden biblique, ces paradis ne sont pas offerts à l'homme par Dieu; c'est au contraire l'*homo faber* qui se les construit. Au début Robinson appelle son île "Désolation": loin d'être le paradis, c'est un enfer de solitude angoissante qui pousse Robinson aux limites de la folie. Il ne veut que s'enfuir et regagner l'Angleterre. Mais pendant vingt-huit ans, avec l'aide de Vendredi, il construit son paradis; Désolation devient Speranza, centre d'un culte d'abord végétal, ensuite solaire, centre aussi d'un petit monde où le rêve de tous les hommes de tous les temps a été accompli: l'ogre Cronos a été vaincu, et la jeunesse éternelle règne. Robinson, sur le point de quitter l'île avec les matelots du *Whitebird,* se rend compte soudain que partir voudra dire mourir, redevenir mortel, comme Adam après la chute. Il décide alors de rester toujours dans son paradis, plutôt que de "choir dans un monde d'usure, de poussière et de ruines" (246).

Ralph et Deborah créent leur paradis aussi—une maison au centre d'une oasis sur l'île désertique de Djerba. Le caractère gigogne de ce lieu—une maison contenue dans une oasis contenue elle-même dans une île—rappelle le "thème de l'emboîtement" (Durand 233–47) ou le "complexe de Jonas," un signe primitif de bien-être doux, chaud, "jamais attaqué" (Bachelard, *La Terre et les rêveries du repos* 150), traduisant un désir de paix ou de quiétude plutôt que la terreur de l'avalement. Comme Robinson et Vendredi, Ralph et Deborah sont seuls dans le lieu qu'ils transformeront en paradis: "Adam et Eve en somme. Mais le Paradis restait à créer" (*Les Météores* 465). Leur création laborieuse s'érige contre le désert, et s'oppose à lui non seulement par sa verdure mais aussi par son *dynamisme:*

> [C]ette maison, ce jardin à l'opposé du désert immobile et éternel qui les cerne—tiennent registre du temps, à leur manière, gardant trace de tout ce qui arrive et part, des croissances, résorptions, mues, déclins et reverdies qu'ils traversent. (466)

On peut opposer la notion de l'écoulement du temps dans le paradis de Speranza et celui de Djerba. Pour Robinson, le temps s'arrête ou s'inverse même; après vingt-huit ans sur l'île, il se sent plus jeune qu'à l'époque du naufrage. Le jardin de Ralph et Deborah, par contre, *évolue* dans le temps; c'est plutôt le désert autour qui possède, dans sa cruelle stérilité, l'immobilité de l'Eternel. C'est que Speranza est un paradis *solaire,* où l'on a vaincu le temps avec le glaive diurne (pour reprendre les termes de Durand), en le décapitant avec les symboles de la séparation, comme les flèches et le cerf-volant de Vendredi, ou l'explosion de la grotte qui baigne Robinson dans une sorte de feu purificateur. En revanche, l'oasis de Djerba reste *tellurique;* c'est le végétal qui règne dans ce lieu de changement et de croissance continus. Même la maison semble fusionner au végétal, car les deux amants sont profondément amoureux aussi de leur terre. La maison manque de lumière, tant elle est entourée de verdure: "C'est une maison terrestre, tellurique, pourvue des prolongements végétaux qu'elle exige, produite par une lente et viscérale croissance" (*Les Météores* 467).[12]

Ralph et Deborah tentent de vaincre le temps dans leur Paradis terrestre à travers le symbolisme cyclique de la végétation. Leur maison "emboîtée" manifeste une chaleur intime qui sert à euphémiser la terreur qu'inspire le visage du temps. Or comme l'explique Gilbert Durand, le symbole de l'intimité (ici la demeure et l'île), la "coupe" qui protège du temps par une "quiétude cosmique" (321) passive, n'est jamais très loin du "denier" (l'aspect répétitif et saisonnier de la végétation), qui propose plutôt de "domestiqu[er] le devenir" (321) en l'attaquant directement:

> [C]es images nocturnes d'emboîtement, d'intimité, [. . .] incitent l'imagination à fabuler un récit qui intègre les phases diverses du retour. [. . .] Le redoublement du contenant par le contenu, de la coupe par le breuvage pousse irrésistiblement l'attention imaginaire à se concentrer sur la syntaxe dramatique du phénomène tout autant que sur son contenu intimiste et mystique. (Durand 320)

Ainsi, suivant la logique de Durand, le substantif intime (la maison statique) est naturellement assimilée au schème verbal (le jardin dynamique et changeant), rendant impossible pour ces êtres telluriques la sorte d'immobilité temporelle gagnée par Robinson solaire.

Le passage du Paradis terrestre au jardin sacré *et* sexué se fait par un anthropomorphisme de la végétation. On a déjà vu plus haut que l'arbre peut se métamorphoser en homme, devenant l'arbre-androgyne ou l'arbre-ancêtre. De même le jardin et l'île peuvent se changer en femme: pour Robinson comme pour Ralph l'espace sacré est animé par une présence féminine qui fait vivre les plantes et les fleurs.

Peu après son arrivée sur l'île, Robinson arpente son nouveau domaine et dessine une carte; plus tard il remarquera que la forme de Speranza est celle d'une femme, assise "dans une attitude où l'on n'aurait pu démêler ce qu'il y avait de soumission, de peur ou de simple abandon" (*Vendredi* 46). Il revient à cette idée lorsque, abattu par le travail et la morale rigoureuse qu'il s'était imposés pour se sauver des dangers de la souille, qui menaçait de le perdre dans la bestialité, il cherche à apaiser sa solitude et à réaffirmer son humanité par des relations avec un *autre.* C'est l'île elle-même qui sera sa compagne, d'abord comme mère, en forme de la grotte, ensuite comme amante. La féminité de l'île devient de plus en plus évidente et attirante: Speranza est "une *personne,* de nature indiscutablement féminine, vers laquelle l'inclinaient aussi bien ses spéculations philosophiques que les besoins nouveaux de son cœur et de sa chair"

(101–02). La grotte, où Robinson passe des jours calmes et heureux, n'apaise pas ses désirs charnels: des rapports sexuels dans ce lieu maternel auraient été semblables à un inceste. C'est donc dans une combe—qu'il associe aux *lombes* d'une femme—que Robinson retrouve son île-épouse: "Elle était nue, cette terre qui l'enveloppait. Il se mit nu lui-même. Les bras en croix, le ventre en émoi, il embrassait de toutes ses forces ce grand corps tellurique [. . .]" (126).

L'île ne perd pas sa nature sacrée, édénique, lors de sa relation amoureuse avec Robinson. En fait, cet amour bizarre est béni par la Bible, qui servait de conscience à Robinson depuis si longtemps. Mais ce ne sont plus les Evangiles ni les prophètes que lit désormais Robinson. C'est le Cantique des Cantiques, "le plus beau chant du jardin" (Chevalier et Gheerbrant 533), qu'il chante avec Speranza. Sommet de l'humanisation: l'île lui parle de son amour: "Ce n'était plus le bruissement du vent dans les arbres, ni le mugissement des flots inquiets [. . .]. La Bible débordante d'images qui identifient la terre à une femme ou l'épouse à un jardin accompagnait ses amours du plus vénérable des épithalames" (*Vendredi* 136).

La féminisation du jardin de Ralph et de Deborah est beaucoup plus conventionnelle: c'est Deborah, ou au moins son souvenir dans la mémoire de Ralph, qui anime le jardin. Sans elle le jardin ne vit pas. Elle lui donne toute sa vitalité, et après sa mort, elle *se transforme* en jardin. C'est la "femme-fleur" qui devient la Nature, tandis que dans *Vendredi,* c'est la Nature qui prend les allures d'une femme. Ralph, rendu fou par l'alcool et par le chagrin suivant la mort de Deborah, explique le phénomène de la "femme-jardin" à Paul: "Ses pieds sont devenus des racines, ses cheveux des feuilles, son corps un tronc. [. . .] Deborah devenait un jardin, le plus beau jardin du monde. Et quand le jardin a été fini, Deborah, elle a disparu dans la terre" (*Les Météores* 479).

La belle histoire d'amour de Ralph et de Deborah a lieu dans un jardin. C'est un amour terrien, né dans la terre et destiné à disparaître dans la terre. Tournier nous rappelle la similitude entre le jardin et le cimetière dans "L'Ile et le jardin"; il semble d'autant plus frappé par les ressemblances entre les deux que son propre jardin longe un cimetière. Jardin-cimetière; amour-mort: deux paires de mots intimement liées qui fascinent

Tournier, lequel y voit la preuve du destin tellurique de l'homme. La femme-jardin qui a disparu dans la terre a subi le même sort malheureux qui attend tous les amants: la terre "les berce après l'étreinte dans le sommeil heureux qui suit la volupté" (*Vendredi* 132). Mais bientôt les amants dorment sous la terre, qui "boit leur sang et mange leur chair." L'amour et la mort représentent donc la "même défaite de l'individu," se jetant "d'un commun élan dans le même élément terrestre" (133).

Lorsqu'on introduit un élément sexuel dans le paradis, il devient non seulement un lieu de rendez-vous amoureux, mais un lieu d'*initiation.* Des mystères s'y éclaircissent; l'on y trouve des réponses, toujours partiellement voilées par la brume de l'adolescence, aux questions depuis longtemps posées mais jamais articulées; l'on y franchit la barrière entre l'enfance et l'âge adulte. Ce jardin initiatique montre ses deux faces, tragique et comique, dans deux contes du *Coq de bruyère,* "Amandine ou les deux jardins" et "Tupik."

Amandine est une fillette de dix ans qui ne connaît que la maison et le jardin bien ordonnés de ses parents. C'est grâce à ses deux chats qu'Amandine découvre "quelque chose d'autre, un autre jardin" (42) au-delà des murs du jardin paternel. Notons au passage le caractère androgyne, donc privilégié, des chats: Claude ne se révèle chatte que lorsqu'Amandine voit qu'elle attend des petits; le chaton Kamicha, pleine elle aussi à la fin de l'histoire, est rebaptisée Kamichatte par Amandine. Ces deux initiatrices félines emmènent Amandine dans un jardin sauvage et mystérieux, abandonné depuis longtemps aux épines, aux ronces, aux fleurs sauvages et bizarres, un lieu tout le contraire du jardin paternel bien rasé et bien taillé. Malgré une certaine inquiétude, elle pénètre dans le nouveau jardin, comme poussée par un instinct ou par une force qu'elle ne comprend point, qui l'attire et en même temps qui la repousse: "Aller dans le jardin de Kamicha, je crois que c'est nécessaire et délicieux, mais je ne dois en parler à personne, surtout pas à mes parents. Je suis très malheureuse. Et très heureuse en même temps" (43).

Que trouve-t-elle dans l'autre jardin? Pas grand-chose, sinon une statue de l'Amour sur le dôme d'un pavillon délabré. Cependant, en prenant la décision de franchir le mur du jardin pour s'aventurer dans un pays inconnu, elle a quitté son monde enfantin, et c'est avec un sentiment confus de joie et de tristesse qu'elle contemple Amour et Kamicha, symboles de l'âge adulte dans lequel elle entre:

> On dirait qu'ils partagent le même secret, un secret un peu triste et très doux, et qu'ils voudraient me l'apprendre. C'est drôle. Tout est mélancolique ici, ce pavillon en ruine, ces bancs cassés, ce gazon fou, plein de fleurs sauvages, et pourtant je sens une grande joie. J'ai envie de pleurer et je suis heureuse. Comme je suis loin du jardin bien peigné de papa et de la maison bien cirée de maman! Est-ce que je pourrai jamais y revenir? (45)

Quand, après l'escapade dans le jardin, Amandine voit une traînée de sang sur sa jambe—mais pas de blessure—elle trouve que c'est curieux, mais elle ne se pose pas de questions, elle n'en cherche ni la cause ni le sens. Tournier, dans un entretien avec *Le Monde* intitulé "Le Sang des fillettes" (reproduit dans *Le Coq de bruyère* 337–40), remarque qu'il faut distinguer entre *initiation* et *information:* "Aussi ai-je assigné au chat d'Amandine un rôle d'introducteur plus à l'amour sentimental qu'à l'amour physique. A la fin, la petite fille est beaucoup plus troublée et mûrie sentimentalement qu'informée sur la sexualité" (338).

Par contre, l'initiation du petit Tupik comporte un côté "informatif" qui tournera à la tragédie. Tupik est repoussé par tout ce qui appartient au monde des hommes: le visage et la poitrine poilus de son père, son odeur de tabac, les urinoirs malodorants du square où Tupik joue, enfin et surtout les gros et hideux sexes masculins qu'il épie dans les toilettes publiques. Lorsqu'il voit sortir son ami Dominique du côté des dames, lieu propre et parfumé auquel Tupik voulait toujours avoir accès, il lui demande comment il a obtenu ce grand privilège. Dominique lui donne rendez-vous au centre du labyrinthe au fond du jardin public, et c'est là où l'initiation de Tupik a lieu.

Le jardin, "plein de surprises et de menaces" (72), avait toujours servi de lieu initiatique au garçon. Une statue d'un Centaure, une autre représentant Thésée et le Minotaure, l'intriguent. Thésée déguisé en fille le convainc que le bien se trouve du côté féminin, et les deux monstres renforcent sa répugnance vis-à-vis de la puanteur et de la bestialité qui, pour lui, caractérisent les hommes.

Le labyrinthe de buis, humide, obscur, mystérieux, inspire de l'horreur à Tupik. Cependant, avec le courage de Thésée, il y pénètre pour connaître le secret de Dominique qui, debout sur un socle, baisse son pantalon pour découvrir un "ventre blanc et lisse [lequel] se terminait par une fente laiteuse, un sourire vertical où jouait la trace d'un pâle duvet" (82). Dominique (dont le nom ambigu, masculin ou féminin, rappelle Claude, une des chattes d'Amandine) se révèle donc fille. Avec cette "information" précieuse et privilégiée, Tupik décide une fois pour toutes de renoncer à son destin masculin et de se ranger du côté de Dominique, du Thésée en jupe et de sa mère, bref de toutes celles qui font pipi accroupies. Sûr, maintenant, que c'était le sexe du Minotaure que Thésée visait avec son glaive, Tupik, dans la scène finale, se mutile devant la gardienne des toilettes, se débarrassant ainsi de sa masculinité encombrante.

Ce n'est pas un hasard si l'initiation de Tupik a lieu dans un labyrinthe, car selon Chevalier et Gheerbrant, le labyrinthe est le lieu initiatique par excellence:

> [L]e labyrinthe doit à la fois permettre l'accès au *centre* par une sorte de *voyage* initiatique, et l'interdire à ceux qui ne sont pas qualifiés. En ce sens, on a rapproché le labyrinthe du *mandala,* qui comporte d'ailleurs parfois un aspect labyrinthique. Il s'agit donc d'une figuration d'épreuves initiatiques discriminatoires, préalables au cheminement vers le *centre caché.* (554)

Le mandala est symbole de la totalité: Tupik cherche, au "centre caché" du labyrinthe, un renseignement crucial qui résoudra son angoisse, qui le rendra entier en guérissant la faille qui sépare son corps de garçon et sa psyché de petite fille. Mais il n'est pas encore qualifié, pas assez mûr pour tenir le coup de l'initiation, et le garçon qui se veut entier se fait hongre de sa propre main.

Dans le labyrinthe on subit une épreuve, on souffre, mais aussi on pénètre dans les confins chauds et intimes de la matrice. Mircea Eliade équivaut la pénétration dans un labyrinthe "à un retour mystique à la Mère—but que poursuivaient aussi bien les rites d'initiation que les rites funéraires" (*Mythes, rêves et mystères* 211). Si Tupik a peur d'entrer dans le labyrinthe, son besoin de retrouver sa mère lui donne du courage. Car le labyrinthe ressemble à sa mère. La fragrance capiteuse du buis lui rappelle peut-être l'odeur agréable des toilettes des dames, "qui fleuraient le désinfectant au lilas" (75), ou bien le parfum de sa mère qui l'enveloppait quand elle le prenait dans ses bras. Et la forme du labyrinthe, "un massif obscur et humide dans lequel on pouvait se glisser par une fente étroite" (81), lui suggère peut-être d'autres souvenirs plus lointains, plus inconscients.

Chevalier et Gheerbrant, dans le passage cité plus haut, ont noté la ressemblance entre le labyrinthe et le mandala; ces deux figures traduisent le concept d'un espace sacré. "Mandala," signifiant cercle, "est assimilé au Paradis au centre duquel 'siège' le Dieu suprême [. . .]: on transforme la terre mortelle et corruptible en 'terre de diamant' incorruptible, on actualise ainsi la notion de 'paradis terrestre' " (Durand 282). Mandala, cercle, labyrinthe: symboles de l'intimité, lieux privilégiés de l'absolu qui, chez Tournier, se résument en la quatrième fonction du jardin. Dans l'essai qui clôt *Le Vent Paraclet,* "Les Malheurs de Sophie," l'auteur se demande où de nos jours peut-on trouver l'absolu, Sophie/Sophia: la sagesse qui selon lui est morte depuis le romantisme. Il suggère une réponse dans les dernières pages de l'essai, dévoilant l'absolu qui se cache dans le quotidien: un beau visage qui sort de la foule morne dans un wagon de métro; la sensualité d'une pomme qu'il flaire, croque, goûte et savoure; "le serpent froid" (299) qu'un verre d'eau fraîche fait descendre en lui. Mais c'est dans l'*île déserte* et dans le *jardin clos* qu'il trouve l'expression parfaite de l'absolu, qui signifie "étymologiquement ce qui n'a pas de rapport, pas de relation" (298).

L'île déserte, rappelons-nous, évoque la jeunesse inaltérable et solaire: "A la limite l'île ne connaît qu'une saison, la belle saison" (*Le Vent Paraclet* 300). Par contre, l'espace tellurique du jardin connaît toutes les saisons; il évolue dans le temps avec le jardinier qui, lui, finira dans l'ultime jardin, le cimetière:

> L'homme-jardin vieillit bien. Il prend de la bouteille et son visage s'enrichit de chacune de ses rides. Le cimetière qu'il voit de sa fenêtre, s'il habite un presbytère, est un autre jardin. Quant à l'absolu jardinier, il ne s'étale pas dans une durée infinie, il se contracte dans un instant mystique. (300–01)

Si l'île doit son caractère absolu à un soleil éternel et à une mer infinie, "l'infiniment grand," le jardin tend vers "l'infiniment petit" temporel et spatial: "[J]e comprends soudain que le temps se contracte, que l'espace se limite à ces quelques pieds carrés, clos de pierre, qu'un être—mon jardin justement—s'épanouit seul dans une immobilité exorbitante qui est celle de l'absolu" (*Le Vent Paraclet* 301).

Le jardin trouve sa plus parfaite expression dans le jardin japonais qui s'unit à l'homme et à la maison (autre symbole du repos intime) pour former "un organisme vivant qu'il ne faut pas démembrer" (*Les Météores* 517). Des *pierres* dessinent les axes vertical et horizontal du jardin japonais: les pierres dressées chassent les mauvais esprits tandis que les pierres couchées dirigent l'énergie du jardin le long de leur axe horizontal (518). Et c'est la pierre *Oku* qui fait vivre le jardin: "Touche finale, intime, secrète qui fait vibrer toute la composition, elle peut remplir sa mission en demeurant inaperçue, comme l'âme du violon" (519).

Jung et ses collaborateurs ont constaté que les pierres, en raison de leur caractère immuable et permanent, ont toujours symbolisé le sacré, l'éternel ou le soi, depuis les menhirs préhistoriques jusqu'aux sculptures de Max Ernst, en passant par la pierre philosophale des alchimistes médiévaux, les pierres du jardin Zen et le mémorial gigantesque du Mont Rushmore (Jung et al. 221–26, 257–60). Les pierres, par leur simplicité même, sont une sorte de matière absolue, médiatrices entre le monde visible et le monde invisible.

Une forme sévère du jardin japonais est le jardin Zen, "où le pied ne se pose pas, où l'œil est seul admis à se promener, où seules les idées se rencontrent et s'étreignent" (*Les Météores* 525). Lieu interdit à l'homme, le jardin Zen a donc une affinité avec l'étymologie du mot *absolu*. En outre, il accomplit le miracle de l'union du sec et de l'humide, ses parcelles de sable ratissées de telle manière qu'elles ressemblent aux vagues de la mer, ses pierres arrangées pour simuler des torrents (526).

Mais c'est le jardin miniature dans lequel l'absolu trouve sa plus forte concentration. L'art de faire un jardin miniature est le propre des vrais sages, qui savent métamorphoser des cailloux et des creux en chaînes de montagnes, lacs et rivières: "Le jardin nain, plus il est petit, plus vaste est la partie du monde qu'il embrasse. [. . .] [I]l y a tout lieu de croire que les sages les plus éminents possèdent des jardins si petits que personne ne peut les soupçonner" (*Les Météores* 541–42). Tournier réexprime ici le concept qu'il formule dans "Les Malheurs de Sophie" d'un absolu humble, voire quotidien. Et il se joint à Valéry disant, à travers les paroles de Monsieur Teste, que les plus grands génies sont si humbles et effacés qu'ils demeurent inconnus.

Cette valorisation du petit est caractéristique du régime nocturne de Durand, dans lequel on trouve une inversion des valeurs diurnes. Il appelle "gulliverisation" les procédés qui renversent les "valeurs solaires symbolisées par la virilité et le gigantisme" (Durand 239). On écrit des histoires de nains et d'elfes pourvus de pouvoir magique; les hommes rêvent d'être minuscules pour pouvoir participer, comme Alice, au monde secret des petits; les alchimistes cherchent l'homoncule. Quant à Tournier, il réserve lui aussi un rôle spécial aux petits. Dans "Le Nain rouge" (*Le Coq de bruyère* 103–21), Tournier décrit un nain doué d'une force et d'un sexe surhumains, un héros "gulliverisé": "Le paradoxe et tout le sel de cette fable c'est évidemment qu'à un *moins* quantitatif réponde une mutation qualitative qui est en fait un *plus*" (*Le Vent Paraclet* 185). Et dans "Günther Grass et son tambour de tôle" (*Le Vol du vampire* 331–39), Tournier décrit le narrateur-nain de Grass comme un "monstre" qui "jett[e] une lumière neuve et pénétrante sur les autres, les êtres dits normaux" (335). Du jardin miniature au nain doué de pouvoirs exceptionnels, Tournier semble donc trouver le paroxysme de l'absolu non pas dans la grandeur, mais dans la simplicité et la petitesse.

2.8. Conclusion

Dans ce chapitre nous avons étudié les images qui peuplent le commencement, à la surface de la terre, du voyage élémentaire, de la lente descente du héros tourniérien aux enfers. Nous avons constaté un certain penchant pour l'horizontalité chez Tournier: il favorise la superficie au détriment de la profondeur, l'extériorité au détriment de l'intériorité, le nomade dur et viril qui erre sur l'axe horizontal de la terre au détriment du sédentaire qui prend racine dans sa terre natale. Toutefois la sédentarité de l'agriculteur possède aussi son côté positif: son travail est essentiellement d'aboutir à un mariage heureux—une *hiérogamie*—entre la terre et l'air, l'eau et le soleil. Et le fermier est surtout un nourricier qui confère, tel un Prométhée campagnard, le don précieux du pain aux hommes.

L'arbre s'est révélé comme une image extrêmement riche dans son ambiguïté, tantôt symbole de vie, tantôt symbole de mort. L'ambiguïté se résout si nous acceptons l'arbre comme un être androgyne qui unit dans ses diverses parties les éléments masculins et féminins. L'image qui en résulte est celle d'un marginal comme Logre du "Petit Poucet" ou même comme Abel Tiffauges: un géant haut et droit comme un pin mais doux, un Gargantua tristement isolé dans un monde qui ne voit en lui qu'un pervers.

Le sommet du bonheur terrestre est le jardin: le Paradis terrestre du bonheur conjugal, le lieu de l'absolu miniaturisé, où le temps et l'espace se rétrécissent, où "[l]e présent s'éternise dans une imprévoyance et une amnésie divines" (*Le Vent Paraclet* 302). Cependant, le bonheur jardinier n'est pas durable pour les héros de Tournier. Le jardin est aussi le lieu d'une initiation douloureuse, où l'on franchit le seuil de l'âge adulte (un pas en avant), mais où l'on perd en même temps son innocence (deux pas en arrière, ou pire, une chute totale), comme Tournier nous le rappelle dans "L'Ile et le jardin": "Le jardin pose toujours l'alternative du fruit sain et du ver-dans-le-fruit, de la vertu et du péché, du salut et de la chute."

Et c'est la chute qui guette Robinson, Tiffauges, Alexandre et les autres héros de Tournier, poursuivant leur voyage élémentaire dans l'imaginaire souterrain. Nous étudierons dans le chapitre suivant ce parcours obscur en tous ses avatars: la terre molle, la grotte, le cycle digestif, les ordures et le sel.

Chapitre trois

La Descente

Images du monde souterrain

> Les marais sont tout embués de légende.
>
> Patrice de La Tour du Pin
> "Légende," *Une Somme de poésie*

> L'imagination ne travaille pas *dans* la terre comme *à la surface* de la terre. Sous terre, tout chemin est tortueux.
>
> Gaston Bachelard
> *La Terre et les rêveries du repos*

3.1. L'Angoisse du souterrain

Michel Tournier a horreur du souterrain. Il a exprimé, lors d'un entretien,[1] sa peur obsédante d'une mort par étouffement sous le poids écrasant de la terre. Pour lui, le souterrain rappelle souvent une prison suffocante qui n'a absolument rien de l'attrait que Jules Verne y trouve. Verne, dans des livres comme *Voyage au centre de la terre* et *Vingt mille lieues sous les mers,* chante le bonheur de la vie souterraine ou sous-marine, où l'on est sain, sauf, au chaud et à l'abri de la météorologie tempétueuse. Le souterrain fascine et hante Tournier—il en est obsédé—mais il ne trouve le bonheur qu'au grand air.[2]

Trois exemples, tirés du *Roi des Aulnes,* des *Météores* et de *La Goutte d'or,* feront ressortir la peur claustrophobe caractérisant les rapports de Tournier avec la terre. Dans *Le Roi des Aulnes,* l'auteur somatise son aversion pour le souterrain, la projetant sur Abel sous la forme d'une maladie pulmonaire que ce dernier appelle son "oppression angélique" (115), maladie qui aurait été la suite d'un coup de poing lancé par son ange gardien. Il lui semble que "le poing de marbre ne [l]'a pas lâché et pèse encore de tout son poids sur [s]a poitrine" (115). Il étouffe sous un écrasement qui hante parfois son sommeil troublé: "Toute la nuit, l'angélique m'a fait suffoquer et m'a obsédé de rêves de noyade et d'ensevelissement sous le sable, sous la terre, dans la boue . . ." (144).

Dans les dernières pages des *Météores,* Tournier fait vivre ce cauchemar d'ensevelissement. Paul se trouve à Berlin-Est le lendemain de la construction du mur, et il veut s'évader pour rejoindre son frère Jean dans le secteur français de l'ouest. Il s'associe alors à un petit groupe de réfugiés qui ont construit un tunnel sous le mur. Long de cinquante mètres, le tunnel a été affaibli par des pluies incessantes. Paul, un des derniers à partir, s'enfonce dans la boue. Le passage devient de plus en plus petit, et il poursuit son chemin péniblement, à quatre pattes. Paul se demande ce qui l'attend au bout de ce couloir infernal:

> La mort sans doute. Car voici que le boyau s'achève sur un bouchon de glaise rouge qui s'avance lentement vers lui. Il arrache du sol avec l'énergie du désespoir un cric, une barre, un tronçon de poutrelle. Vite, étayer, empêcher la masse rouge de l'ensevelir. Il s'arc-boute, rassemble un matériel dérisoire et hétéroclite autour de lui, et lorsque la mâchoire molle et ruisselante se referme lentement sur son corps crucifié, il sent ces pièces dures le broyer comme des dents d'acier. (603)

Ce passage illustre remarquablement l'horreur qu'inspire le souterrain chez Tournier. Le souterrain s'anime; il revêt un "symbolisme mordicant" (Durand 89), et menace d'avaler Paul. Celui-ci n'est plus dans un tunnel, mais dans un "boyau," une "mâchoire" aux "dents d'acier" qui le broie. Contrairement à l'analyse qu'en faisait Bachelard, chez Tournier la métaphore de l'avalement par le souterrain est lourde d'un "sadisme dentaire" (Durand 89): la terre qui dévore Paul ressemble plus à un ogre qui croque une victime qu'à la baleine qui avale Jonas pour le recracher gentiment trois jours plus tard (cf. *La Terre et les rêveries du repos* 156). Bachelard remarque en effet qu'il y a une différence sensible entre notre conception de la grotte et celle du puits; la première est toute intimité et douceur, le second frayeur et cauchemar: "[A]u lieu des rêveries du repos prennent place des volontés de creuser, d'aller plus profondément dans la terre. Toute cette vie souterraine—ou tranquille ou active—laisse en nous des cauchemars d'écrasement, des cauchemars de défilés" (256). Paul n'est pas "en vacances" dans le tunnel sous le mur de Berlin, comme Robinson l'est dans la grotte. Il creuse courageusement dans un lieu hostile pour se sauver la vie.

Ibrahim, dans *La Goutte d'or,* est un autre travailleur souterrain: le lieu de son cauchemar est un puits. Ami d'Idriss, le protagoniste du roman, Ibrahim est chamelier et nomade, moins attaché à la terre qu'Idriss et les autres oasiens. Il se distingue aussi par son impiété, n'hésitant pas à blasphémer les croyances les plus sacrées de l'Islam. Borgne et riant, c'est un personnage diabolique, marginal qui, comme tant d'autres chez Tournier, verra son destin s'accomplir dans les profondeurs. Ibrahim doit sauver une chamelle qui vient de mettre bas; égarée par la douleur de la parturition, elle est tombée dans un puits profond. Idriss se penche et regarde dans le puits, dont l'obscurité, faisant contraste avec la lumière éclatante du désert, laisse à peine voir le "tableau sinistre" (18) de la chamelle blessée gisant dans "une eau boueuse à vingt mètres sous terre" (19). La chamelle, la patte cassée, ne peut être sauvée, Ibrahim doit alors se livrer à un "horrible travail" (19): descendre dans le puits, égorger et dépecer la bête, puis envoyer les morceaux de viande à Idriss qui attend en haut auprès du petit chamelon. Le travail accompli, Ibrahim émerge du puits comme un démon des enfers, une figure nyctomorphe, cauchemardesque:

> Ce n'était qu'une vivante statue sculptée dans un limon sanglant. [. . .] Idriss vit qu'un caillot de sang s'était logé dans son orbite creuse, comme si son œil venait d'être arraché. Le Chaamba était ivre de tension, de fatigue et d'exaltation méridienne. Il leva les bras, et poussa un hurlement de triomphe et de défi. Puis il se mit à trépigner et à sauter en équilibre sur la poutre. Il avait pris son sexe dans sa main, et le tendait vers Idriss. (20)

La danse d'Ibrahim mène à la catastrophe. Comme si la Terre-Mère vengeait le meurtre de la chamelle devant son petit, la charpente pourrie s'effondre sous son poids, et il est précipité au fond du puits, dont "d'innombrables chauves-souris" (21) s'envolent affolées. Symboles de l'impureté, de l'idolâtrie, de l'érotisme sanglant (Chevalier et Gheerbrant 219) qui caractérisent Ibrahim, elles sortent du puits comme les produits d'une métamorphose infernale de son corps. Elles se joignent aux vautours, qui avaient déjà commencé leur descente sur la carcasse de la chamelle. Ces deux symboles de la mort annoncent celle d'Ibrahim: l'impie est enterré vif, châtiment usuel pour le sacrilège, crime inexpiable dans beaucoup de sociétés primitives (Caillois 56–58). La terre se révèle donc *doublement* carnivore. D'abord, elle se repaît de la viande "malade" de la chamelle. Puis elle avale Ibrahim, pour se venger du viol monstrueux et sanglant qu'il vient de commettre, acte suggéré par Ibrahim tenant son sexe dans la main. La terre serait donc la mère dévorante et meurtrière.

Saisi de panique, Idriss court longtemps et tombe à terre, croyant "entendre montant des profondeurs le rire de son ami enseveli vivant" (21). Même dans la mort le rire d'Ibrahim se fait entendre: le rire de défi s'élevant contre le sacré, rire qui alimentera les doutes, déjà naissants chez Idriss, à l'égard de sa foi musulmane.

Les épisodes de l'"angélique" de Tiffauges, de l'évasion tentée par Paul et de la mort d'Ibrahim illustrent concrètement la valorisation négative du souterrain, que nous avons déjà vue dans la préférence manifestée par Robinson pour la surface et l'extériorité au dépens de la profondeur et de l'intériorité. Cette préférence est, bien entendu, aussi valable pour le monde psychique que pour le monde physique, et semble fonctionner comme un lien entre Tournier et ses héros: à la peur du souterrain qui trouble l'auteur correspond, paradoxalement, un besoin chez ses personnages de descendre toujours plus loin, dans le plus profond d'eux-mêmes pour trouver le secret qui rapproche leur destin personnel de celui du cosmos.[3] Comme on le verra par la suite, presque tous les personnages principaux sont attirés vers le bas, et la plus grande partie de chaque roman se déroule dans les bas-fonds psychiques des héros, souvent reflétés dans des décors sombres et humides sinon sales, malsains et orduriers.

3.2. La Terre molle

3.2.1. La Souille

Au début de *Vendredi ou les limbes du Pacifique,* Tournier introduit le thème de la boue dans son œuvre, thème qui jouera un rôle majeur dans presque tous ses romans ultérieurs:

> La vase liquide sur laquelle dansaient des nuages de moustiques était parcourue de remous visqueux lorsqu'un marcassin dont seul émergeait le groin moucheté venait se coller au flanc maternel. Plusieurs hardes de pécaris avaient établi leur souille dans les marécages de la côte orientale de l'île et y demeuraient enfouies pendant les heures les plus chaudes de la journée. (37)

Ici, dans *Vendredi,* il s'agit de la souille; ce seront les tourbières dans *Le Roi des Aulnes,* les bains de boue dans *Les Météores,* le limon de la création de l'homme dans *Gaspard, Melchior et Balthazar,* la pâte du moulage des mannequins dans *La Goutte d'or.*

Quels sont les traits essentiels de la souille qui ressortent de ce passage? D'abord c'est un lieu maternel, paisible, tiède, refuge contre l'extrême chaleur du soleil tropical. Calme et torpeur y donnent envie de dormir, bercé par les doux remous et le bourdonnement des insectes. Le marcassin tétant vient renforcer l'aspect maternel du lieu. Mais juxtaposé au calme est le chaos, car la souille évoque aussi la matière primordiale, le liquide instable du désordre originel qui régnait avant que l'homme n'établisse l'ordre sur la terre. La saleté et la maladie, évoquées par les moustiques et les mouches, se joignent à la bestialité des cochons pour compléter la valorisation négative de la souille.

Robinson, désespéré par l'échec de l'*Evasion,* son bateau qui devait le ramener à la civilisation, trouve un réconfort instinctif en s'immergeant dans la souille. Là le temps s'arrête, ou se renverse plutôt, et Robinson se laisse aller à une rêverie profonde sur son enfance, peuplée notamment par son père, sa mère et sa sœur: "Libéré de toutes ses attaches terrestres, il suivait dans une rêverie hébétée des bribes de souvenirs qui, remontant de son passé, dansaient au ciel dans l'entrelacs des feuilles immobiles" (38–39). La boue donne une sensation de flottement, de légèreté. Robinson se sent donc libéré de sa prison insulaire, de tout souci de l'avenir, flottant comme un fœtus, jouissant des "délices premiers de la vie matricielle" (Merllié 65). Paradoxalement, malgré le caractère maternel de ces lieux, les souvenirs de Robinson vont surtout se grouper autour de l'image de son père. Les rôles traditionnels du père et de la mère avaient été renversés dans la famille Crusoé: sa mère était une "maîtresse femme" (*Vendredi* 39), grande et forte; Robinson se souviendra plus tard, dans la grotte, du jour où elle avait sauvé ses six enfants d'un incendie, les portant tous à la fois, "tel un arbre ployant sous l'excès de ses fruits" (108), tandis que son père impuissant n'avait pu que tomber à genoux, priant Dieu d'épargner sa famille. Voilà que Tournier annonce déjà le thème de la "phorie": toute la force de la mère de Robinson réside dans son rôle de porte-enfant, vocation qui définira la vie d'Abel Tiffauges dans *Le Roi des Aulnes*. Tout le contraire de la mère, le père de Robinson était petit, timide, effacé. C'est donc sur lui que tombent les pensées de Robinson lorsque ce dernier se replie sur lui-même sous le poids de l'existence et se tourne vers le *passé* comme source de soulagement:

> Dans ses longues heures de méditations brumeuses, il développait une philosophie qui aurait pu être celle de cet homme effacé. Seul le passé avait une existence et une valeur notables. Le présent ne valait que comme source de souvenirs, fabrique de passé.[4] Il n'importait de vivre que pour augmenter ce précieux capital de passé. Venait enfin la mort: [. . .] L'éternité nous était donnée afin de reprendre notre vie en profondeur [. . .]. (39)

A ce point, le plus bas de la vie de Robinson, il est tout le contraire de l'homme nietzschéen—aimant activement et joyeusement le présent—qu'il deviendra sous la tutelle de Vendredi. Nous avons vu dans le chapitre précédant que Robinson affirmera la superficialité tout en dénigrant le concept de *profondeur.* Mais dans ce passage, le mot possède encore toute la vertu qu'il a dans la tradition chrétienne. On doit renoncer à ce monde frivole en faveur de celui que l'on atteindra au-delà de la mort, celui de la profondeur du tombeau, de l'abîme de l'éternité, le seul qui vaille pour le chrétien. Robinson représente bien sa religion protestante qui, selon

Norman Brown dans *Life against Death,* "becomes a pure culture of the death instinct" (216), une religion dans laquelle "the death instinct becomes the master of the house" (232).

La boue donc, c'est la mollesse du souvenir, le bien-être d'un passé paradisiaque, à l'abri de tout danger, dans la matrice de la mère. La souille, par contre, c'est la boue "souillée" par la lâcheté, par un trop fort effacement qui nie l'humanité même de Robinson. Voulant s'abriter dans le souvenir de son passé, dans la chaleur rassurante de sa mère, Robinson va trop loin. Le passé qu'il évoque, c'est celui d'un père raté, ou mieux encore, un passé beaucoup plus lointain: celui qui précéda l'ère de la race humaine. Robinson a en effet renoncé à son humanité, est devenu frère des cochons avec lesquels il partage la souille. Nu, couvert de ses propres excréments, dans lesquels il se plaît à rouler, Robinson mange "des choses innommables" et ne se tient plus debout: "[L]a rupture de quelque petit ressort de son âme faisaient qu'il ne se déplaçait plus qu'en se traînant sur le ventre" (38).

L'involution de Robinson dépasse le stade utérin: comme l'ontogenèse récapitule la phylogenèse, le Robinson de la souille a fait un voyage dans les temps préhistoriques, se métamorphosant en créature pré-humaine, en sous-homme. Le "petit ressort de son âme" qui a sauté, c'est un des réflexes de base, la "dominante posturale,"[5] qui amène l'enfant humain à se redresser. Libéré du besoin de marcher avec ses mains, l'enfant apprend à manipuler les objets. Or Robinson, en revenant au stade animal, est désormais limité à une existence horizontale, pré-humaine, ayant perdu l'usage de ses "mains devenues des moignons crochus" (*Vendredi* 38).

Il faut un rude choc—une hallucination où il croit voir sa petite sœur Lucy, morte depuis longtemps—pour éveiller Robinson de l'état animal dans lequel il languit. Robinson se rend compte alors qu'il est à la limite de la démence, et ce n'est qu'en travaillant (*Vendredi* 42), en s'arrachant à la torpeur dangereuse de la souille qui le livre à toutes les folies qu'un esprit oisif puisse inventer, qu'il pourra mener une existence digne d'un être humain.

La souille devient l'équivalent du vice, et le travail vertu dans le nouveau code moral que Robinson s'impose: "La souille est ma défaite, mon vice. Ma victoire, c'est l'ordre moral que je dois imposer à Speranza contre son ordre naturel qui n'est que l'autre nom du désordre absolu. [. . .] Il faut patiemment et sans relâche construire, organiser, ordonner" (50). Quoiqu'il lise la Bible chaque jour, le code moral que développe Robinson n'est qu'un dérivé du Christianisme, une *inversion* même des concepts chrétiens du vice et de la vertu. L'"humilité, l'effacement, l'abnégation" (51); telles sont les vertus chrétiennes—"vicieuses" pour Robinson—menant à la passivité de la souille. Par contre, écrit-il, "le courage, la force, l'affirmation de moi-même, la domination sur les choses" (51) seront désormais les mots d'ordre grâce auxquels il va se "faire accepter" (51) par son île.

Tout en restant lié au puritanisme anglais où tout est mis sur le compte du travail, Robinson est déjà sur la voie qui le rapprochera de la nature et qui l'éloignera du Dieu chrétien. Ce qu'il appellera désormais vertu ce sont les qualités qui le lieront à la terre, à son île. Cet étudiant anachronique de Nietzsche déclare à sa façon la mort de Dieu, la fin de ceux qui gaspillent leur vie pour le rêve d'une vie éternelle. L'homme doit s'affirmer comme maître de la terre, supérieur aux bêtes de la souille, supérieur aussi à tous les dieux. Robinson n'y est pas encore, mais bientôt il va pouvoir dire comme Zarathoustra:

> A la Terre restez fidèles, mes frères, par la puissance de votre vertu! Que votre amour prodigue et votre connaissance servent au sens de la Terre! [. . .] A la Terre, comme moi, ramenez la vertu qui en son vol s'est égarée—oui certes au corps et à la vie ramenez-la pour qu'à la Terre elle donne son sens, un sens humain! (Nietzsche, *Ainsi parlait Zarathoustra* 101)

3.2.2. Les Tourbières

Abel Tiffauges accomplit son rendez-vous avec la terre en Prusse-Orientale, ce "pays des essences pures" (*Le Roi des Aulnes* 281), où "sous la lumière hyperboréenne froide et pénétrante tous les symboles brillaient d'un éclat inégalé" (280). Abel est un grand déchiffreur de signes: "Tout est signe," déclare-t-il dans les premières pages du roman, "[m]ais il faut une lumière ou un cri éclatants pour percer notre myopie ou notre surdité" (15). Les paysages français sont illuminés par une lumière trop filtrée, trop floue et impressionniste pour que l'on y voie clair. Par contre, la froide clarté de la lumière allemande fait ressortir les contours de chaque objet, anéantissant les nuances impressionnistes et réduisant le paysage à deux couleurs non-spectrales, noir et blanc. En hiver, la neige, couvrant bouleaux, aulnes noirs, sable et tourbe, atténue encore les couleurs de la nature.

Les signes qui se découvrent à Abel sont des signes terriens, par lesquels la terre allemande est sexuée et douée de qualités mystérieuses, presque sacrées. En descendant du train avec les autres prisonniers, Abel contemple le pays à lui légué par le destin:

> [I]l y avait l'appel formidable et doux de cet espace *vierge,* ce sol *gris argenté,* rehaussé sombrement par le *mauve* d'un revers de bruyère, peuplé par la seule silhouette grêle d'un bouleau, ces sables, ces tourbières, cette *grande fuite* vers l'est qui devait mener jusqu'en Sibérie, et qui l'aspirait comme un gouffre de lumière pâle. (255; je souligne)

Remarquons d'abord l'absence de couleurs vives. Ce matin d'été n'est que noir et blanc, avec des nuances de gris, d'argent, de mauve. La terre semble se déplacer; c'est une "grande fuite" qui invite l'œil à glisser à travers la plaine. L'image est plus dynamique que matérielle ou formelle: ce pays qui "aspire" Abel semble vivre, pénétré d'une signification profonde et latente.

La terre est "vierge," mais elle attend sa nuit de noces avec les prisonniers français, qui "allaient consommer jour après jour leurs épousailles avec cette terre noire et gorgée d'eau" (256). Comme Robinson avait son "île épouse" méridionale, Tiffauges a une amante tellurique; celle-ci, septentrionale, est froide et hostile à tous les autres Français, dépaysés dans ce pays morne. Ils reprochent à Abel l'ardeur avec laquelle il attaque le sol: "Comment aurait-il fait comprendre à ses camarades qu'il attendait *quelque chose* de ce pays—un signe, un présage, il ne savait au juste—et qu'à fouiller ainsi la terre, il lui semblait hâter la délivrance d'un message à lui seul destiné?" (261). Le message qu'il attend est cryptique, mais Abel sait qu'il s'agit de l'amour. Car il est destiné à aimer la terre, à s'unir avec elle, que ce soit en la possédant avec énergie, comme dans ce dernier passage, ou passivement, comme le fait la personne qui dort par terre sur le ventre.[6] Couché dans cette position, le dormeur communie avec le sol: il "s'y écrase à la fois pour le posséder et pour lui demander sa protection. C'est la posture de l'amant tellurique qui féconde la terre de sa semence de chair, et c'est elle aussi qu'on enseigne aux jeunes recrues pour éviter les balles et les éclats d'obus" (*Le Roi des Aulnes* 522).

Les tourbières de Prusse-Orientale ne ressemblent à la souille de Speranza que par leur consistance: spongieuse, marécageuse, boueuse. Symboliquement, les tourbières sont du côté de la *vertu* "tiffaugéenne," tandis que la souille est la définition même du *vice* "robinsonien." Si la souille détruit tout ce qui est humain, les tourbières conservent l'homme. C'est grâce à l'acidité du lieu que l'"homme des tourbières"—le Roi des Aulnes—est resté intact pendant deux mille ans (292). La tourbe est donc un refuge, un abri vers lequel Abel, las de la tuerie qui accompagne la défaite imminente de l'Allemagne, sera de plus en plus attiré. Il sait qu'il ne pourra plus rentrer en France, car sa destinée et son salut résident sous le sol allemand:

> [I]l appartenait désormais à cette Prusse qui croulait autour de lui, mais il fut hanté jusqu'à son arrivée au château par l'image du Roi des Aulnes, immergé dans les marécages, protégé, par une lourde nappe de limon, de toutes les atteintes, celle des hommes et celles du temps. (531)

Ce passage souligne encore une fois l'*ambivalence* de toutes les grandes images dans l'œuvre de Tournier. Le déchiffrement du symbolisme de la boue est rendu encore plus complexe par le fait que la boue est un composé de deux éléments—la terre et l'eau—donc la bipolarité qui caractérise chaque élément est élevée au carré. Dans *L'Eau et les rêves* et *La Terre et les rêveries de la volonté,* Bachelard discute du problème de la rêverie de la boue, qui est, en premier, un *mariage* entre deux éléments féminins et donc une rêverie sexualisée:

> [D]ès que deux substances élémentaires s'unissent, dès qu'elles se fondent l'une dans l'autre, elles se sexualisent. [. . .] Si le mélange s'opère entre deux matières à tendance féminine, comme l'eau et la terre, eh bien! l'une d'elles se masculinise légèrement pour *dominer* sa partenaire. A cette seule condition, la combinaison est solide et durable, à cette seule condition la combinaison imaginaire est une *image réelle.* (*L'Eau et les rêves* 129–30)

Chez Tournier, la terre est toujours féminine; elle est Terre-Mère ou Terre-Epouse. Confirmant l'intuition de Bachelard, l'eau se masculinise et domine les images de la boue. La liquidité, la légèreté de l'eau sont plus fortes que la dureté et la pesanteur de la terre. Robinson flotte dans la souille, il s'envole sur l'apesanteur de ses réminiscences. Abel et les soldats français, en tant qu'époux qui "possèdent" la terre allemande, sont des agents de cette eau masculinisée qui domine dans la boue.

3.2.3. Le Limon

Le mariage de la terre et de l'eau, homosexuel et donc stérile, est ainsi rendu fécond. L'esprit masculin, traditionnellement créateur, ensemence la terre dans ces régions marécageuses, particulièrement propices à des rêveries sexuelles. L'eau apporte "à la terre le principe même de la fécondité calme, lente, assurée" (Bachelard, *L'Eau et les rêves* 149). Le "mariage substantiel" des deux éléments "détermine la puissance végétale anonyme, grasse, courte et abondante" (150) du marais.

Selon Bachelard (*La Terre et les rêveries de la volonté* 105–33), les rêveries de la boue, à l'opposé de celles de la pâte, sont souvent malheureuses, lourdes et brutales. On se souviendra que le premier passage dans *Vendredi* qui traite de la souille ouvre sur l'image des cochons sauvages. Le cochon, toujours associé à la boue, est l'incarnation même de malpropreté et de bestialité. Il est normal que Robinson range la fréquentation de la souille parmi les vices les plus graves: ses séjours dans la souille correspondent au stade anal enfantin que tout adulte est censé avoir dépassé, car "une imagination normale *devra durcir,* il lui faudra connaître et le bois et la pierre, le fer enfin" (*La Terre et les rêveries de la volonté* 108).

Ce qui semble d'abord être moins normal, c'est la valorisation positive de la boue par Abel Tiffauges. Toutefois selon Bachelard il existe d'innombrables textes où la terre molle est considérée comme une matière de grande valeur. A titre d'exemple il cite un alchimiste du seizième siècle qui rapproche la boue et l'or:[7] "Si l'argent doit être converti en or, il faut que premièrement il soit converti en boue par l'eau forte, puis la *boue d'argent* peut se convertir en or" (*La Terre et les rêveries de la volonté* 131).

Si la boue peut inspirer un respect qui va jusqu'à la révérence, c'est en partie grâce à son association à la vertu de *créativité.* Pour l'alchimiste, l'argent doit se transformer en une masse informe et boueuse pour que la transmutation en or puisse s'accomplir. Pour l'enfant à la plage, le sable mouillé devient tout ce que son imagination peut inventer: des galettes, des châteaux. Pour Robinson, avant qu'il ne se rende compte de son erreur, la boue lui inspire toute une philosophie passive et inerte, selon laquelle la vraie vie serait immergée dans les eaux troubles de notre mémoire.

Pour le chrétien enfin, le *limon* est la matière créatrice par excellence. Dans *Gaspard, Melchior et Balthazar,* Balthazar contemple la glèbe d'Eden de laquelle Adam—dont le nom, nous rappelle Balthazar, signifie en hébreu "terre ocre"(48)—fut sculpté. Esthète, il voit la terre comme une substance de création *artistique.* Dieu était le premier artiste humaniste: sa création, à sa propre image—"le premier autoportrait de l'histoire du monde" (70)—est fragile et mortelle, possédant une beauté simple que Balthazar oppose à la beauté superbe et éternelle de la sculpture grecque.

Dans *La Goutte d'or,* Milan, le collectionneur de mannequins, ne vit que pour ses chers "petits hommes" (179)—son "art." Il exclut les êtres humains autant que possible de sa vie, ce qui explique son végétarisme: "La viande, c'est l'homme, le poisson, c'est la femme, deux choses que j'ai éliminées de ma vie" (181). Comme Balthazar s'intéresse au limon—la substance—en vue de la forme artistique potentielle qui y réside, Milan aime le plâtre, même dans son état mou et informe, parce que c'est un mannequin potentiel. Durci, le plâtre est la matière idéale—"friable, poreuse, sensible à la moindre humidité, fragile, mais facile à produire, à maquiller, à magnifier" (178)—et le mannequin est une création fragile toute en surface: heureuse superficialité!

3.2.4. Les Bains de boue

Les bains de boue des *Météores* montrent, comme la souille, l'étroite liaison entre la terre et le *passé.* Edouard, bercé par le liquide visqueux, se laisse emporter par des rêveries sur son passé: "Dans les vapeurs sulfureuses de ses bains de boue, des épisodes entiers de son passé lui revenaient avec une vivacité intense" (314). Etre immergé dans la boue, c'est retourner à l'intimité et à la sécurité de l'enfance, époque où la matière molle—pâte, boue, sable humide, fèces—fascine et rassure. On peut dire avec les psychanalystes que la rêverie de la boue trahit un désir de retourner à un passé plus lointain—au giron maternel—mais il faut reconnaître avec Bachelard que cette observation est devenue un lieu commun trop facilement appliqué. Il met le lecteur en garde contre la tentation d'expliquer tous les symboles de l'intimité par un retour à la mère:

> Cette explication, pour légitime qu'elle soit, est cependant trop massive, elle s'accroche trop vite à une interprétation globale, elle efface trop de nuances qui doivent éclairer en détail une psychologie de l'inconscient. [. . .] Il serait trop simple que le plus grand [. . .] de tous les archétypes, la *Mère,* effaçât la vie de tous les autres. (*La Terre et les rêveries du repos* 121–22)

Néanmoins, le lien entre la boue et le passé est indéniable. Et puisque chez Tournier chaque image appelle son contraire, les méditations d'Edouard flottent aussi dans l'avenir: des souvenirs de sa propre vie se mêlent à des réflexions sur la naissance et la mort de l'homme. Ce dédoublement est sans doute lié à l'ambiguïté symbolique de la boue, substance à la fois attirante et dégoûtante, dont Edouard s'était approché non sans balancer, ressentant "une répugnance bien naturelle en face de cette plongée dans une matière semi-liquide, limoneuse et chargée de maléfices chimiques" (*Les Météores* 311). Edouard pense que le "bonheur aérien" (312) dans lequel il vit la veille de la guerre est un pressentiment de la mort, que les liens terrestres se libèrent de son esprit au seuil de la mort. Dans ce "bain d'au-delà" (313), il se sent en même temps léger dans la poussée de l'eau et lourd face au spectre de Thanatos qui lui apparaît dans "les vapeurs méphitiques" (312) de la pâte noire et visqueuse. Il baigne dans la substance du commencement et de la fin:

> Il se souvint que le limon avait été la matière première dans laquelle l'homme avait été façonné par Dieu, et que par conséquent l'ultime aboutissement de la vie rejoignait ses origines absolues. Que ce point de départ et d'arrivée de la grande aventure vitale fût une chose malpropre et généralement méprisée le remplissait d'étonnement [. . .]. (313)

Le premier homme fut formé par le limon, et Edouard est sur le point de retrouver, comme tous les hommes le doivent, ses origines terrestres.

Idriss, dans *La Goutte d'or,* fait l'expérience ambiguë de la matière molle lorsque, modèle pour une série de mannequins aux traits maghrébins, il devient un moule humain:

> Avec un bruit flasque, une bouse verdâtre s'écrasa sur les pieds d'Idriss. Puis la vanne vomit le flot visqueux de l'alginate, auquel se mêlait à mesure le catalyseur. Le niveau montait très rapidement le long du corps d'Idriss. *C'était doux, tiède, nullement désagréable. Pourtant l'angoisse commença lorsque la pâte atteignit sa poitrine.* Il gonfla ses poumons, comme on le lui avait recommandé pour élargir la gangue dans laquelle il étouffait. (187; je souligne)

Les deux phrases soulignées évoquent l'ambiguïté qui caractérise la terre molle: avec quelle vitesse peut-on passer d'une sensation agréable à une sensation angoissante! Dans l'espace de quelques secondes, Idriss sent l'intimité chaude, rassurante du limon, puis la menace d'étouffement sous le *poids* de la terre. Enveloppé dans une "gangue" pâteuse, il sent quelque chose comme le serrement de l'"angélique" dont souffre Abel Tiffauges (*Le Roi des Aulnes* 115), et, sur le point de s'évanouir, il murmure le nom d'Ibrahim, enseveli vivant dans un puits. Sa frayeur est due surtout au *durcissement* du plâtre, "qui partant des pieds se refermait maintenant sur tout son corps" (187). Or la terre molle peut provoquer le dégoût chez Tournier: elle est "bouse verdâtre" et "vomit" dans le passage cité ci-dessus, "maléfices chimiques" dans les bains de boue (*Les Météores* 311) ou bien "fange liquide" dans la souille (*Vendredi* 49). Cependant, c'est la terre *dure,* remarquable par sa masse et son poids mortels et par son animation en bête mordante, qui terrorise. La souille et la boue peuvent créer une atmosphère malsaine, lugubre ou menaçante, mais elles ne tuent pas comme les matières dures: la roche, le bois ou le fer. Lorsque Paul, dans le passage cité plus haut, est gravement blessé dans l'éboulement du tunnel, ce n'est pas la terre molle qui provoque ses blessures. Le coup est porté plutôt par les outils et les barres de métal qui étayent la galerie, comme l'atteste le docteur après l'amputation: "Il n'y aurait pas eu ces barres, ces poutrelles, ces crics, il s'en tirait avec un début d'asphyxie. Mais ce matériel de fonte et d'acier, ce métal charrié par l'éboulement . . . Des couteaux, des ciseaux, des scies!" (*Les Météores* 605–06). Croyant se protéger, Paul a tendu son propre piège d'acier. Il a transformé le boyau de terre molle en bouche d'ogre, une "gueule armée de dents acérées, prête à broyer et à mordre" (Durand 90). Il aurait sans doute mieux fait de se laisser avaler par la glaise, comme Abel Tiffauges à la fin du *Roi des Aulnes,* qui, s'enfonçant toujours plus dans la vase, "persévérait, sachant que tout était bien ainsi" (581). Pour y survivre ou pour y mourir, l'homme doit se soumettre à l'attirance de la boue.

Lorsqu'Ibrahim périt dans l'écroulement du puits, c'est la poutre, non la terre, qui le tue. De même, dans *Les Météores,* c'est une cuisinière tombant du haut d'une montagne d'ordures—personnifiée en "un taureau ivre"—qui faillit coûter la vie à deux éboueurs, accoutumés à ne recevoir que des "choses molles et inoffensives" (219). Dans tous ces passages c'est surtout le mouvement violent d'une terre dure—une chute, un broyage—qui effraie. Cette violence est souvent associée à un animal sauvage, illustrant la théorie que notre peur de certains animaux n'est point à cause de leur apparence, mais plutôt en raison de leur "mouvement rapide et indiscipliné" (Durand 75). Une "répugnance primitive devant l'agitation" (77) serait, selon Durand, due à une angoisse naturelle devant tout changement, commençant par le sevrage et finissant par la mort. Chez Tournier, les substances dures comme le bois et le métal peuvent donc être agressives et mortelles, de par leur *animation,* tandis que la terre molle, pour répugnante qu'elle soit, est en fin de compte plutôt inoffensive.

Pour conclure cette réflexion sur la terre molle, nous pouvons souligner l'ambivalence de cette substance à la fois séduisante et repoussante. Selon Bachelard, on pourrait sans fin "accumuler des textes où les valeurs viennent se contredire pour dire le bien et le mal de la fange" (*La Terre et les rêveries de la volonté* 133). C'est bien ici la "matière première" de l'œuvre de Tournier, celle d'où émergent le cadre et la structure de ses romans, celle qui occupe d'abord notre voyageur élémentaire. Malléable, changeante, elle se prête aux jeux d'"inversion" chers à l'auteur, par lesquels toutes les valeurs symboliques sont renversées. La terre molle parle à notre imagination, elle-même un produit non seulement de toute une vie, mais de tout un héritage de culture archaïque, mettant "en jeu des *valeurs anciennes,* des valeurs qui sont aussi bien anciennes pour l'individu humain que pour l'espèce humaine" (133).

3.3. La Grotte

Plus le héros tourniérien descend dans la terre, plus les images sont liées au passé et au féminin. Pour Robinson, la souille est un rappel de deux passés, l'un dominé par le souvenir de sa famille, l'autre, plus lointain, dominé par une animalité pré-humaine. L'île-épouse Speranza, que Robinson pénètre littéralement dans la combe, évoque "le très profane souvenir d'une ardente Italienne qu'il avait connue jadis quand il était étudiant à l'université d'York" (*Vendredi* 45). Donc la souille, rappelant l'enfance, est non-sexuée, tandis que la combe suscite un passé moins lointain et fortement sexué. Dans la *grotte* la terre revêt un aspect maternel: les méditations de Robinson converge sur son enfance et le souvenir puissant de sa mère.

Françoise Merllié, dans son *Michel Tournier,* analyse les rapports entre le bateau du naufragé, la souille et la grotte. Les deux dernières ne sont en effet que des substituts du premier, tous les trois représentant un abri, un refuge, voire un berceau. L'échec de la souille serait dû au fait que, à l'opposé du bateau qui "se caractérisait par son équilibre entre l'eau et le ciel" (Merllié 66), elle mélange le dur et le mou. La souille est "dissolution des frontières, brouillage de l'eau et de la terre, du présent et du passé, de soi et du reste du monde." Un tel mélange des éléments n'est pas le propre des hommes ordinaires; c'est par contre le domaine des initiés, tels les alchimistes ou les poètes, chez qui la synthèse des contraires a toujours été le rêve ultime, le sommet de l'art. Le sage Zen, par exemple, unit dans son jardin le mou et le sec, créant "le lac sablonneux, le torrent minéral, la cascade sèche" (*Les Météores* 526). Robinson accédera à ce stade, mais beaucoup plus tard, lorsqu'il sera initié—d'abord par l'île elle-même, ensuite par Vendredi—à une nouvelle façon de voir le monde.

La souille renvoie "au chaos originel" (Merllié 68), suscitant la confusion et la rapide dégénérescence mentale chez Robinson. La grotte, par contre, semble être un lieu sain et sûr, comme le suggérerait la dureté virile de ses parois de pierre:

> La grotte témoigne d'une séparation, d'un ordre déjà établi dans l'univers [. . .]. Elle a des contours précis, nets, accordés à l'image de la mère de Robinson [. . .]. La grotte peut comme la mère faire office de matrice, de moule ténébreux, silencieux, d'où sort un être nouveau. (Merllié 68)

La grotte est, en effet, pour certaines sociétés, le lieu de la gestation des enfants, selon Durand (263) et Eliade (*Mythes, rêves et mystères* 202). Eliade insiste sur le fait que cette croyance est bien plus qu'une simple explication pour les enfants; elle décèle, plutôt, "le sentiment obscur d'une solidarité mystique avec la Terre natale" (203).

Un environnement dur, où règne néanmoins, dans l'humidité ténébreuse et dans les formes bizarres des roches, une présence féminine propice à la réminiscence: la grotte est l'incarnation minérale de l'*androgyne.* Dans la description que fait Robinson de la grotte, la *matière* masculine s'oppose aux *formes* plutôt féminines:

> Le sol était dur, lisse, étrangement tiède, mais les parois présentaient de surprenantes irrégularités. Il y avait des tétons lapidifiés, des verrues calcaires, des champignons marmoréens, des éponges pétrifiées. Plus loin la surface de la pierre se couvrait d'un tapis de papilles frisées qui devenaient de plus en plus drues et épaisses à mesure qu'on approchait d'une grosse fleur minérale [. . .]. Il en émanait un parfum humide et ferrugineux, d'une réconfortante acidité, avec une trace d'amertume sucrée évoquant la sève du figuier. (*Vendredi* 105)

On voit dans les mots "étrangement" et "surprenantes" la réaction de Robinson devant ce paysage souterrain. Etrange et surprenante aussi la féminisation de ce lieu où en apparence tout est dureté. Mais si le sol est dur, il est tiède aussi, et les murs sont une pétrification d'objets qui retiennent leurs caractéristiques molles et féminines: Robinson y voit tétons, verrues, champignons, éponges, papilles et fleurs. Même l'odeur de la grotte est un mélange de contraires: du fer et de l'humide, de l'amer et du sucré.

Les méditations de Robinson, recroquevillé dans la matrice de la grotte, errent naturellement vers l'image de sa mère. Mais nous avons déjà vu que les rôles du père et de la mère étaient quasiment inversés dans sa famille: le père effacé, timide et passif; la mère une "femme forte," "peu communicative" (107), douée d'une force physique surprenante et possédant de "grandes mains," "si fortes, si fermes" (109). C'est la Terre-Mère Gaia, mais robuste et musclée, comme la femme idéale de Tournier que Theodore Zeldin décrit dans un article intitulé "The Prophet of Unisex":

> On his desk he keeps a photograph of a naked muscle-woman[8] which a Californian admirer sent him: "That is the woman of my life," he says: the androgyne. He adds: "I detest the Opera, because it so often presents a caricature of femininity and virility. I despise virility."

La grotte, lieu androgyne, est propice à d'autres synthèses ou inversions étranges, notamment celle des ténèbres et de la lumière. Robinson avait enduit son corps de lait pour pouvoir se glisser dans l'orifice étroit de la grotte. Là l'obscurité est absolue, à l'exception d'un instant toutes les vingt-quatre heures, lorsqu'une flèche de lumière provenant du soleil couchant pénètre les ténèbres. L'effet est extraordinaire:

> [T]out à coup *l'obscurité changea de signe.* Le noir où il baignait vira au blanc. Désormais c'était dans des ténèbres blanches qu'il flottait, comme un caillot de crème dans un bol de lait. [. . .] Or dans cette nuit lactée son effet parut *inversé* à Robinson: pendant une fraction de seconde la blancheur ambiante noircit, puis retrouva aussitôt sa pureté neigeuse. (*Vendredi* 107, 109)

Le sens de ce passage s'éclaircit à l'aide d'une analyse que fait Bachelard d'autres images littéraires similaires. Partant d'un vers d'Audiberti qui parle de "la noirceur secrète du lait"[9] (*La Terre et les rêveries du repos* 23), il cite entre autres ces lignes de Joë Bousquet: "La nuit minérale est en chacun de nous ce que le noir intersidéral est dans l'azur du ciel" (24). A chacun son inconnu: les physiciens et les astronomes explorent l'espace comme les psychologues s'aventurent dans le noir de l'inconscient. Le séjour de Robinson dans la grotte est moins une tentative de connaître Speranza que de se connaître lui-même pour pouvoir vaincre sa terrible solitude. Les ténèbres de la grotte s'illuminent dès qu'il commence à rejoindre "la nuit minérale" de son inconscient.

L'inversion du noir et du blanc peut signifier aussi que Robinson doute de la réalité, ou bien qu'il a besoin de définir une *autre* réalité, conséquences d'une part d'un délire causé par la faim, et d'autre part d'une coupure absolue avec le monde connu. Bachelard oppose les "dialectiques de la raison" et les "dialectiques de l'imagination," l'imagination étant celle "qui veut saisir tout le réel et qui trouve plus de réalité à ce qui se cache qu'à ce qui se montre" (*La Terre et les rêveries du repos* 25). Le noir qui s'éclaire est donc la réalité—jusqu'ici cachée—d'un nouveau Robinson, qui se déclarera fils du soleil, et de l'"autre île," dont il avait soupçonné l'existence lorsque la clepsydre s'était arrêtée. Le temps suspendu, Robinson pouvait enfin se reposer. C'était un moment d'épiphanie:

> Il y avait quelque chose d'heureux suspendu dans l'air, et, pendant un bref instant d'indicible allégresse, Robinson crut découvrir une *autre île* derrière celle où il peinait solitairement depuis si longtemps, plus fraîche, plus chaude, plus fraternelle, et que lui masquait ordinairement la médiocrité de ses préoccupations. (*Vendredi* 94)

Bachelard trouve un appui philosophique pour l'inversion poétique du noir et du blanc dans le "monde renversé" de Hegel (*La Phénoménologie de l'esprit* 132, 134): "[C]e qui, dans la loi du premier monde, est blanc devient noir dans la loi du monde renversé, de sorte que le noir dans un premier mouvement dialectique est 'l'en-soi du blanc' " (*La Terre et les rêveries du repos* 26).[10] Bachelard cite également D. H. Lawrence qui, comme Tournier, évoque le soleil du "monde renversé" dans *L'Homme et la poupée:*

> Ainsi les véritables rayons qui viennent vers nous voyageant dans les ténèbres, ce sont les ténèbres mouvantes du soleil primitif. Le soleil est obscur; ses rayons sont obscurs. Et la lumière n'en est que l'envers [. . .]. Nous vivons donc dans l'envers du monde. Le monde véritable du feu est sombre, palpitant, plus noir que le sang: le monde de lumière où nous vivons est de l'autre côté . . . (28)

Robinson, au moment où il est dans la grotte, serait d'accord avec Lawrence: le monde véritable est là, dans la matrice obscure de l'île, loin du travail acharné sous le soleil brûlant de "l'île administrée."

Pourtant la paix que Robinson trouve dans la grotte ne dure pas; elle se révèle comme une fausse piste, menant à la mort au lieu d'affirmer la vie. Tandis que Robinson trouve de nouvelles forces grâce à ses séjours dans la grotte, Speranza semble s'épuiser par "la vocation maternelle monstrueuse" (113) qu'il lui impose: les pluies s'arrêtent, les sources tarissent, les cultures se dessèchent. Pourquoi cette soudaine cessation de la bonté de l'île? Parce que Robinson, avec son "poids d'homme" (114), a écrasé son île nourricière. Croyant régresser au stade enfantin dans l'alvéole, Robinson a oublié qu'il était "un homme dans la force de l'âge" (114), jusqu'au jour où sa semence s'est échappée pendant son sommeil et a failli pénétrer une fente au fond de l'alvéole, l'endroit le mieux caché, le plus intime de l'île. Robinson exprime son horreur à l'égard de cet amour incestueux en termes sacrés pour lui—la métaphore du pain—où sa semence serait un "levain vivant": "[Q]uel horrible mûrissement n'aurait-il pas provoqué dans ce four gigantesque, la grotte! Je vois Speranza tout entière gonfler comme une brioche, boursoufler ses formes à la surface de la mer, crever enfin pour vomir quelque monstre incestueux!" (114). Robinson faisait écho à Rousseau en qualifiant son premier séjour dans la grotte comme "un retour vers l'innocence perdue que chaque homme pleure secrètement" (112). Son horreur devant un inceste imaginaire, symbolique, rappelle encore le philosophe, torturé par son amour pour Mme de Warens, figure à la fois maternelle et érotique.

Françoise Merllié interprète l'échec de la voie de la grotte comme étant le résultat d'une nouvelle tentative de mélanger le dur et le mou. En effet, la pierre de la grotte semble perdre sa dureté et s'amollir sous le poids de Robinson, dont les rêveries de la pâte confondent les deux éléments. D'abord il s'imagine la pâte de la galette des rois, dans les mains de la grotte, sa mère; ensuite il devient la fève, et la grotte la pâte (*Vendredi* 109). Dans l'imagination de Robinson, il a dénaturé la grotte, il a péché contre la nature:

> En pénétrant indûment dans le cœur de la grotte, Robinson l'a ramenée à l'état de pâte molle et dangereuse comme le limon de la souille. [. . .] L'élément liquide, il l'introduit lui-même dans la grotte en s'enduisant de lait caillé puis il manque de l'introduire encore par sa semence. (Merllié 70)

Robinson découvre dans la grotte les rapports entre le féminin, l'amour et la mort. La paix qu'il y ressent se rapproche de la philosophie d'effacement qu'il avait formulée dans la souille, où le passé (associé traditionnellement au féminin) était surévalué, le présent se dissipant dans une accumulation d'expériences que l'on reverra dans la mort, où l'on pourra enfin revivre sa vie "en profondeur" (39). La profondeur de la grotte invite à renier la vie et à accepter docilement la mort, réunissant "miraculeusement la paix des douces ténèbres matricielles et la paix sépulcrale, l'en deçà et l'au-delà de la vie" (*Vendredi* 112).

Chercher le bonheur par une régression à la matrice, c'est dire oui à la mort, inacceptable pour un homme encore jeune comme Robinson. Car la grotte, pour reprendre les paroles de Bachelard, "est à la fois la première demeure et la dernière demeure," "la tombe naturelle, la tombe que prépare la Terre-Mère" (*La Terre et les rêveries du repos* 208). Il décide de se réserver le plaisir de la grotte pour sa vieillesse:

> Au péril de mon âme, de ma vie et de l'intégrité de Speranza, j'ai exploré la voie de la terre maternelle. Plus tard peut-être, quand la sénilité aura stérilisé mon corps et desséché ma virilité, je redescendrai dans l'alvéole. Mais ce sera pour n'en plus remonter. Ainsi j'aurai donné à ma dépouille la plus tendre, la plus maternelle des sépultures. (*Vendredi* 114–15)

Dans l'analyse du jardin au chapitre précédent, nous avons vu brièvement que, pour Tournier, l'amour et la mort ont ceci en commun: qu'ils assistent à la "même défaite de l'individu" (*Vendredi* 133), le renvoyant l'un et l'autre à la terre. L'amour est une préparation pour la mort, un "sacrifice de l'individu à l'espèce" (131), puisque par la procréation l'amant vise à engendrer des descendants, ceux qui prendront sa place quand il reposera sous la terre: "Procréer, c'est susciter la génération suivante qui innocemment, mais inexorablement, repousse la précédente vers le néant. [. . .] [L]'instinct qui incline les sexes l'un vers l'autre est un instinct de mort" (131).[11]

L'organe sexuel de l'homme, remarque Robinson, a des rapports curieux avec la mort. En Irlande, il avait observé des tas de cadavres, victimes de famine: "[L]e sexe—et lui seul—s'épanouissait monstrueusement, cyniquement, plus gonflé, plus turgescent, plus musculeux, plus triomphant qu'il n'avait sans doute jamais été du vivant de ces misérables" (*Vendredi* 132). De même, il avait entendu dire que les pendus perdent leur sperme au moment de leur mort: l'agonie est donc l'ultime acte érotique. Une légende raconte que les mandragores—en l'occurrence le fruit de la passion de Robinson—poussent au pied des gibets. Les amours de Robinson et de Speranza semblent donc être condamnées à mort.

Robinson aura une autre expérience du côté néfaste de l'amour pendant ce qu'il appellera sa "voie végétale." Ayant appris que la voie tellurique de la grotte risquait de tourner à l'inceste, et s'inspirant des insectes qu'il avait vus féconder les orchidées, le désir de Robinson tourne vers les arbres, dont les branches "se métamorphoseraient en femmes lascives et parfumées dont les corps incurvés seraient prêts à l'accueillir . . ." (121). Mais après une "liaison heureuse" (121) avec un arbre couché, il apprend douloureusement que la voie végétale peut être dangereuse: pendant l'acte d'amour, il est piqué sur le gland par une "grosse araignée tachetée de rouge" (122).

L'araignée est lourde de symbolisme. Elle représente d'abord "la mère revêche qui a réussi à emprisonner l'enfant dans les mailles de son réseau" (Durand 116)—comme l'île-mère a failli garder Robinson pour toujours dans les ténèbres de la grotte. Ensuite l'araignée est la "suggestion hideuse de l'organe féminin" (116), symbole de la "femme fatale," liée à la mort et à certaines divinités infernales. Enfin Durand note que pour le psychanalyste Baudouin "l'effroi œdipien de la fuite devant le père et l'attraction incestueuse pour la mère viennent converger dans le symbole arachnéen" (116). On a vu le peu de respect que le père de Robinson inspirait à son fils et l'inceste imaginaire qui manque de se produire dans la grotte. La piqûre d'araignée soulève donc les dangers que Robinson a courus dans la grotte et confirme l'aspect inquiétant de l'amour avec une femme—qu'elle soit réelle ou imaginaire.

Il faut noter également que Tournier précise la couleur *rouge* de l'araignée. Ce rouge a des qualités "nocturnes"; "féminin et centripète, c'est la couleur du feu central de la terre et de l'athanor alchimique. C'est la couleur du sang matriciel" (Benoist 78).[12] Ainsi se renforce la valorisation négative de l'araignée, évoquant d'abord un mouvement vers le centre de la toile où la mort attend et ensuite les menstrues qui résument tout le côté maléfique du symbolisme féminin: "Le sang menstruel est simplement l'eau néfaste et la féminité inquiétante qu'il faut éviter ou exorciser par tous les moyens" (Durand 120).

Etudiant les rapports entre l'amour, le temps et la mort, Marie Bonaparte remarque que "l'un des traits des plus constants d'Eros est de traîner après soi son frère Thanatos" (cité dans Durand 221). On pourrait prendre comme exemple la *Vénus libitina* romaine, dont le temple est mystérieusement devenu un lieu où l'on vendait des objets relatifs aux funérailles; elle s'est donc transformée en déesse de la mort. D'où l'association de la femme et de la mort: "[L]a vénusté accompagne la déesse chthonienne; autour de la mort et de la chute du destin temporel s'est peu à peu formée une constellation féminine, puis sexuelle et érotique" (222).

La libido joue un rôle intermédiaire entre la vie et la mort, ce qui mène à bien des ambiguïtés: "[L]'amour peut, tout en aimant, se charger de haine ou de désir de mort, tandis que réciproquement la mort pourra être aimée en une sorte d'*amor fati* qui imagine en elle la fin des tribulations temporelles" (Durand 222). Durand identifie deux pôles libidinaux, l'un nocturne, maternel—dont un des composants possibles serait le désir d'inceste—et l'autre diurne qui, "sous l'autorité d'un monarque divin et paternel" (Durand 223), combat agressivement l'inceste "et ses symboles féminins ou thériomorphes" (223). Le Robinson de la grotte est bien évidemment attiré par le pôle maternel; cependant la douceur de son refuge intime cède, au moment où sa semence s'échappe pendant son sommeil, devant l'horreur de l'inceste. La rêverie maternelle—de la mère et de la galette des rois—se transforme en cauchemar—de l'île qui vomirait "quelque monstre incestueux" (*Vendredi* 114). Bien plus tard, l'explosion masculinise la grotte; la libido de Robinson se tourne vers le soleil "paternel," et il devient l'"épouse du ciel" (230). Ensuite il assimile les deux pôles; son désir dépasse les contraintes humaines et s'épanouit en une androgynie cosmique.

La ressemblance entre le sommeil et la mort, l'éveil et la naissance a évidemment fasciné bien des écrivains et des psychologues. Citons encore Proust, qui compare l'énigme du sommeil et de l'éveil à "l'autre grand mystère de l'anéantissement et de la résurrection" (Proust 1: 820). Plus tard, il s'étonne que l'on puisse "retrouver son propre 'moi' " après une nuit de sommeil, car "il y a [. . .] vraiment interruption [. . .], vraiment mort" (2: 88). Pour Robinson, le sommeil est une "répétition générale de la mort" (*Vendredi* 127–28). Chaque nuit dure une éternité: "Ainsi donc tout à l'heure, je vais m'allonger et me laisser glisser dans les ténèbres *pour toujours*. Etrange aliénation. Le dormeur est un aliéné qui se croit mort" (128).

Citons également *Thalassa, essai sur la théorie de la génitalité,* dans lequel le psychanalyste Sandor Ferenczi établit un parallèle entre l'acte d'amour et le sommeil, l'état embryonnaire et la mort. La "position fœtale" distingue "le sommeil comme le coït" (306), écrit-il, mais les quatre phénomènes sont surtout liés par un "état psychique" (311) similaire. Cette somnolence paradisiaque—identique à la condition de Robinson dans l'alvéole de la grotte—serait

> une répétition des formes d'existence dépassées depuis longtemps et peut-être même une répétition de l'existence d'avant l'apparition de la vie. Le sommeil, dit un vieux proverbe latin, est le frère de la mort. Les forces traumatiques qui interviennent lors du réveil, cette renaissance quotidienne, sont les mêmes que celles qui jadis ont "éveillé" la matière primitive à la vie. (311)

Si la grotte mène irrémédiablement à la mort, si l'harmonie du dur et du mou qu'est la souille mène au chaos, où donc est le salut? Il semble bien que le salut s'accomplisse dans l'harmonie des éléments, mais seulement après avoir subi un rite de purification—par le feu. Car c'est l'explosion de la grotte qui met Robinson sur la voie solaire; en effet la grotte s'*inverse* en saillie (Merllié 71), et Robinson se durcit lui-même en s'exposant au soleil, suivant l'exemple de Vendredi. Le salut se trouve dans l'androgynie, l'union des contraires: la grotte, creuse et humide, se transforme en masse rocheuse, dure et sèche; Robinson abandonne les ténèbres pour achever son voyage dans les éléments en "chevalier solaire" (216) sous la tutelle de l'androgyne Vendredi-Vénus. S'érigeant "en épée dure, dressée vers le soleil" (Merllié 71), Robinson unit la pierre et le soleil, le météorite et le météore, le *sidêros* (fer) et le *sidus* (astre).[13]

3.4. "La Trilogie ingestion-digestion-défécation"

3.4.1. Le Ventre sexuel et le ventre digestif

Notre analyse du ventre maternel que représente la grotte mène à deux autres ventres qui jouent un rôle important dans les romans de Tournier. Il s'agit du sexuel et du digestif, opposition que Freud a établie dans *Au-delà du principe de plaisir* (Durand 129). L'épisode de la grotte assimile les ventres maternel et digestif, lorsqu'on voit Robinson, couvert de lait—aliment maternel—se glisser pour la première fois dans la grotte "comme le bol alimentaire dans l'œsophage" (*Vendredi* 105). Les ventres sexuel et digestif sont étroitement liés dans l'imagination, comme le fait remarquer Arlette Bouloumié, d'où des expressions comme "elle est mignonne à croquer," ou "il la dévore des yeux." Elle cite Claude Lévi-Strauss, qui commente le double emploi du mot *consommer:* "Partout dans le monde, la pensée humaine semble concevoir entre l'acte de copuler et celui de manger une analogie profonde, à tel point qu'un très grand nombre de langues les désignent par le même mot" (*La Pensée sauvage;* cité dans Bouloumié 97). Gilbert Durand remarque que le mot *chair* renvoie au péché sexuel aussi bien qu'à la viande, nourriture qui, dans beaucoup de religions, est au moins partiellement interdite. Comme le sang qu'elle contient, la viande se range du côté du mal, tandis que "le végétarisme se trouve allié à la chasteté" (Durand 130).

La liaison freudienne entre le ventre digestif et le ventre sexuel pourrait être le code de conduite sexuelle des Sodomites dans *Gaspard, Melchior et Balthazar.* Taor, l'ancien "prince du Sucre" voué à une "vocation alimentaire" (258), a parfois l'occasion de quitter les mines de sel pour servir de longs soupers dans une importante maison sodomite. Là il observe les mœurs de "ces maudits, ces réprouvés, unis par un esprit acéré de négation et de dérision" (259), mœurs qui se résument en trois principes: "le sel, la dépression tellurique et une certaine pratique amoureuse" (260). Ils dédaignent l'amour qui a pour seul but la procréation, pratiquant plutôt un amour stérile comme le désert dans lequel ils vivent. Pour eux le ventre sexuel habituel n'entre pas du tout dans le jeu; c'est un peuple retranché dans les stades oral et anal de l'enfance:

> [L]eur intestin, au lieu de fonctionner comme un égout gonflé d'immondices, demeurait la colonne creuse et fondamentale de leur corps. Selon eux, les deux *o* de Sodome [. . .] signifiaient les deux sphincters opposés du corps humain—l'oral et l'anal—qui communiquent, se font écho et s'appellent d'un bout à l'autre de l'homme, comme l'alpha et l'oméga de la vie, et seul l'acte sexuel sodomite répond à ce sombre

> et grand tropisme. Ils disaient aussi que grâce à la sodomie, la possession, au lieu de s'enfermer dans un cul-de-sac, se branche sur le labyrinthe intestinal, [. . .] et débouche finalement en plein visage. (262)

Ce passage remarquable montre à quel point peuvent être confondus le ventre digestif et le ventre sexuel, le second étant complètement englouti par le premier. C'est un cas extrême qui fige une étape normalement temporaire du développement humain. Faisant écho à Freud, Durand remarque que "le contenant prototype c'est le ventre digestif, avant que d'être sexuel, expérimenté lors de la déglutition, polarisé par la dominante réflexe" (Durand 292).

Chez les "invertis" de Sodome, toutes les valeurs sont renversées. Taor apprend que leur esprit, qui cultive la bassesse, n'est qu'un reflet de la topographie de la ville, dont les reliefs "retournés, convertis en valeurs négatives" (*Gaspard, Melchior et Balthazar* 260) avaient été remplacés par des ombres. La seule "élévation" dans la vie des Sodomites est l'acte sexuel qui, engagé "sur la voie royale du circuit alimentaire" (262), renverse la chute digestive en ascension, commençant à "oméga" et terminant à "alpha." Le résultat est la musique cynique d'un "tuba viscéral," qui durcit les boyaux en cuivre et transforme le corps en une sorte d'harmonie sexuelle.

Cette musique "intestinale" fait songer au passage du bal des fiançailles de Fabienne de Ribeauvillé dans *Les Météores,* où la lesbienne ouvre le bal avec l'homosexuel Alexandre. Tous les invités sont soudain médusés par un ver solitaire, "cinq à six mètres de cordon gluant" (259) que Fabienne vient de perdre sur la piste de danse. Alexandre, qui seul n'est pas écœuré par le spectacle, ramasse le ténia dans une assiette, le tend au fiancé horrifié et s'avance vers Fabienne. Il "tourne la tête vers l'orchestre 'Musique!' *Le Beau Danube bleu* [les] emporte dans ses flots berceurs. L'amazone des ordures ménagères et le dandy des gadoues, ayant remisé chacun leur sexe au vestiaire, mènent le bal" (*Les Météores* 260). Ce passage baigne dans une atmosphère d'ambiguïté sexuelle. On ne sait pas, au juste, si Fabienne épouse un homme ou une femme. Le ténia, animal hermaphrodite, vient bénir les amours des deux homosexuels, bercés par des valses viennoises, pendant que les invités et les musiciens sortent dégoûtés. Ce n'est pas la musique glorieusement cynique des cuivres viscéraux des Sodomites que l'orchestre joue. Comme dans *Les Adieux* de Haydn, "[b]ientôt il ne reste plus qu'un violon qui sanglote longuement. Puis le violon disparaît à son tour . . ." (260). On assiste à un triomphe éphémère de deux marginaux qui finiront par s'exiler: elle en Italie, lui à Casablanca où il se fera assassiner.

Pour conclure, il semble que toute image souterraine chez Tournier tende vers le mal. Quand Durand (233) et Bachelard (*La Terre et les rêveries du repos* 155–56) analysent les images souterraines comme elles se manifestent dans "l'avalement" ou le "complexe de Jonas," ils distinguent entre l'acte inoffensif de sucer et l'acte vorace de croquer. Chez Tournier pourtant, à l'exception des tourbières dans *Le Roi des Aulnes,* un souterrain doux n'existe pas. Tout souterrain est menace de mort: même la grotte, d'abord si accueillante. Cette sorte de grotte meurtrière est peu conforme à l'image traditionnelle qui lie la grotte "au *rêve d'un repos protégé,* d'un repos tranquille" (*La Terre et les rêveries du repos* 185). En effet, tout ce qui est avalement ou emboîtement dans l'œuvre de Tournier traduit l'inquiétude de l'auteur à l'égard du souterrain et annonce un de ses thèmes majeurs: *l'ogre.*

3.4.2. L'Ogre

Dans la description suivante de Nestor, son protecteur au collège de Saint-Christophe, Abel Tiffauges nous indique avec quel sérieux les divers ogres du *Roi des Aulnes*—Nestor, Göring et Abel lui-même—considèrent les excréments:

> Nestor mangeait vite, sérieusement, laborieusement [. . .]. Il y avait du Silène en lui, avec ses bajoues, son ventre rond et sa large croupe. La trilogie ingestion-digestion-défécation rythmait sa vie, et ces trois opérations étaient entourées du respect général. (40)

En effet, les scènes scatologiques de ce roman n'ont rien à voir avec l'humour paillard de Rabelais. Dans *Le Vent Paraclet,* Tournier se sent obligé de se défendre contre les "gémissements" (265) que certains passages du *Roi des Aulnes* ont soulevés, invoquant comme prédécesseurs Rabelais, Molière et Huysmans. A vrai dire, au fond des toilettes se cache un "fonds métaphysique" (*Le Vent Paraclet* 265), car

> jetée dans le creuset romanesque, l'ontologie se métamorphose partiellement en scatologie! Et cette fondrière n'est pas purement négative; on ne peut en détourner les yeux et l'oublier. Elle est au contraire chargée de sens et finement structurée. [. . .] Les déjections sont pour Abel Tiffauges l'objet d'une science prolixe et saugrenue, la coprologie, où Göring est expert. (265)

Dans *Le Roi des Aulnes* il s'agit de lire et interpréter les excréments. Nestor, dans un moment solennel, utilise comme papier hygiénique le manuscrit d'un sermon mémorable du père supérieur, papier "couvert par les signes d'un esprit supérieur" (*Le Roi des Aulnes* 96–97). C'est pour commémorer un chef-d'œuvre d'"oméga":

> —Cette nuit, commenta-t-il, oméga s'est montré d'humeur médiévale. Regarde, petit Fauges, il y a là donjons et tours d'angles cernés par une double épaisseur de murailles. Médiévale et même féodale, ma parole! La semaine dernière nous faisions dans le gothique flamboyant, conclut-il rêveusement [. . .]. (96)

De l'humour il y en a dans ce passage. Mais pour Tiffauges c'est un premier jalon de la "grande béatitude fécale" (263) qui, avec la "phorie," donnera une "[p]arenthèse de solitude, de calme et de recueillement" (264) à une vie ratée. Il lit son avenir dans ses déchets, comme les prêtres de certains oracles de Zeus et d'Apollon ne répondaient aux questions qu'après avoir étudié les entrailles des victimes sacrificielles (Graves 1: 178–79).

Serge Koster expose "la portée blasphématoire" (Koster 89) de la scène des W.-C. et de celle où l'on remarque l'étrange signification que porte aux yeux de Nestor le papier hygiénique, lequel "acquiert le statut d'un instrument rituel par la coïncidence de deux usages" (89): "Ce qui compte pour lui [. . .], ce n'est pas le papier lui-même, c'est ce qu'il y a écrit dessus, et qui l'a écrit" (*Le Roi des Aulnes* 39). Blasphématoire, dit Koster, cet oxymoron qui unit la défécation et l'écriture, car l'écriture, dans *Vendredi,* avait un statut sacré. Il cite le passage où

Robinson, après avoir sombré dans la souille, trouve le moyen de fabriquer de l'encre et une plume, et commence à écrire, regagnant en quelque sorte son humanité perdue: "Il lui semblait soudain s'être à demi arraché à l'abîme de bestialité où il avait sombré et faire sa rentrée dans le monde de l'esprit en accomplissant cet acte sacré: écrire" (*Vendredi* 44–45).

En alliant l'écriture et la défécation, Tournier nous fait remarquer que cette dernière, produit du schème digestif, n'a pas moins de mérite que l'écriture, produit de l'esprit. Comme l'observe Merllié, l'épisode des "shampooing-chiottes" (*Le Roi des Aulnes* 74–75) montre que la défécation est une sorte de nettoyage ou de réhabilitation, par laquelle Tiffauges combat sa solitude: "Quand on se sent déchet, se retrouver dans ses propres déchets. Et se mettre à aimer ses déchets, pour s'aimer un peu soi-même" (Merllié 25–26). Tiffauges apprend "la dignité des excréments" (25), la valeur que, paradoxalement, peuvent avoir les immondices. L'or et l'excrément, deux symboles de l'intimité substantielle, peuvent revêtir des sens inattendus dans le régime nocturne de l'image, où les valeurs symboliques sont souvent renversées. L'excrément, "le comble du péjoratif" (Durand 303) pour le régime diurne, peut être dans le régime nocturne une "panacée médicamenteuse" (301), et "puisque le *Régime Nocturne* de l'image valorise positivement la digestion en son début, il n'y a aucune raison pour que l'excrément final de la digestion reste péjoratif" (301). Si les excréments sont "un symbole de mépris ignominieux" dans la tradition celtique, ils sont, pour la plupart des peuples, "un concentré de forces biologiques propre à régénérer les êtres" (Chevalier et Gheerbrant 426). Par contre, si l'or s'associe en premier lieu au soleil, symbolisant la perfection et la connaissance, il est néanmoins "un trésor ambivalent" (Chevalier et Gheerbrant 707), "un symbole de pervertissement et d'exaltation impure des désirs" (Paul Diel, *Le Symbolisme dans la mythologie grecque;* cité dans Chevalier et Gheerbrant 707), une dégradation des valeurs spirituelles.

Pour revenir à l'ogre: c'est donc d'abord une créature "digestive." S'il apprécie la valeur du produit final de la digestion, il en va de même pour sa matière première: la nourriture. Dans *Le Vent Paraclet,* Tournier révèle l'intérêt de Tiffauges et pour la nourriture et pour les excréments: "Ce digestif est obsédé de choses fraîches—lait, salades, crudités—qu'il absorbe en grandes quantités. Très préoccupé de sa digestion, il a la terreur de la constipation" (117).

Les fruits de mer et la viande, consommés crus, sont les seules nourritures qui peuvent assouvir l'immense appétit d'Abel. Sa recherche de "la crudité absolue" le pousse à consommer de grandes quantités d'huîtres: "La volupté gloutonne avec laquelle j'enfonçai mes dents dans [. . .] ces petits corps qui s'abandonnent mous et amorphes à la possession orale [. . .], fut l'une des révélations de ma vocation ogresse" (*Le Roi des Aulnes* 111). Le plaisir qu'il ressent lors de ses orgies de coquillages est celui de *posséder* un corps. Manger est avant tout pour ce grand timide un substitut pour l'acte sexuel. Le steak tartare sans épices le rapproche davantage de son idéal, "la franche nudité de la chair" (112), surtout quand il va lui-même acheter de la viande à la boucherie chevaline, où il se régale devant la "colossale nudité des bêtes écorchées" (112). Abel n'a pas la moindre honte de son goût pour la chair fraîche. Au fond c'est un ogre doux qui ne connaît ni la violence ni la haine, convaincu que c'est l'amour qui lui donne bon appétit: "Quand je dis 'j'aime la viande, j'aime le sang, j'aime la chair,' c'est le verbe aimer qui importe seul. Je suis tout amour" (112). Il serait même capable de manger les pigeons voyageurs qu'il était chargé de dresser pendant la guerre; le rapport d'amour qui avait été établi entre lui et les oiseaux lui donnerait d'autant plus d'appétit. Un repas fait de ses "petits êtres chéris et convoités" (223) "revêtirait un caractère presque religieux, et serait en tout cas le meilleur hommage qui pouvait leur être rendu" (238).

Pour accompagner ses deux kilos quotidiens de viande, Abel ne boit que du lait—cinq litres par jour. Le lait stérilisé le répugne: il a besoin d'"un lait sur lequel flottent avec des remugles d'étable un poil et un fétu, signes d'authenticité" (113). Le lait donne à ce solitaire un réconfort maternel, en même temps qu'il le rapproche de la "crudité absolue" qu'il cherche. Le lait est la boisson naturelle d'un homme voué, pour reprendre l'expression de Philippe de Monès, à une "vocation maternelle."

Le rapport entre le lait et un goût pour les enfants est souligné dans *Le Vent Paraclet,* où Michel Tournier raconte avoir réellement fait la connaissance, en Prusse-Orientale, d'un "bon géant" comme Abel—lequel portait le titre de *Reichsmilchinspektor* pendant la guerre, et dont la "vocation laitière s'épanouit tout naturellement plus tard dans une passion pour les enfants" (133). C'est une sorte de "contre-ogre"—"tout amour," comme Tiffauges—désirant nourrir et non manger les enfants. Bouloumié (101) nous rappelle que Tiffauges montre les mêmes tendances nourricières lorsqu'il recueille un pigeonneau blessé et le soigne, lui donnant à manger de sa propre bouche des aliments qu'il avait d'abord longuement mâchés (*Le Roi des Aulnes* 231). Abel nourrit aussi un élan aveugle qui vient le voir régulièrement dans une hutte forestière qu'il occupe par moments (276–77). Enfin il devient pourvoyeur d'aliments pour les garçons de Kaltenborn. L'apogée du contre-ogre serait d'être mangé soi-même par les enfants. Tournier nous fait part de ce phantasme dans un essai intitulé "Le Riz," où il s'imagine en Inde, métamorphosé en un camion qui apporte du riz aux enfants, "et, telle une énorme truie aux cent tétines généreuses, [donne son] ventre en pâture aux petits Indiens affamés. Ainsi l'Ogre, sous le coup d'une inversion bénigne, au lieu de manger les enfants, se fait manger par eux" (*Des clefs et des serrures* 36; *Petites proses* 191).

Donc l'ogre, tel que Tournier le présente, participe doublement au schème nourricier: il est mangeur et mangé, avaleur et avalé. En imaginant l'ingestion de ses trois pigeons, Tiffauges souligne l'aspect sacré du repas de l'ogre. C'est un rite voisin de la communion catholique, où dans une sorte de cannibalisme mystique, un dieu est dévoré par ses enfants: superbe inversion des infanticides de Cronos, ou, comme le disait Genet, le sommet du spectacle théâtral. Tiffauges va jusqu'à parodier le sacrement de l'Eucharistie, lorsqu'il rassemble tous les garçons de Kaltenborn pour mettre de l'huile sur leurs lèvres desséchées. C'est "une étrange et émouvante liturgie" dans laquelle le saint ogre bénit—avec la main gauche, bien entendu—ses victimes: "Chacun d'eux s'arrête et me tend sa bouche [. . .], comme des suppliants baisent la statue miraculeuse d'un saint patron" (*Le Roi des Aulnes* 514–15). Arlette Bouloumié (99) commente l'ambivalence du sacrement le plus saint de l'église catholique, remarquant que chez quelques sectes il est interdit de mâcher l'hostie; on peut avaler le corps de Jésus, mais si on le croque on risque d'avoir de mauvaises pensées à tendance anthropophage. Tels les "transports secrets" d'Abel pendant la messe: il se régale de la "[f]raîcheur revigorante de la chair pantelante de l'Enfant Jésus," mais songe avec envie à "la succulence que doit gagner cette chair à être arrosée de son sang chaud" (*Le Roi des Aulnes* 207).

On retrouve dans ce passage l'ambivalence des significations du "repas totémique" des primitifs, étudié par Frazer puis Freud, dans *Totem et tabou.* Lors de l'Eucharistie on s'identifie au Fils de Dieu et on reçoit sa grâce, en même temps que l'on "avoue franchement sa culpabilité dans l'acte criminel originel" (Freud 212). Quel était notre crime? Pour les primitifs, ce sont des fils qui auraient tué et ensuite mangé un père cruel (195); pour les chrétiens, c'est le meurtre de Jésus. Donc le repas totémique et l'Eucharistie commémorent tous deux un meurtre, et tous deux sont teintés de connotations anthropophages.

Dès la première page du *Roi des Aulnes,* Abel nous avertit de sa nature ogresse. Lorsque Rachel lui dit: "Tu es un ogre" (13), Abel répond: "Un Ogre?," la majuscule signifiant que cet être légendaire revêt une dignité transcendant les êtres humains et méritant leur respect (cf. Worton 302). Au fur et à mesure que l'histoire se déroule, Abel Tiffauges se verra comme rejeton d'une lignée d'ogres distingués: saint Christophe,[14] patron de son collège; Barbe-Bleue, dont le nom va être celui du cheval qui le portera dans des expéditions à la recherche d'enfants pour la *napola* de Kaltenborn; Gilles de Rais, dont une des propriétés s'appelait Tiffauges; le Roi des Aulnes rendu célèbre par la ballade de Goethe; et Raspoutine, censé avoir eu un pouvoir guérisseur mystérieux sur les enfants.

La lignée ogresque remonte même plus loin, jusqu'à l'aube du temps, selon ces paroles énigmatiques qui suivent l'accusation de Rachel:

> Je crois aussi que je suis issu de la nuit des temps. [. . .] Or moi, j'étais là déjà, il y a mille ans, il y a cent mille ans. Quand la terre n'était encore qu'une boule de feu tournoyant dans un ciel d'hélium, l'âme qui la faisait flamber, qui la faisait tourner, c'était la mienne. (*Le Roi des Aulnes* 13)

Ce qui ressort de ce passage, c'est le rapport privilégié entre Abel et le *temps;* on pourrait dire même qu'il est le temps personnifié, celui qui a mis l'univers en mouvement. Tiffauges s'identifie donc au premier ogre, Cronos, "symbole de l'instabilité du temps destructeur, prototype de tous les ogres du folklore européen" (Durand 94).[15] Il y a isomorphisme entre le temps—qui dévore les moments précieux de notre vie—la mort et l'ogre, que l'étymologie de ce dernier mot révèle. *Ogre* est apparenté à *Orcus,* "avaleur de soleil," la version maléfique de Gargantua, "soleil celtique" (Durand 94–95). Démon de la mort dans la mythologie populaire italienne, rôle que joue Pluton dans la mythologie savante (Grimal 329), Orcus est proche de Saturne et de Cronos. Pierre Grimal écrit que Saturne est "parfois considéré comme un dieu infernal" (415) et que Cronos, le Temps, est finalement banni au Tartare—"la région du monde la plus profonde, placée au-dessous des Enfers eux-mêmes" (437). Le rapport est clair: le Temps, monstre mordant, dévorant, ténébreux, s'il n'est pas la Mort elle-même, nous y mène inexorablement.

La mort c'est la *nuit,* le domaine d'Orcus et des ogres qui hantent "la nuit de la terre et du tombeau" (Durand 95). Abel se croit originaire de "la nuit des temps," un leitmotiv qui réapparaît plusieurs fois dans *Le Roi des Aulnes.* Un élan aveugle, "bête à demi fabuleuse" qu'il rencontre dans la forêt, lui rappelle sa conviction "de posséder des origines immémoriales, une racine en quelque sorte qui plongeait au plus profond de la nuit des temps" (276). Plus tard, on décrit le deuxième cadavre exhumé des tourbières—l'enfant qui accompagne le Roi des Aulnes—comme un "nouveau messager de la nuit des temps" (295). La survenue de ces êtres étranges persuade Tiffauges que sa destinée est nocturne et souterraine: "Il soupçonnait avec une angoisse voluptueuse que son voyage le mènerait plus loin, plus profond, dans des ténèbres plus vénérables, et qu'il rejoindrait peut-être finalement la nuit immémoriale du Roi des Aulnes" (314). L'ogre Abel, comme Cronos, finira au Tartare, pour souligner "l'isomorphisme existant entre l'archétype dévorant et le thème des ténèbres" (Durand 95).

3.4.3. Le Cheval

Dans *Le Roi des Aulnes,* le cheval, par sa morphologie et par sa capacité de porter un être humain, est étroitement lié au thème de la scatologie et à celui de l'ogre. Comme Michel Tournier le fait remarquer dans *Vues de dos,* le cheval "est le seul animal qui possède des fesses, privilège qui suffit à lui conférer une incomparable humanité." Et si l'on songe au centaure ogresque que Tiffauges devient, parcourant la campagne à la recherche d'enfants pour la *napola,* on comprend que cette bête fessue est aussi un instrument de rapt. Comme l'ogre, le cheval est un grand digestif, un gros mangeur. Il a les épaules relativement faibles, toute sa force étant à l'arrière, où, selon Tiffauges, réside tout l'essentiel de son caractère. Ceci "fait de lui le Génie de la Défécation, l'Ange Anal, et d'Oméga, la clé de son essence" (*Le Roi des Aulnes* 353).

L'image du cheval qui domine l'imagination archaïque a peu à voir avec ce qu'on a nommé "la plus noble conquête de l'homme," bête docile et travailleuse et, comme le chien, ami fidèle de l'homme. Loin d'être un symbole de vie, le cheval se rattache tout d'abord à la mort, paradoxe qu'explique ainsi Luc Benoist: "[C]es animaux, en devenant psychopompes, continuaient leur fonction de compagnons fidèles des défunts. [. . .] Obéissant à leurs maîtres les chevaux symbolisaient la soumission au destin" (89).

Gilbert Durand voit aussi dans le cheval un animal "chthonien et infernal" (4), le classant parmi les symboles thériomorphes du régime diurne, avec le taureau, le loup, le lion et l'ogre. Le cheval, le mal et la mort sont explicitement liés dans certaines cultures, dont la judéo-chrétienne. Durand fait référence à l'Apocalypse de Jean, où "la Mort chevauche le cheval blafard" (Durand 79), et trouve en outre un lien étymologique entre *cheval* et *cauchemar,* qui dérive de *mahrt,* un "démon hippomorphe allemand" (79). D'ailleurs, le rapport entre les deux mots est évident en anglais, où *nightmare* est composé des mots signifiant "nuit" et "jument."

Chevalier et Gheerbrant observent que si autrefois on associait le cheval aux ténèbres, l'homme moderne lui attribue une valeur plus positive. L'animal "quitte ses sombres origines pour s'élever jusqu'aux cieux, en pleine lumière" (223). Le cheval noir, chthonien, psychopompe, cède donc au cheval blanc solaire, qui tire le soleil ou porte le héros.

Mais Tournier renvoie aux origines du symbole: Barbe-Bleue est un cheval de la mort qui effraie les mères de la Prusse-Orientale, sûres de ne jamais revoir leurs enfants si l'ogre et le hongre gigantesques les flairent. Tiffauges est si proche de son cheval que les deux semblent être fusionnés en un être. Monté sur Barbe-Bleu, "charnellement fondu dans l'Ange Anal" (*Le Roi des Aulnes* 353), il s'imagine Centaure. Cette unification de l'homme et du cheval traduit la liaison historique entre *hongre* et *ogre,* tous deux associés à la Hongrie. Selon Bouloumié (58), le vieux mot *ogre* fut "rafraîchi" au quatorzième siècle pour décrire les envahisseurs hongrois. Et quant au terme *hongre,* il naquit de la coutume qu'avaient les Hongrois de castrer leurs chevaux. Bouloumié note en outre que selon la tradition orale, les ogres se déguisaient en chevaux.

Si l'ogre Abel ne se déguise pas en cheval, il ressent une "affinité profonde" (*Le Roi des Aulnes* 312) avec l'animal. Bouloumié fait ressortir plusieurs passages où Tiffauges apparaît comme un homme-cheval. Son hongre n'est "qu'un autre lui-même" (*Le Roi des Aulnes* 403), déclare-t-il. Auparavant, Rachel lui avait fait remarquer son anatomie chevaline, sinon "hongroise": "Au fond, me disait-elle, tu as une anatomie de portefaix, voire de bête de somme. Un gros percheron, qu'en dis-tu? Ou plutôt un mulet, puisqu'on dit que les mulets sont stériles" (114). Quand il est malade, Abel pense que la "chaleur animale" (194) d'un vétérinaire lui ferait plus de bien qu'un docteur. Et c'est l'image de l'homme-cheval qui clôt le roman, lorsqu'Abel se sacrifie en accomplissant l'ultime acte phorique pour tenter de sauver le petit Ephraïm. Très myope, Abel prie Ephraïm de lui montrer le chemin, et ce dernier répond: "Ce n'est rien, Cheval d'Israël, je vais te prendre par les oreilles, et te guider!" (578). Ici le symbolisme du cheval est élevé au plus haut degré: après maints essais, Abel est maintenant certain que le sens de sa vie réside dans le simple geste de porter un enfant sur ses épaules. Ce geste phorique est accompli avec une efficacité superbe par le cheval, qu'Abel ne cesse d'admirer comme l'"animal phorique par excellence" (312). C'est bien, dans les mots de Chevalier et Gheerbrant, la "monture privilégiée de la quête spirituelle" (225).

Le cheval en effet permet à Tiffauges de trouver un sens à sa vie triste et vide, la remplissant d'une myriade de signes et de symboles à déchiffrer. Si le cheval est le modèle de l'acte phorique parfaitement accompli, il est aussi celui qui parvient à un incroyable "degré de perfection dans l'acte défécatoire" (*Le Roi des Aulnes* 353). Ces deux qualités font du cheval l'agent qui élève Tiffauges à un état d'androgynie qui surmonte ses expériences désastreuses de l'hétérosexualité.

La phorie est un acte androgyne dans le sens où porter un enfant devient la vocation d'un homme. Et la défécation représente l'apothéose de l'anus (Oméga) et une victoire éclatante sur le pénis (Alpha) et sur toute sexualité génitale. Métaphoriquement, c'est la relève du cerf—symbole phallique par ses bois—par le cheval et le chasseur, "la persécution de l'Ange Phallophore par l'Ange Anal, le pourchas et la mise à mort d'Alpha par Oméga" (*Le Roi des Aulnes* 353–54). Comme les Sodomites dans *Gaspard, Melchior et Balthazar,* Abel valorise le système digestif au dépens du système reproductif. Mais à l'opposé des Sodomites, qui méprisent seulement les organes féminins, il nie *toute* sexualité génitale entre deux personnes. Pour Abel, le seul partenaire possible est lui-même, mais avec un enfant juché sur ses épaules, comme "l'Adam archaïque d'avant la Chute, porte-femme et porte-enfant, perpétuellement en proie à une transe érotique—possédant-possédé—dont nos amours ordinaires ne sont que l'ombre pâle" (*Le Roi des Aulnes* 132). Alors la phorie devient l'euphorie, comme le remarque Philippe de Monès (594), et l'homme déchu retrouve son unité perdue.

3.5. Les Ordures: De l'enfer au purgatoire

Si les excréments sont les déchets de l'être humain, les ordures ménagères sont les déchets de la communauté humaine, et comme tels font partie de l'univers souterrain des protagonistes de Michel Tournier. Alexandre, "l'empereur des gadoues" (*Les Météores* 37), appartient au souterrain comme Tiffauges, mais il n'est pas un ogre, ne partageant pas les obsessions digestives de ce dernier: "[J]e suis de surcroît un peu porté sur la constipation. En tout cas l'euphorie défécatoire n'est pas mon fait" (*Les Météores* 87). La vocation d'Alexandre est plutôt "chasseur" qu'ogre, et lorsqu'il part à la "chasse" nocturne dans le bois de Vincennes, il se croit dans "une jungle épaisse, grouillante de proies et de prédateurs" (126).

Les excréments sont objet de dérision pour Alexandre; il ne leur confère pas le même caractère noble et créateur qu'Abel. Si dans le passage suivant il compare les excréments à l'or, ce n'est que pour rabaisser les hétérosexuels, auxquels il se croit infiniment supérieur:

> Moi qui suis sujet à constipation, je serais guéri si je disposais chaque matin de la face d'un hétérosexuel pour la couvrir de ma bouse. Conchier un hétérosexuel. Mais n'est-ce pas lui faire encore trop d'honneur? Ma bouse n'est-elle pas de l'or pur au regard de son abjection? (141)

Spécialiste de l'acte homosexuel, ce chef de la bien nommée SEDOMU (Société d'enlèvement des ordures ménagères urbaines) réunit cyniquement les thèmes de la scatologie et des ordures. Un matin à Paris, la vue des éboueurs et des bennes le fait songer à une machine éléphantesque qui symboliserait son univers:

> Il faudrait créer une benne à trompe. Elle s'en servirait pour cueillir les poubelles et les vider dans son arrière-train. Mais il faudrait aussi que cette trompe affecte la forme d'un pénis. Alors plus besoin de poubelles. Le pénis s'enfoncerait dans l'arrière-train pour son propre compte. Autosodomisation. (137)

Comme Tiffauges, Alexandre rêve d'être "possédant-possédé" (*Le Roi des Aulnes* 132), androgyne et maître d'un univers clos et autarcique. En attendant, il poursuit les garçons comme un chasseur infatigable, car il est encore "trop loin—faut-il ajouter: hélas?—du couple absolu" (*Les Météores* 49).

Les ordures chez Tournier semblent remplir trois fonctions: elles sont d'abord symbole d'enfer; ensuite elles représentent les marginaux de notre société, en particulier les homosexuels, considérés comme autant de détritus par les gens "normaux"; enfin l'enlèvement de ces ordures fait office de rite de purification.

On a décrit l'espace mythique des *Météores* comme une juxtaposition entre le paradis et l'enfer, le premier évoqué par l'innocence des Pierres Sonnantes (village natal des jumeaux Jean et Paul) ou encore par la pureté des divers jardins, le second par la figure satanique d'Alexandre et par les dépôts d'ordures (Bouloumié 36–39; cf. aussi Petit, *Metaphysical Fictions* 58–64). En effet les dépôts sont des lieux infernaux: celui de Roanne porte le surnom "Trou du Diable"; Alexandre appelle sa visite de celui d'Issy-les-Moulineaux "une vraie descente aux enfers" (*Les Météores* 150). Là les ordures, assimilées aux condamnés de l'enfer, sont d'abord ramassées par une machine monstrueuse qui ressemble à une pieuvre. Et puis "les réprouvés" sont précipités dans la fournaise et "glissent dans les flammes avec leur personnalité, leurs souvenirs, leurs paroles, leurs teintes et demi-teintes, leurs goûts et leurs dégoûts" (139). La destruction des ordures dans cet enfer moderne peuplé d'ouvriers qui ressemblent à des démons verts fait appel à une "terreur atavique" chez Alexandre. L'endroit doit lui rappeler des souvenirs archaïques, car il est lui-même une sorte de Satan: le grand tentateur, la honte de sa famille, l'inverti. Il se nomme avec fierté "empereur des gadoues" (37) ou "dandy des gadoues" (94), ce qui fait penser au démon Beelzéboub dont le nom signifie "Prince de l'ordure" (Durand 131). Alexandre confère ainsi aux ordures leurs titres de noblesse.

La deuxième fonction des ordures dans l'œuvre de Tournier est également négative. Elles symbolisent les marginaux, les rebuts de la société. Alexandre les assimile surtout aux homosexuels, ses semblables qui, persécutés depuis toujours, le sont davantage depuis l'avènement de Hitler. Alexandre nomme ce dernier "l'Hétérosexuel Majeur," "le vautour de Berchtesgaden," "diable brun qui a fait périr dans les camps d'horreur tous ceux de mes frères qui sont tombés sous sa griffe" (*Les Météores* 341).

Les "âmes" condamnées et brûlées à Issy-les-Moulineaux ne sont rien d'autre que les frères d'Alexandre, rejetés par une société qui ne supporte rien de ce qui brise son uniformité monotone. L'incinération représente la suppression de tous ceux qui menacent l'homogénéité de la société, et elle "matérialise la victoire complète et définitive—jusqu'à la cendre, jusqu'au néant—des gens-de-bien sur les marginaux" (140). Quand une grève paralyse les enlèvements d'ordures à Roanne, c'est une victoire temporaire pour les marginaux, qui prennent alors possession du centre-ville. Alexandre déclare que les "oms [ordures ménagères] tiennent le haut du pavé" (210).

Les ordures représentent donc une minorité opprimée dont la souffrance n'est cependant pas vaine, l'enlèvement du détritus étant une sorte de purification. Alexandre aime nettoyer et il apprécie la nécessité de purger. Mais il songe à une nouvelle sorte de purge qui purifierait le milieu bourgeois qu'il déteste. Les "vraies" ordures sont les possessions des riches, et s'il en possédait, il les livrerait de bon cœur aux éboueurs (87).

Si l'on en croit l'interprétation psychanalytique de Didier Anzieu, *Les Météores* remplirait "une fonction de poubelle, de vide-ordures, de sein-W.C." (56). Ce serait donc une "œuvre-bourbier" qui permet à l'auteur de se débarrasser de tout ce qu'il a d'*indésirable* dans sa psyché. Cependant, la valeur des ordures n'est pas toujours négative, à savoir que leur *présence* possède une valeur au même titre que leur absence. Il y a isomorphisme entre les ordures et l'or, comme entre les excréments et l'or. Alexandre fait coïncider ces matières apparemment contraires lorsqu'il fait faire pour chacun de ses gilets de soie six médaillons d'or, qu'il remplit d'échantillons de ses six décharges. L'ensemble des médaillons prend une signification cyniquement royale et même religieuse: c'est le "sextuple sceau de son empire secret," une "châsse ordurière" pour ses "reliques" (37). Les ordures ne sont plus à jeter; elles sont douées d'une valeur positive. Mais il faut souligner le cynisme de ces paroles et se garder de dire qu'elles illustrent le rapport d'ailleurs bien réel entre l'or et les ordures ou les excréments. Car si Alexandre fait référence aux "recherches intestino-spirituelles" (35) que mène son frère Gustave, c'est d'un ton méprisant. Alexandre, comme tous les dandys, est un roi de l'artifice, et on ne peut le prendre comme illustration de la fonction d'une imagination franche et naturelle.

Toutefois, Bachelard évoque la "sincérité de l'immondice" (citant Victor Hugo) et relève les propos d'un élève de douze ans parlant de son désir d'être égoutier: "Je m'imaginais encore que, dans ces égouts, il y avait des trésors enfouis, que j'irais faire des excursions, je creuserais la terre et un jour je reviendrais chez mes parents, chargé d'or et de pierres précieuses" (*La Terre et les rêveries du repos* 254–55). Ce passage montre l'attrait que peuvent avoir les égouts pour une imagination "primitive," et souligne l'ambivalence du souterrain, demeure à la fois d'immondices et de trésors cachés. Il semble que seuls les marginaux partagent le goût pour les égouts que manifeste l'enfant cité par Bachelard. Fabienne, aristocrate homosexuelle, atteinte d'un ténia, "la maladie des éboueurs" (*Les Météores* 110), trahit son penchant pour le milieu douteux des éboueurs, quand elle soupire: "Quand on pense à la douceur des gadoues!" (230). La voilà dans l'univers de l'"Empereur des gadoues," lequel évoque tendrement lui aussi son paradis ordurier, "[c]ette douceur des vastes plaines blanches et mollement vallonnées où les papiers volent et planent et frémissent au moindre souffle comme des oiseaux immatériels, ce sol tendre qui boit vos pas et n'en garde pourtant pas la trace" (236).

Alexandre élève les ordures au rang des sciences humaines, lorsqu'il déclare qu'il s'agit "d'une civilisation pulvérisée," "d'une archéologie du présent" (236). Et deux femmes que Tournier a réellement connues, sœur Anne et sœur Emmanuelle, reconnaissent sincèrement aux ordures une valeur "intestino-spirituelle." Les deux religieuses dirigent une infirmerie dans le quartier du dépôt d'ordures du Caire. Tournier s'y réfère comme "ce dernier cercle d'enfer" (*Petites proses* 74), et sœur Emmanuelle le corrige fermement: "L'enfer? Non, le purgatoire" (75). Cette réponse dote ces lieux d'une aura lustrale. Les âmes qui y vivent ne sont pas des condamnés, ils se purifient pour pouvoir entrer un jour au paradis. Sœur Anne serait d'accord avec Hugo pour dire que l'immondice est une substance "sincère," car elle semble préférer la bassesse des ordures à la fameuse propreté suisse: "Voyez-vous, je viens de travailler dix-sept ans dans une clinique de Genève. J'avais besoin de me désintoxiquer . . ." (75).

3.6. Le Sel

Lorsque le quatrième Roi Mage Taor arrive aux profondeurs de la mer Morte et de Sodome, c'est la descente du "prince du sucre" (*Gaspard, Melchior et Balthazar* 251) dans "l'enfer du sel" (232). Il croit avoir "franchi la porte de l'Enfer" pour s'"enfoncer dans l'Empire de Satan" (233), le "royaume des démons" (236). Dans cet enfer profond Taor va assister à l'union de deux nourritures fondamentales, le sel—"l'intime de l'intime, [. . .] principe substantiel des choses, leur essence incarnée" (Durand 300)—et la nourriture spirituelle offerte par Jésus. Pendant trente-trois ans Taor souffrira dans le sel, jusqu'au jour où un nouveau prisonnier, Démas, lui raconte les exploits du Christ, qui semblent pour Taor être tous des miracles alimentaires: "des histoires de banquet de noces, de pains multipliés, de pêches miraculeuses, de festins offerts à des pauvres" (267). Ces histoires passionnent l'ancien gourmand, dont l'univers depuis trop longtemps se limite à cet enfer salin.

Selon Bachelard, le sel se caractérise par une ambivalence qui fait de lui un "Janus matériel" (*La Terre et les rêveries de la volonté* 262), substance à la fois marine et terrienne, dissolvante et cristallisante. Taor rencontre les deux espèces, travaillant d'abord dans les mines à l'extraction du sel gemme, puis dans les marais salants où l'on récolte du sel dans des bassins asséchés par le soleil.

Non seulement le sel est ambivalent par sa substance qui peut être solide ou liquide, il l'est aussi par son effet sur les substances avec lesquelles il entre en contact. Il conserve et il détruit. S'il tue les deux éléphants qui ont la malchance de se baigner dans la mer Morte, en ce faisant il les conserve pour toujours: "Ils étaient là, indiscutablement, paralysés, étouffés, broyés par la masse de sel, mais à l'abri des injures du temps pour plusieurs siècles, pour plusieurs millénaires" (*Gaspard, Melchior et Balthazar* 236–37). Il en va de même pour l'épouse de Lot, figée en une statue de sel par Dieu parce qu'elle se retourna pour dire adieu à sa ville en flammes. Cette mort subite lui conféra la vie éternelle, car la "Mère Morte," "emportée et immobilisée à la fois" (263), est maintenant adorée par les Sodomites comme patronne de la ville.

Le sel est normalement conçu comme une substance bienfaisante. On apprécie sa valeur culinaire, que ce soit pour agrémenter des plats ou pour conserver des aliments. Pour l'alchimiste, il est le troisième principe (à ajouter au mercure et au soufre), symbole de la solidité et de la cohésion (Bachelard, *La Terre et les rêveries de la volonté* 263). Sans le sel, la terre ne serait qu'un globe de poussière, que le moindre vent emporterait (265). Bachelard cite Jean Béguin, alchimiste du dix-septième siècle, pour qui le sel est "'siège fondamental' de toute nature, 'le point et le centre' de toutes vertus et propriétés, de tout principe 'céleste et élémentaire'" (264). Le sel joue aussi un rôle purificateur pour l'homme pré-scientifique, étant une sorte d'éboueur du corps qui expulse les aliments "excrémenteux" (264).

Taor reconnaît la valeur du sel, qui d'ailleurs fait office d'argent dans les régions chaudes et sèches comme Sodome. Mais il est surtout frappé, en arrivant dans la ville maudite, par l'aspect destructeur de cette nourriture fondamentale:

> Le sel, le sel, toujours le sel! Taor n'entendait plus que ce mot depuis Bethléem, un mot obsédant et fondamental, formé de trois lettres, comme le blé, le vin, le mil, le riz, le thé, nourritures de base, chargées de symboles et définissant autant de civilisations différentes. Mais s'il existe une civilisation du blé, du mil ou du riz, peut-on imaginer une civilisation du sel? N'y a-t-il pas dans ce cristal une amertume et une causticité qui s'opposent à ce que rien de bon ni de vivant en découle? (*Gaspard, Melchior et Balthazar* 244)

Les intuitions de Taor sont confirmées par sa longue détention dans les mines. Dans cet environnement salin, il souffre d'"une soif ardente" et d'"une déshydratation fondamentale" (251). D'autres souffrent même plus que lui, en particulier les "hommes rouges" (252), dont la peau usée par le sel devient un mince tissu presque transparent. Le sel ravage tout ce qu'il touche, la nature aussi bien que les êtres humains. Taor regarde un grand oiseau noir qui, volant au-dessus de la mer Morte, s'asphyxie dans les "émanations délétères qui montaient des eaux [et] tuaient toute vie" (236). Avec les autres prisonniers, il va à la pêche aux poissons morts qui, arrivant de la rivière Jourdain, ne survivent pas dans la mer surchargée de sel: "Pêche étrange en vérité, funèbre et irréelle, bien à l'image de ces lieux maudits" (254). L'eau marine—lourde, amère et mortelle—va jusqu'à assassiner l'eau douce qui s'y mélange. L'arrivée des eaux claires du Jourdain dans la mer Morte évoque "l'image d'une agonie et d'une mort" (253–54) chez Taor. Cette eau vive "n'est plus désormais qu'un flux gras et opaque qui roule lentement vers l'issue fatale. Les végétaux, qui s'acharnent encore à le border, dressent vers le ciel des branches rabougries, et déjà confites de sable et de sel" (254).

3.7. Conclusion

Le voyage élémentaire commence à la surface de la terre, puis pénètre profondément dans les régions obscures du souterrain. Le héros est avalé par la terre d'une façon violente, écrasé comme Ibrahim dans le puits ou comme Paul dans le tunnel sous Berlin, asphyxié comme Tiffauges par sa maladie pulmonaire ou comme Idriss dans le moule à mannequins. Le souterrain est presque toujours pour Tournier un lieu hostile à une exception près: les tourbières dans *Le Roi des Aulnes.* Comme la grotte dans *Vendredi,* les tourbières entraînent le héros vers la mort, mais pour Abel c'est une mort librement choisie, bien préférable à la vie atroce dans une Europe en train de s'écrouler autour de lui.

La terre molle—la souille, les tourbières, le limon, la boue—est une substance extrêmement ambiguë. Elément féminin, lié au passé, à l'amour et à la mort, elle attire; mais si l'on écoute sa voix douce, on risque de sombrer dans le chaos et dans la mort. A l'inverse, elle représente aussi l'esprit créateur, sous la forme du limon d'Eden, ou la pâte du sculpteur ou du boulanger. Le souterrain dur—la grotte—est une fausse sécurité maternelle qui voile le repos éternel de la mort. Dans ce lieu d'illusions, le noir devient blanc et le blanc noir. Cependant, en mariant une substance dure et des formes molles, la grotte de *Vendredi* devient symbole de l'androgyne, la réunion des contraires dont dépend le redressement du héros tourniérien.

La chute dans le souterrain prend parfois la forme d'une descente digestive. Le héros, comme un bol alimentaire, est dégluti, et sur la voie qui mène de la bouche à l'anus, il rencontre une myriade de personnages ténébreux. C'est le domaine nocturne des Sodomites, des ogres, des marginaux comme les homosexuels et les éboueurs. Dans ce monde peu sûr, le chasseur devient le chassé. Comme un petit poisson est mangé par un gros poisson, à son tour avalé par un poisson plus gros encore,[16] Alexandre ressent la joie de la chasse à trois: "Je l'avais vu et j'avais vu qu'il m'avait vu le voir, délicieux et vertigineux miroitement qui fait du chasseur une proie et du gibier un prédateur" (*Les Météores* 108).

La scatologie traite du produit final de la descente digestive, produit positivement valorisé, soit par l'enfant comme première création, soit par l'alchimiste comme l'aboutissement d'un processus naturel, semblable à celui qui transforme tout métal en or. Si la descente digestive est, pour reprendre les termes de Durand, un schème verbal de l'imagination de l'intimité, les excréments en sont le complément, tandis que la nourriture fonctionne comme l'archétype substantif sujet. Les thèmes de la nourriture et de la descente sont donc intimement liés: tout aliment est destiné à descendre, de la bouche à travers le pharynx, l'œsophage et l'estomac, au labyrinthe intestinal.

Voilà le héros arrivé au nadir de son voyage: l'ogre, Orcus et Cronos sont rentrés au Tartare. C'est le domaine des éléments dévastateurs, la terre qui écrase, le feu qui détruit, le sel qui fait brûler de soif.

Chapitre quatre

Le Nadir

L'Eau et le feu néfastes

> Du spectacle de la nature irréfrénée naît la déclaration: "Horreurs accordées à nos cœurs, salut!"
>
> Alain Corbin
> *Le Territoire du vide*

4.1. L'Eau salée

Nous venons d'examiner le pouvoir destructeur de l'eau salée. La mer Morte, incapable de supporter aucune créature vivante, règne comme une mère cynique sur "l'enfer du sel," à quatre cents mètres au-dessous du niveau de la mer. Sa force destructrice n'est pas due à ses vagues houleuses, le malaise qu'elle inspire ne vient pas de sa profondeur: c'est la substance même de cette mer qui est maléfique. Les eaux riantes de la rivière Jourdain mourant dans l'eau salée rappellent Taor arrivant à Sodome avec des illusions de jeunesse, lesquelles seront brutalement brisées par la cité infernale; comme l'écrit Bachelard à propos de la poésie d'Edgar Poe, "[l]e conte de l'eau est le conte humain d'une eau qui meurt" (*L'Eau et les rêves* 66). L'œuvre de l'écrivain américain est dominée par "l'image de la *mère* mourante" (65; je souligne), personnage souvent entouré d'un paysage d'eau trouble, ce qui fait penser aux eaux lourdes de la *mer* Morte qui baignent toute la dernière partie de *Gaspard, Melchior et Balthazar.* Le roi Gaspard remarque que l'eau vive ressemble à l'âme du voyageur, dont "jaillissent en flots purs des idées neuves," tandis que l'eau stagnante est pareille à l'âme du sédentaire, "où fermentent des griefs indéfiniment remâchés" (35). *Le Roi des Aulnes* montre que les sédentaires—de Caïn aux Nazis—ont toujours pris le dessus sur les nomades, comme l'eau stagnante sur l'eau vive. Pour que le contraire se produise—que l'eau vive l'emporte sur l'eau morte—il faut une intervention miraculeuse. C'est ce qui se passe lorsque Taor entend les paroles de Jésus—"Bienheureux ceux qui ont soif de justice, car ils seront désaltérés"—et qu'il laisse tomber une larme d'"eau douce, la première goutte d'eau non salée qu'il buvait depuis plus de trente ans" (*Gaspard, Melchior et Balthazar* 269).

L'eau comme métaphore de la mort peut prendre plusieurs formes chez Tournier. Nous venons d'étudier l'asphyxie d'une eau douce dans l'eau malsaine de la mer. Reste à étudier l'eau violente, l'eau noire, l'eau "héraclitéenne"—qui coule sous le pont et disparaît comme les moments de la vie—et leur fusion dans le miroir, néfaste symbole aquatique et lunaire.

4.2. La Tempête sur la mer

Pour Tournier, lutter contre les éléments est un désir qui fait appel à ce qui reste du "primitif" en nous. Dans "Douceurs et colères des éléments" (*Des clefs et des serrures* 125–27), il nous présente la photo de quatre garçons jouant sur la plage lors d'une tempête. Au fur et à mesure que l'homme apprend à apprivoiser la nature, écrit Tournier, "une nostalgie immémoriale lui fait regretter les temps héroïques de sa nudité et de sa faiblesse" (125); nous inventons certains sports "élémentaires"—"la nage en mer et le voilier, le ski, l'alpinisme, le vol à voile" (125)—lançant un défi à la nature, revivant les temps où nous étions sans défense devant elle, "nous retremp[ant] aux sources originelles de notre histoire, voire de notre préhistoire" (125–26). Nous risquons notre vie pour satisfaire un besoin de conquérir, d'aller toujours plus loin.

Dans "Le Froid et ses vertus" (*Des clefs et des serrures* 29–33), Tournier exalte l'effet tonique du vent sur le skieur de fond, dont la joie n'est pas dépourvue d'un certain masochisme: "Le vent qui s'engouffre dans la vallée lui taillade le visage, lui broie les mains, lui brûle les narines et la gorge. [. . .] C'est un sport total, d'une rigueur et d'une efficacité exaltantes" (32). L'exaltation ne vient qu'après la souffrance. Se prélasser au soleil, assis dans une chaise longue à côté des pistes ou sur la plage, apporte le plaisir mou d'un accord avec la douceur des éléments. Se lancer *contre* la colère des éléments est un plaisir qui fatigue—bien plus profond et plus ardent.

C'est surtout ce dernier instinct—contre les éléments—qui motive l'être humain, selon Bachelard. Les éléments répondent à une agressivité foncière en l'homme, un besoin d'agir contre quelqu'un ou quelque chose. Lutter contre, voire l'emporter sur, les éléments apportent des satisfactions physiques et psychologiques singulières, "particulièrement salubres, tonifiantes, rénovatrices" (*L'Eau et les rêves* 216). Bachelard nomme le besoin de lutter contre l'eau violente—la nage en mer étant l'exemple le plus pur—"le complexe de Swinburne" (224), d'après le poète anglais dont l'œuvre est un hymne au dynamisme de l'océan. Ce complexe, comme tous les complexes psychologiques, repose sur une dualité:

> Autour d'un complexe, la joie et la douleur sont toujours prêtes à échanger leur ardeur. Dans l'expérience de la nage, on peut donc voir s'accumuler les dualités ambivalentes. Par exemple, l'eau froide, quand on en triomphe courageusement, donne une sensation de chaude circulation. Il en résulte une impression de fraîcheur spéciale, de fraîcheur tonique. (224–25)

L'ambivalence qui caractérise l'expérience de l'eau violente s'illustre dans les réactions opposées de Taor et de son esclave Siri lors d'une tempête sur la mer d'Oman. Pour Taor, c'est un cauchemar effrayant, "un baptême d'une inoubliable brutalité" (*Gaspard, Melchior et Balthazar* 189). Siri, par contre, s'épanouit dans la tempête—"grandi et comme purifié par l'assaut des éléments bruts" (190)—et par son courage sauve le navire. Siri est donc un vrai athlète élémentaire; libéré des petites intrigues du palais, seul contre les éléments déchaînés, l'esclave devient maître. Il connaît l'ivresse du "défi cosmique" (*L'Eau et les rêves* 226), de la volonté de puissance, comme Swinburne devant la vague, ou bien comme Nietzsche, que Tournier imagine "ivre de lumière et de douleur" ("Le Froid et ses vertus," *Des clefs et des serrures* 33), marchant contre le vent glacial montant du Lac de Sils, cherchant un dieu, "dansant et riant sur la surface des grands lacs alpins."

Taor, au contraire, souffre dans la tempête. Pour lui c'est un "baptême," c'est-à-dire un rite de passage dont les bienfaits futurs sont, pour le moment, cachés. Le bébé se tortille dans les bras de son parrain: il se soucie comme d'une guigne des récompenses spirituelles de sa rude épreuve, ne sentant que le frottement désagréable des mains rugueuses du prêtre et l'éclaboussement de l'eau froide.

La dimension sacrée que Tournier attribue à la force des éléments déchaînés se révèle encore dans *Gilles et Jeanne.* Le Florentin Prélat, habitué à la chaleur et au soleil toscans, ressent comme Siri une sorte d'allégresse dans la tempête sur la côte vendéenne: "Il suffoquait dans les rafales de l'équinoxe, et se sentait ivre de grandeur et de désolation dans ce pays où rien ne souriait au voyageur" (101). Pour lui Dieu et le Diable ne sont que deux faces d'une même divinité, qui se révèlent non seulement dans les cathédrales, car "leurs voix formidables peuvent aussi souffler en tempête sur la face de la mer" (101). Dans la scène suivante, il observe la tempête du rivage, en compagnie de Gilles de Rais et de Blanchet, le confesseur de Gilles:

> [V]oici que les marées de syzygie ouvraient l'âge des clameurs furieuses et des colères d'apocalypse. [. . .] Ils se taisaient angoissés par cette présence invisible, abasourdis par la vaste clameur des flots, les lèvres salées par le souffle des embruns. [. . .] Il y eut un moment de contemplation muette qui figea le visage sombre de Gilles, la figure tourmentée de Prélat et la face apeurée de Blanchet. Chacun entendait à sa façon ce que disait la clameur océane. (101–02)

Examinons la signification de la tempête comme l'interprètent les deux personnages principaux: Gilles et Prélat. Le "visage sombre de Gilles" reflète la colère de l'océan. Il entend l'appel du mal, des démons demandant le sacrifice de jeunes garçons comme seul moyen de venger le meurtre de Jeanne d'Arc. Natif de ce pays humide, pluvieux et inhospitalier, Gilles possède la force débridée de la tempête. Compagnon de Jeanne, pourtant, il avait fait preuve d'un mysticisme qui aurait pu tourner au bien. Personnage contradictoire, il semble être né sous le signe de l'eau, résumant l'ambivalence de celle-ci: "Symbole de la dualité du haut et du bas: eau de pluie—eau des mers. La première est pure, la seconde est salée. Symbole de vie: *pure,* elle est créatrice et purificatrice [. . .]; *amère,* elle produit la malédiction" (Chevalier et Gheerbrant 378). Comme la mer infinie, Gilles est "étrangement suspendu entre le ciel et l'enfer" (*Gilles et Jeanne* 48); c'est la mort de Jeanne qui le détourne du ciel définitivement et le met sur le chemin de l'enfer.

Si Gilles est semblable à l'océan coléreux, alors la "figure tourmentée" de Prélat devient celle d'un ennemi de la mer, celle du soleil florentin qui se donne comme tâche d'apprivoiser la "force brute" (100) sombre et humide de la Vendée. A l'agressivité marine répond l'agressivité ignée; à l'horizontalité de la mer répond la verticalité du feu:

> Et à ses pieds, il voyait cette vaste plaine liquide brassée par la tempête, ce pays de lagunes et de marécages foulé par les embruns, cette humanité vautrée et humiliée. Le feu et l'eau. Pour arracher cette province et ses hommes à leur horizontalité, l'alchimie florentine leur envoyait le plus subtil de ses boutefeux . . .
>
> Il savait maintenant le sens de sa mission: toucher d'une main ardente la plaie purulente de ce pays pour l'obliger à se lever, à se mettre debout, comme une vache prostrée se dresse tout à coup au contact du fer rouge. Sauver Gilles par le feu! (103)

C'est donc par la lumière et le feu italiens que Prélat propose de civiliser ce pays barbare, froid et orageux. Le feu et l'air, volatiles, appellent la verticalité. Ils représentent les bas instincts sublimés, la supériorité supposée de l'être humain sur l'animal. Par contre, l'eau, comme la terre, est un élément lourd, obligé par sa pesanteur de se coller à la surface du globe. Comme les bêtes, son mouvement est normalement limité géométriquement aux quatre directions horizontales, une exception, bien entendu, étant la tempête, phénomène partagé entre l'horizontalité aquatique et la verticalité aérienne: sa force abat les êtres médiocres, tandis qu'elle exalte les "athlètes" comme Siri et Prélat.

Dans un passage surprenant de *Gilles et Jeanne,* l'horizontalité bestiale de la Vendée revêt un caractère nettement *féminin.* Il s'agit d'un bal masqué *masculin* où l'absence des femmes est compensée par "de très jeunes garçons" et par des hommes en tenue féminine. Prélat observe "des mains couvertes de dentelles et de bijoux [. . .] se refermer [. . .] sur d'autres mains; des regards ardents [. . .] se poser sur lui avec une insistance cruelle" (98). Il lie alors la féminité latente de ces hommes à leur bestialité, toutes deux associées à l'eau néfaste qui domine ce pays:

> Ces êtres étaient-ils tout à fait hommes, ou n'étaient-ils pas tous plus ou moins mâtinés d'ours, de loup ou de toute autre

> bête de la forêt vendéenne? [. . .] Et il n'était pas jusqu'à l'odeur de sauvagine, que dégageait puissamment cette foule, qui rappelait la proximité d'étangs et de marécages fiévreux et grouillants de vie. (98–99)

La tradition misogyne, nous l'avons vu, a toujours associé la femme et la chute. La scène précédente, une constellation d'images rassemblant la féminité et la bestialité, l'horizontalité et la bassesse, illustre les conclusions de Piaget concernant les réflexes des nouveaux-nés. Le psychologue rapproche le réflexe *postural* au père, "avec toutes les harmoniques, tant œdipiennes qu'adlériennes, qu'il peut comporter," tandis que le réflexe digestif, "avec ses harmoniques hédonistiques," est plutôt lié à la mère (Durand 56). La verticalité du feu et de l'air rattache encore une fois ces éléments-ci au principe masculin. Selon Bachelard (*L'Air et les songes* 108), l'imagination de la verticalité est toujours du bas en haut—un redressement "masculin"—à l'opposé de la chute suggérée du symbolisme digestif "féminin."

4.3. L'Eau noire

Une troisième modalité de l'eau néfaste dans les écrits de Tournier est celle de la tempête qui ouvre *Vendredi* et dont la description est d'autant plus terrifiante qu'elle s'accompagne de références à l'eau et à la magie noires. La nuit de la tempête, Robinson s'abrite dans la cabine du capitaine Van Deyssel, personnage dionysiaque qui choque la sensibilité puritaine de Robinson. Pour faire passer le temps, le Hollandais prédit l'avenir de Robinson:

> Robinson ayant refusé de boire, *le tarot avait surgi* du tiroir de la table, et Van Deyssel donnait libre cours à sa verve divinatrice—cependant que le vacarme de la tempête retentissait aux oreilles de Robinson comme celui d'un *sabbat de sorcières* accompagnant le *jeu maléfique* auquel il était mêlé malgré lui. (*Vendredi* 9; je souligne)

Voici encore une référence au pouvoir sacré des éléments. Le lecteur se sent troublé par autre chose que de simples perturbations météorologiques, car le surnaturel diabolique intervient activement. Le Tarot "surgit" lui-même du tiroir, et un chœur de sorcières semble applaudir la dégradation morale du puritain et chanter la mort prochaine de la *Virginie* avec tout son équipage.

Des images de l'eau noire accompagnent la description du naufrage: "L'horizon méridional vers lequel la galiote roulait paresseusement était si noir que lorsque les premières gouttes s'écrasèrent sur le pont, Robinson fut étonné qu'elles fussent incolores" (10). Surprenante déclaration que le narrateur attribue à un homme rationaliste! La noirceur de la nuit semble envahir toutes les substances, et Robinson a peut-être son premier aperçu du pouvoir que l'imagination matérielle exerce sur la rationalité. Sa dernière vision, dans "la lumière tragique de la pleine lune," est "une muraille d'eau noire" (14) qui s'écrase sur le pont du bâtiment.

Le symbolisme de l'eau noire se rattache sans doute à la pratique de "l'embarcation mortuaire" (Durand 103) dont Bachelard atteste l'importance ainsi: "Bien avant que les vivants ne se confiassent eux-mêmes aux flots, n'a-t-on pas mis le cercueil à la mer, le cercueil au torrent? [. . .] La mort [. . .] serait le *premier voyage*" (*L'Eau et les rêves* 100). En effet, la *Virginie* sera le cercueil de tout son équipage.

Ou bien l'idée de l'eau noire serait venue "du temps où nos primitifs ancêtres associaient les bourbiers des marécages à l'ombre funeste des forêts" (Durand 103). L'eau noire de la mort est essentiellement une eau immobile et profonde, comme celle qui domine l'œuvre de Poe, plutôt que l'eau de la mer houleuse que nous venons de voir chez Tournier. Toutefois l'eau de la *mer* est incontestablement liée à la mort, car le marin est un aventurier qui explore le royaume des morts: "Le héros de la mer est un héros de la mort. Le premier matelot est le premier homme vivant qui fut aussi courageux qu'un mort" (*L'Eau et les rêves* 101).

Durand range l'eau noire parmi les symboles nyctomorphes féminins, la rattachant à la chevelure, à la femme fatale et à la sorcière, à la lune, au sang menstruel et à la mort (Durand 103–22). Et le vocabulaire de la scène du naufrage dans *Vendredi* confirme la relation entre l'eau noire, les sorcières et la lune. Mais c'est surtout son "caractère héraklitéen" (104; je maintiens ici l'orthographe de Durand) qui fait de l'eau sombre l'ennemi implacable de l'homme, un symbole du temps, de la mortalité. Bachelard explique ainsi le rapport entre l'eau et Héraclite:

> Héraclite d'Ephèse imaginait que dans le sommeil déjà, l'âme, en se détachant des sources du feu vivant et universel, "tendait momentanément à se transformer en humidité." Alors, pour Héraclite, la mort, c'est l'eau même. "C'est mort pour les âmes que de devenir eau" (*Héraclite,* frag. 68). (*L'Eau et les rêves* 79)

Durand évoque *Les Pendules molles,* le célèbre tableau de Dali, pour illustrer le caractère liquide du temps, et ensuite élabore la thèse de Bachelard: "L'eau sombre est 'devenir hydrique.' [. . .] L'eau est épiphanie du malheur du temps, elle est clepsydre définitive" (Durand 104).

On trouve dans *Vendredi* un exemple de l'eau héraclitéenne lorsque Robinson construit une clepsydre primitive. Il avait vécu ses premières années sur l'île comme hors du temps et de l'espace, dans des "limbes" où, nous l'avons vu, la souille l'avait conduit à mener une existence animale, dans laquelle il oubliait sa condition désespérée d'homme affrontant seul sa mortalité. Mais finalement Robinson décide que fuir le temps n'est pas le vaincre. Il confronte alors le temps, établissant un calendrier, s'entourant de cultures et vivant selon le cycle végétal annuel. Il fait ainsi se répéter le temps, suggérant même la possibilité de sa réversibilité (Durand 323). Cependant, le besoin que sent Robinson de maîtriser le temps est si aigu qu'il entreprend la construction d'une clepsydre, instrument qui mesure le passage du temps par l'écoulement—goutte à goutte—de l'eau d'une bonbonne en verre graduée avec les vingt-quatre heures de la journée. Régulariser ainsi les heures donne à Robinson le sentiment que le temps est "domestiqué lui aussi, comme toute l'île allait le devenir, peu à peu, par la force d'âme d'un seul homme" (67). Mais le "tic-tac machinal" de l'eau ne sert qu'à rendre omniprésent le temps. Voulant l'emprisonner, Robinson en devient prisonnier lui-même, et la "dose massive de rationalité" (67) qu'il veut administrer à l'île déserte approche le délire: "Je veux, j'exige que tout autour de moi soit dorénavant mesuré, prouvé, certifié, mathématique, rationnel" (67). Robinson reconnaît que sa façon de contrôler le temps le conduit aux limites de la folie, aussi certainement que sa tentative d'échapper au temps dans la souille: "[T]out mon édifice cérébral chancelle" (68), érodé comme le bassin dans lequel tombent les gouttes de la clepsydre.

En laissant s'arrêter la clepsydre par inadvertance, Robinson pense avoir enfin dompté le temps. "Le temps était suspendu" (93), et en observant la dernière goutte, qui ne tombe pas mais remonte légèrement sur le bord de la bonbonne, Robinson croit même assister à "une inversion du cours du temps" (93). Il décrit l'événement comme un "*moment d'innocence*" (94). Ceci rappelle l'état de l'homme avant la chute, où les premiers êtres humains vivaient en parfaite harmonie avec la nature. C'était l'époque du pré-temps, de l'éternelle jeunesse, profondément différente de la bestialité de la souille. La souille était une régression dans le temps; l'arrêt de la clepsydre est au contraire un dépassement du temps chronologique. Robinson sait qu'il vient de franchir une étape cruciale dans sa lutte contre Cronos: "Il était possible de *changer* sans déchoir. Il pouvait rompre l'équilibre si laborieusement acquis, et s'élever, au lieu de dégénérer à nouveau" (94).

4.4. Le Miroir

Tout le symbolisme néfaste de l'eau sombre converge dans le miroir. L'eau immobile et profonde était la substance des premiers miroirs, telles la fontaine de Narcisse, ou la source dans laquelle Artémis se baignait et se mirait quand Actéon l'aperçut.[1] Si le miroir est souvent symbole de la lucidité, de la pureté et de la sincérité (Chevalier et Gheerbrant 635–39), ces deux mythes illustrent au contraire les connotations originellement négatives du miroir. Durand classe le miroir parmi les symboles nyctomorphes (associés à la nuit), plutôt que parmi les symboles spectaculaires (associés à la lumière). Comme la lune, il n'est qu'une source de lumière réfléchie. On connaît la valorisation négative de la lune, cet "astre capricieux" (Durand 111) lié au temps, aux menstrues (donc à l'eau noire) et à la mort.

Le miroir, image dominante de ce nadir du voyage élémentaire, est central à l'œuvre de Tournier. La gémellité et l'inversion jouent toutes les deux sur l'idée que l'image peut être fidèle ou trompeuse; elle peut être *ressemblance* ou *différence*. Le reflet peut être exact, comme chez les "jumeaux-miroirs" dont les traits gauches de l'un ressemblent aux traits droits de l'autre

(*Le Roi des Aulnes* 452), ou bien dans la "photographie directe" des "Suaires de Véronique," où le modèle se trempe lui-même dans le bain du révélateur pour assurer une ressemblance parfaite (*Le Coq de bruyère* 170–71). Le reflet d'un objet ou d'un concept peut au contraire être difforme, comme Auschwitz est l'inversion maligne de Kaltenborn ou comme la "pureté est l'inversion maligne de l'innocence" (*Le Roi des Aulnes* 125, 560).

Les images ont toujours préoccupé Tournier, grand amateur de photographie et auteur de plusieurs essais sur ce sujet. Dans *Gaspard, Melchior et Balthazar* et *La Goutte d'or*, il s'agit surtout de l'image menteuse. Pour Balthazar, la chute de l'homme fut déjà annoncée dès les premiers versets de la Genèse:

> Lorsqu'il est écrit que Dieu fit l'homme à son image et à sa ressemblance, j'ai bien compris qu'il ne s'agissait pas d'une vaine redondance verbale, mais que ces deux mots indiquaient —comme en pointillé—la ligne d'une déchirure possible, menaçante, fatale, qui se produisit en effet après le péché. (*Gaspard, Melchior et Balthazar* 211)

De l'homme originel, créature divine, il ne reste plus qu'une *image* superficielle. Au-delà des apparences, aucune *ressemblance* profonde avec Dieu ne subsiste dans l'humanité déchue.

Tournier manifeste encore sa méfiance à l'égard de l'image dans *La Goutte d'or*, où Idriss se débat contre le pouvoir destructeur de cet "opium de l'Occident" (202). Arrivé en France, il s'engloutit dans une "mer d'images" (116) de toutes sortes: les affiches publicitaires, les cinémas, les vitrines. Il apprend que les Occidentaux modernes sont pratiquement désarmés contre l'image insidieuse qui baigne la société dans un matérialisme trivial, menaçant de noyer toute aspiration à la vie spirituelle ou intellectuelle. C'est par la calligraphie qu'Idriss trouve enfin le calme; l'art sémiotique est une nouvelle oasis de sérénité au milieu de la frénésie parisienne. Son maître calligraphe résume ainsi les dangers de l'image médusante, en lui opposant le signe libérateur: "L'effigie est verrou, l'idole prison, la figure serrure. Une seule clef peut faire tomber ces chaînes: le signe. L'image est toujours rétrospective. C'est un *miroir* tourné vers le passé. [. . .] Le signe est esprit, l'image est matière" (201–02; je souligne).

Toute la valorisation négative de l'image se résume donc dans le miroir, objet néfaste partout dans l'œuvre de Tournier. Le double est "diabolique," selon Arlette Bouloumié; il est "[l]ié à la déchirure originelle, [. . .] l'angoisse du morcellement et de la dépossession de soi" (146). Je propose d'étudier trois manifestations de ce symbole dans les écrits de Tournier: le miroir qui montre une image repoussante, le miroir déformant et le miroir qui symbolise la dualité gémellaire.

4.4.1. Narcisse déçu

Dans *Vendredi,* Robinson est à la fois attiré et repoussé par le reflet de son visage. C'est un "Narcisse d'un genre nouveau, abîmé de tristesse, recru de dégoût de soi" (90). Toute expression effacée par la solitude, son visage lui semble "éteint" (90). Le miroir est un instrument perfide qu'il pend à l'endroit le moins accessible de sa maison. La surface du miroir est baignée d'une humidité qui renforce le dégoût que sent Robinson: "'Je suis défiguré' [. . .]. C'était vainement qu'il cherchait [. . .] l'explication de la disgrâce ténébreuse du masque qui le fixait à travers les taches d'humidité du miroir" (89). Une eau sombre investit le miroir et déforme les traits de Robinson, qui ne reconnaît presque plus son image réfléchie. Son image est un autre hostile, et c'est avec cette même méfiance que Robinson regardera bien plus tard la survenue de Vendredi.

Abel Tiffauges possède aussi un autre moi, qui lui semble exister en une sorte d'état liquide désagréable. C'est le "moi visqueux" (*Le Roi des Aulnes* 41), qui réagit mollement aux événements qui se déroulent dans le présent, mais qui scrute le passé lointain dans le collège de Saint-Christophe et puis lit dans l'avenir des signes qui dirigeront sa destinée. C'est cette partie de son être qui fera du mécanicien myope un visionnaire, une figure phorique quasi-mythique. Il y a une bonne part de liquide dans le moi visqueux, qui semble s'agripper à Abel comme une sangsue gluante: "C'est un moi pesant, rancunier, humoral, toujours baigné de larmes et de semence, lourdement attaché à ses habitudes, à son passé" (41). On pense à la scène de la glace dans *La Nausée,* où Roquentin voit aussi une figure hydrique, "bien au-dessous du singe, à la lisière du monde végétal, au niveau des polypes. [. . .] C'est vitreux, mou, aveugle, bordé de rouge, on dirait des écailles de poisson" (Sartre 32).

C'est sans doute le moi visqueux qui regarde Abel dans la glace chaque matin—"plus jaune, plus ténébreux encore qu'à l'ordinaire" (*Le Roi des Aulnes* 74)—lors du rituel du "shampooing-chiottes" (73) qui commence par "la déception du miroir" (74). Il étudie longuement son visage, souhaitant vainement qu'il se métamorphose en un visage d'animal, tellement il se trouve laid, puis il s'exclame:

> "Quelle gueule! Mais quelle gueule! Allez, aux chiottes!" tandis que mes deux mains enserraient mon cou et faisaient le geste de dévisser ma tête. Et puis, emporté par ma colère, je suis allé effectivement aux cabinets. Là, je me suis agenouillé devant la cuvette comme pour vomir, mais j'y ai enfoncé ma tête tout entière, tandis que ma main levée cherchait en tâtonnant le bout de la chaîne. (74–75)

Voilà un rite de "purification" aquatique qui renverse les valeurs traditionnelles et choque le lecteur, comme Tournier aime à le faire: transformer l'action de tirer la chasse d'eau en baptême, l'eau des cabinets en eau lustrale. Les lieux d'aisance sont en effet sacrés pour Tiffauges, formant le cadre de sa rencontre nocturne et énigmatique avec Nestor, qui comme Abel connaît bien la valeur des excréments. Serge Koster remarque que la solennité du lieu est due à la présence de Nestor, chez qui "l'angélisme et le démoniaque ne se dissocient pas" (Koster 88), ce qui accomplit en quelque sorte la synthèse des contraires, dotant la scène d'une atmosphère noble, presque miraculeuse:

> Les cabinets prennent l'apparence d'un temple purifié par l'air glacial, le siège de bois exhaussé sur un podium ressemble à un trône, Nestor conduit l'office dont Abel est le servant. Méditation sur le néant, fascination corporelle, discours sur l'architecture des déjections, ésotérisme des gestes, pureté unie à la trivialité, quintessence des extrêmes: tout concourt à nimber ces moments d'une aura sacralisante. (Koster 89)[2]

La problématique de l'image du moi, qui hante Abel, est naturellement un des thèmes de prédilection des livres photographiques publiés par Tournier. Dans "Miroir" (*Des clefs et des serrures* 91–94), l'interlocuteur de Tournier, Daniel W., se regarde dans la glace avec la même réaction de dégoût et d'horreur qu'expriment Robinson et Tiffauges. Il s'agit, pense l'auteur, "d'une passion narcissique qui aurait tourné à la haine parce que déçue, trahie" (94). On voit encore l'association entre le regard dans la glace et l'eau trouble ou visqueuse, quand le personnage décrit ses propres yeux: "[I]ls sont *luisants.* Il y a quelque chose d'huileux dans leur éclat, une lueur louche, comme la fenêtre d'un taudis ou d'un lupanar!" (94). Pour Daniel W., son image dans la glace ne peut être que la preuve de sa mortalité. La doctrine de la résurrection de la chair est rendue ridicule par la laideur du corps humain: "Vous voyez d'ici toutes ces misères promues à l'éternité?" (94). Le miroir reflète non seulement l'image repoussante de l'homme, mais aussi son destin malheureux dans l'abîme de l'éternité: le néant.

4.4.2. Le Miroir déformant

Si ce miroir produit souvent des images décevantes qui blessent notre narcissisme, il n'est pas pour autant menteur. Mais il existe un autre miroir dont la surface n'est pas lisse et qui déforme ce qu'il reflète. Un conte de H. C. Andersen sur le miroir inversant du Diable a profondément influencé Tournier. On raconte que lorsque Satan montre son miroir à Dieu, le miroir éclate en mille morceaux, lesquels tombent sur terre. Des lunettes ou des fenêtres faites à partir de ce verre déforment horriblement la vue de celui qui regarde à travers: le beau devient laid et le laid devient beau. Le petit Kay reçoit un des morceaux dans son œil, et désormais "on remarquera cet enfant pour son esprit et sa pénétration, mais on le redoutera pour sa méchanceté et ce travers qu'il a de ne voir chez chacun que les ridicules et les laideurs" (*Le Vent Paraclet* 50–51). Kay fut-il l'inspiration pour Abel Tiffauges? Ce dernier, repoussé par son image dans la glace, fait preuve d'une étonnante lucidité dans ses "écrits sinistres," où souvent il dévoile l'hypocrisie et la stupidité des autres. Personnage anal et analyste de l'inversion maligne, Abel côtoie périlleusement le Diable. Cependant, comme Kay, il est au fond innocent et, malgré son statut d'ogre, reste plutôt victime que bourreau.

Le miroir déformant est une métaphore pour Paris dans *La Goutte d'or.* Idriss est comme un poisson hors de l'eau à Paris: la grande ville dénature l'oasien, lui faisant continuellement subir les effets de ses images néfastes. Au Jardin d'acclimatation, entouré de chameaux et d'ânes, Idriss retrouve pendant un moment la paix de son désert, mais il est aussitôt frappé par une nouvelle image bizarre: "Il côtoie le Palais des miroirs déformants, et s'observe gonflé comme un ballon, ou au contraire filiforme, ou coupé en deux au niveau de la ceinture. Il tire la langue à ces images grotesques de lui-même qui viennent s'ajouter à tant d'autres" (*La Goutte d'or* 159). Le garçon qui n'a jamais vu d'images de lui-même, n'en voit que des fausses depuis qu'il a quitté son oasis. A Oran, une folle l'avait pris pour son fils mort, lui montrant une photo du défunt (*La Goutte d'or* 93); quand il s'était fait faire une photo d'identité dans un appareil automatique, c'était celle d'un barbu qui était sortie, et que l'on avait collé sur son passeport (95, 97). Que les miroirs mentent aussi bien que les photographies ne lui semble donc pas illogique.

4.4.3. Les Miroirs et la gémellité

Si l'on pense au sens originel de "miroir," il est évident que ce mot a un rapport avec "météore." Les deux vocables évoquent les espaces célestes:

> *Speculum* (miroir) a donné le nom de *spéculation:* à l'origine, spéculer c'était observer le ciel et les mouvements relatifs des étoiles, à l'aide d'un miroir. *Sidus* (étoile) a également donné *considération*, qui signifie étymologiquement regarder l'ensemble des étoiles. (Chevalier et Gheerbrant 635)

Le miroir a donc la même origine sidérale que les jumeaux "tombés du ciel" (*Vendredi* 232; *Les Météores* 197). Symbole du dédoublement, il vient rejoindre le symbolisme de l'emboîtement, de l'avaleur avalé, que nous avons évoqué plus haut, lors de notre étude de la chute digestive. Alexandre, chasseur de "la proie de la proie" (*Les Météores* 108–09), est à la recherche de son double, et il fait de son jeune amant Daniel une copie de lui-même. Faire habiller le garçon exactement comme lui-même est une façon de recapturer son enfance perdue: "Narcisse se penche sur son image et pleure de pitié. [. . .] Petit Daniel, [. . .] tu seras moi-même, et c'est dans l'état d'équilibre aérien du couple identitaire que nous voguerons à bord de notre grand vaisseau maternel, blanc et obscur" (*Les Météores* 247, 249). Notons les métaphores aquatiques dans ce passage: Alexandre devient Narcisse pleurant; dans le lit devenu navire, il retourne à l'enfance et même à la pré-enfance, flottant comme un fœtus dans des eaux sombres maternelles. Le miroir et l'eau s'appellent mutuellement: "[L]'eau double, dédouble, redouble le monde et les êtres. Le reflet est naturellement facteur de redoublement, le fond du lac devient le ciel, les poissons en sont les oiseaux. Il y a dans cette perspective une revalorisation du miroir et du double" (Durand 236).

Dans *Les Météores,* c'est surtout Jean qui fait l'expérience du miroir maléfique. Jean est le nomade, le révolté qui veut briser la cellule gémellaire. Gouverné par une force centrifuge, il essaie de s'éloigner de son frère et de trouver un amour autre que "les amours ovales" endogames (*Les Météores* 278) des jumeaux. Un jour il entre seul dans un grand magasin. C'est une des rares fois qu'il sort sans Paul, et il se sent comme libéré des attaches de son jumeau. Mais voyant son image dans un miroir en triptyque, il est pris d'un vertige, car il y reconnaît Paul, multiplié à l'infini, effaçant sa propre existence: "[U]n vide effroyable se creusait en moi, une angoisse de mort me glaçait, car si Paul était présent et vivant dans le triptyque, moi-même, Jean, je n'étais nulle part, je n'existais plus" (285). Les trois miroirs créent un effet d'abîme dans lequel Jean, comme Daniel W. dans "Miroir," aperçoit le néant. Il est comme morcelé, fragmenté en une infinité de Pauls.

Si le Paris de *La Goutte d'or* est la ville des images, la Venise des *Météores* est la ville "*spéculaire* [. . .], parce qu'elle se reflète dans ses eaux et que ses maisons n'ont que leur propre reflet pour fondation" (*Les Météores* 428). Cette ville spéculaire est une ville fragile de trompe-l'œil, de tromperie, sa beauté voilant une affinité avec la mort: "Venise est un très bon endroit pour mourir. L'air de Venise absorbe, je dirais presque *avec gourmandise,* les derniers soupirs qu'on veut bien y pousser" (432). Dans un atelier de verre à Murano, Paul s'attarde dans une salle de miroirs qui l'attirent aussi sûrement qu'ils ont repoussé Jean. Paul, conservateur de la cellule gémellaire, aime les miroirs: ils lui rappellent le passé, avant la révolte de Jean, quand les deux frères étaient unis. Pour Paul, les miroirs sont inoffensifs, ne renvoyant "qu'une image figée et inversée"; tandis que lui, jumeau, "dispose d'une image vivante et absolument vérace de [lui]-même" (286). Centripètes, les miroirs attirent le regard vers un *centre* totalisant et rassurant.

Venise, pourtant, réserve une surprise à Paul. Elle est comme lui une jumelle dépariée, ayant perdu sa sœur Constantinople au profit des Turcs. Elle réagissait à la mort de sa sœur avec "une secrète satisfaction" (433) car, comme Jean, elle est d'esprit indépendant et nomade. Un miroir en particulier retient l'attention de Paul et semble résumer la personnalité de Venise: la glace y est presque effacée par le cadre, lui-même fait d'une quantité de petits miroirs inclinés vers l'extérieur. Lorsqu'on regarde le centre, on détourne aussitôt les yeux vers le cadre, qui reflète tout sauf l'image de celui qui regarde: "C'est un miroir *dérapant,* distrayant, un miroir centrifuge qui chasse vers sa périphérie tout ce qui approche son foyer" (431).

Encore une fois, Tournier s'amuse à récrire le mythe de Narcisse. Robinson et Tiffauges étaient repoussés par la laideur de leurs images. Tiffauges surtout est un Narcisse ridicule, accroupi devant la cuvette des W.-C. comme pour vomir, l'actionnement de la chasse d'eau signalant pourtant une fin plus heureuse que le suicide de Narcisse. Un Narcisse vénitien n'aurait même jamais aperçu son reflet:

> Avec un miroir vénitien, Narcisse était sauvé. Au lieu de rester englué à son propre reflet, il se serait levé, aurait serré sa ceinture, et il serait parti à travers le monde. On changeait de mythe: Narcisse devenait Ulysse, le Juif errant, Marco Polo, Phileas Fogg . . .
>
> —On passait de la vie sédentaire au nomadisme. (*Les Météores* 432)

Ainsi, même pour Paul, le miroir finit par être un symbole néfaste. Le "sédentaire absolu" (440) est troublé par cette ville de miroirs centrifuges et de nomades, ville qui ne se laisse pas saisir, ville en fuite perpétuelle, "rêve d'une gémellité brisée, image floue, fuyante, aussi insistante qu'insaisissable" (438).

4.5. Le Feu de l'enfer: Un Feu purificateur

Plus qu'associé à l'eau immobile et réfléchissante, le miroir participe également de l'image qu'il reflète: le ciel, le soleil, la lumière. Le miroir est source de *lumière,* laquelle, avec la chaleur, est un des deux attributs du feu. Si le miroir réfléchit comme la lune, il illumine comme le soleil. La naissance même du verre a lieu dans le feu; pour Tournier, c'est un feu de l'enfer qui produit le verre destiné aux miroirs vénitiens dans l'atelier de Murano. Si l'on se souvient de la nature sacrée du pain analysée dans *Vendredi,* on verra que le feu des verriers est perverti, assez proche du feu sacré du boulanger pour être sacrilège:

> Ce spectacle déconcerte l'imagination, parce qu'il va à l'encontre de sa logique matérielle. Ces fours, cette pâte, cette cuisson, ce modelage, oui, c'est à une boulangerie que l'on pense tout d'abord. Mais en même temps on *sait* que cette pâte est du verre—et d'ailleurs les vapeurs qu'elle dégage et sa consistance même ont quelque chose de louche, d'incomestible à coup sûr. (*Les Météores* 429)

Les fourneaux du verrier sont des lieux infernaux; il n'est pas surprenant qu'ils donnent naissance à des objets aussi peu nets que les miroirs, vu les tortures subies par le verre lors de cet accouchement bizarre, où il perd puis recouvre sa propre nature:

> Torturé et humilié au rez-de-chaussée par le feu, les cannes et les pinces, le verre ne retrouve son essence et sa souveraineté qu'au premier étage. Car le verre est froid, dur, cassant, brillant. Tels sont ses attributs fondamentaux. Pour le rendre souple, gras et fumant, il faut le soumettre à d'épouvantables sévices. (429–30)

Les miroirs exposés au premier étage gardent le souvenir de leur nature ignée de par leur capacité réfléchissante. Et ils sont pour toujours marqués par l'enfer de leur naissance, demeurant de nature trompeuse, voire diabolique.

Le Diable, bien évidemment lié au feu, l'est également au miroir. Nous avons déjà vu que le conte du "miroir du Diable" a beaucoup influencé Tournier enfant. Lucifer, le lucide, le lumineux, le "porte-lumière," était le plus beau des archanges, l'image la plus parfaite de Dieu. Il est l'étoile du matin, c'est-à-dire la planète Vénus ("Lucifer," *OED*). Le prophète Isaïe compare la chute de cette étoile à la chute de Babylone, et par extension à celle de Lucifer: "Comment es-tu tombée des cieux, étoile du matin, fille de l'aube du jour? Toi qui foulais les nations, tu es abattue jusqu'en terre" (Isaïe 14.12). Dans le "miroir du Diable," Dieu jette le miroir par terre de même qu'il a banni l'archange. Comme Chevalier et Gheerbrant l'expliquent, le bannissement de Lucifer renforce l'aspect infernal du miroir, dans lequel on aperçoit la différence entre le reflet imparfait (Lucifer) et la réalité divine: "[Le miroir] est aussi [symbole] de l'Intellect divin *réfléchissant* la manifestation, la créant comme telle à son image. Cette révélation de l'Identité et de la Différence dans le miroir est l'origine de la *chute* luciférienne" (636). L'image dans le miroir n'est jamais aussi parfaite que l'original. Comme le remarque Paul, les miroirs ne sont qu'une imitation de la réalité; seuls les jumeaux atteignent l'identité absolue.

L'idée que le Diable est l'inversion maligne de Dieu est centrale à *Gilles et Jeanne,* un récit dominé par le feu de l'enfer, qui, selon l'alchimiste Prélat, est également purificateur. Prélat prétend pouvoir sauver Gilles de Rais par le feu, "lequel est vie et mort, pureté et passion, sainteté et damnation" (*Gilles et Jeanne* 108). Le feu alchimique, le feu qui consume les garçons sacrifiés à Satan et le feu de l'enfer forment tous le "rideau de flammes" (107) que Gilles doit franchir pour atteindre le ciel. Prélat explique que Satan n'est que l'"image inversée et difforme" (147) de Dieu. Plus Gilles sombre dans le Mal, plus sa conversion au Bien sera triomphale: "Il devenait un saint auréolé!" (148), s'exclame l'alchimiste.

L'œuvre alchimique est basée sur la notion de la *coincidentia oppositorum,* le mariage des principes masculin (le soufre) et féminin (le mercure). L'alchimiste "tue" ses ingrédients dans "l'œuvre au noir" (*putrefactio*) pour les réduire à la *materia prima*, ensuite dans "l'œuvre au blanc" il les fait coaguler et, dans deux étapes ultérieures, aboutit à la Pierre Philosophale (Eliade, *Forgerons et alchimistes* 9, 137–38, 142). L'alchimiste médiéval croyait accomplir un saint travail; c'était un mystique qui voulait racheter la nature—le macrocosme—de même que Jésus avait racheté l'humanité—le microcosme (148). Quoique Prélat pervertisse l'idéal alchimique en un satanisme sanglant, sa pensée n'est pas bien loin de celle de l'alchimiste qui disait que "le mal doit devenir le même que le bien" (cité dans Eliade, *Forgerons et alchimistes* 142). Pour Prélat, il s'agit de transformer par le feu un pécheur en saint, une image diabolique de Dieu en Dieu même. De même que Jeanne la sorcière serait un jour réhabilitée par l'Eglise, de même le plus grand pécheur qui ait jamais existé deviendrait "saint Gilles de Rais" (*Gilles et Jeanne* 149), tous les deux ayant subi l'épreuve du feu.

Prélat euphémise le feu de l'enfer et les horribles souffrances qu'il entraîne. Les cheminées des châteaux de Gilles qui soufflent la noire fumée des cadavres mutilés de jeunes garçons, le bûcher qui brûle les innocents tout comme les coupables: ces horreurs de l'enfer sont transmuées par l'alchimiste en feu purificateur. Le feu est bien l'élément qui transforme la matière et favorise l'inversion: le pécheur se métamorphose en Dieu quand son corps se réduit en fumée et en cendres.

Dans *Gaspard, Melchior et Balthazar,* le feu solaire et la clarté en général sont curieusement liés à Satan en même temps qu'à la beauté. La vie de Gaspard, le roi noir, est bouleversée par l'irruption de "la blondeur," dans la personne de l'esclave blanche dont il tombe éperdument amoureux. Terriblement déçu par cette femme qui le trompe, son amour se tourne vers le ciel, et le roi quitte son royaume à la poursuite d'une comète—un "*astre chevelu*" (*Gaspard, Melchior et Balthazar* 10)—qui l'attire enfin à Bethléem.

Des images de l'or et du soleil, à la fois bienveillants et malveillants, remplissent la scène où Gaspard, se promenant juste avant l'aube, rencontre un vieillard assis auprès d'une chandelle, brodant avec des fils d'or une paire de pantoufles. La vie du vieil homme a été réglée par le soleil, qu'il adore et déteste en même temps:

> —Le soleil . . . murmura le vieillard. Il impose silence au point qu'on ne peut parler de lui qu'au cœur de la nuit. [. . .] Soleil, dieu jaloux, je ne peux plus adorer que toi, mais tu détestes la pensée! Tu n'as eu de cesse que tu n'aies alourdi tous les muscles de mon corps, tué tous les élans de mon cœur, ébloui toutes les lueurs de mon esprit. Sous ta domination tyrannique, je me métamorphose de jour en jour en ma propre statue de pierre translucide. Mais j'avoue que cette pétrification est un grand bonheur. (17)

Les effets desséchants du soleil ressemblent à ceux du sel, tuant également le corps, le cœur et l'esprit. Le soleil exige une dévotion aveugle, que le vieillard lui rend pleinement.

Cet astre est une divinité "tyrannique," ayant les qualités du Dieu "jaloux" de l'Ancien Testament, mais aussi ressemblant à Satan. Au moment où le soleil apparaît à l'horizon, Gaspard entend un air de flûte, qui "entrait en [lui] avec une indicible tristesse." Lorsqu'il demande qui c'est, le vieillard lui répond:

"*C'est Satan qui pleure devant la beauté du monde* [. . .]. Ainsi en va-t-il de toutes les créatures avilies: la pureté des choses fait saigner de regret tout ce qu'il y a de mauvais en elles. *Prends garde aux êtres de clarté!*" (17–18; je souligne). Satan, roi de l'obscurité, regrette le passage de la nuit au jour, du chaos nocturne à la beauté et à la clarté. Lucifer, étoile du matin, disparaît dans la lumière du jour. Cependant en même temps, Lucifer, porte-lumière, investit le soleil et menace d'avilir la beauté. Les dernières paroles du vieillard font écho à l'avertissement de Van Deyssel dans les premières pages de *Vendredi:* "Gardez-vous de la pureté" (14). De même que "[l]a pureté est l'inversion maligne de l'innocence" (*Le Roi des Aulnes* 125), de même la clarté et la blondeur sont des corruptions de la lumière. La clarté maléfique commence sa lente destruction des illusions du roi noir: "La plainte de Satan continuait à retentir en moi. Je ne voulais rien reconnaître encore, mais j'en savais déjà assez pour comprendre que la blondeur était entrée dans ma vie par effraction, et qu'elle menaçait de la dévaster" (*Gaspard, Melchior et Balthazar* 18).

Or si la pureté est "maligne," le feu purificateur, associé à l'enfer, l'est aussi. Dans *Le Roi des Aulnes,* nous voyons que les flammes de l'enfer purifient Abel dans le sens où elles le libèrent des soucis du monde humain, pour donner libre cours à son destin cosmique. Le petit Abel, élève du collège de Saint-Christophe, sait qu'il va être puni injustement pour un début d'incendie qu'avaient provoqué deux autres élèves pendant la messe. L'incident s'était produit justement au moment où le prêtre exhortait les élèves de traverser "les flammes du péché" (90) en se protégeant "sous un manteau d'innocence" (89). La nuit d'avant sa punition imminente, Abel fait des cauchemars de feu:

> Une image s'imposait à moi avec une insistance obsédante, celle des flammes qui s'élevaient soudain autour de moi dans la chapelle. Flammes de l'enfer certes, mais aussi flammes libératrices, car si Saint-Christophe brûlait, si le monde entier brûlait, mon malheur serait lui aussi englouti. (101)

Son cauchemar se réalise, et le collège prend feu pendant la nuit. C'est bien un feu de l'enfer: il se déclare dans la cave de l'école, asphyxiant le diabolique Nestor qui était descendu recharger la chaudière. Abel échappe à sa punition, sauvé par le bûcher où s'était immolé Nestor, mais lui seul comprend le rapport entre l'incendie et sa propre destinée:

> Personne ne fit attention à moi, et je devais faire ainsi ce jour-là la première expérience de l'incroyable cécité des autres au signe fatidique qui me distingue entre tous. Il était donc possible d'ignorer la relation évidente, éclatante qui unissait cet incendie et mon destin personnel! (103)

Le cauchemar d'Abel, où brûlent non seulement Saint-Christophe mais aussi le monde entier, est prophétique. Car, bien des années plus tard, c'est la conflagration apocalyptique de la guerre qui le mobilisera et le sauvera de la prison.

4.6. Le Feu apocalyptique

Lorsque Taor, le quatrième Roi Mage, arrive à Sodome, il trouve une ville dévastée par le feu vengeur de Dieu, "foudroyée en un seul instant [. . .] comme sous la flamme de cent mille soleils" (*Gaspard, Melchior et Balthazar* 238). Lieu que son esclave Siri nomme "le dernier cercle de l'enfer" (238), c'est le point le plus bas de son voyage vertical. Le premier être qu'ils rencontrent est un mineur de sel, qui semble être "un écorché vif et vivant" (241), couvert de sang, tant sa peau est usée et desséchée par l'action du sodium. Quant aux Sodomites assez heureux pour ne pas travailler dans les mines, Taor les trouve d'une beauté étrangement dure et sèche, une "beauté du Diable" (246). Donc les Sodomites impressionnent physiquement par leur rapport au *sang* et au *feu* de l'enfer; leur ville, située au point le plus bas du désert, presque anéantie mille ans auparavant par le feu et toujours torturée par le soleil implacable, est un enfer terrestre peuplé par autant de démons.

Le sang est associé au feu, selon la théorie de la médecine ancienne, où le corps humain serait un microcosme de l'univers, chacune des humeurs correspondant à un élément. Le feu apocalyptique, violent et rageur, possède un caractère "sanguin," et les images de ce feu terrible sont bien entendu accompagnées de sang et de mort sur une grande échelle. L'exemple le plus frappant de ce feu destructeur chez Tournier se trouve dans les dernières pages du *Roi des Aulnes,* d'abord lorsque les enfants de Kaltenborn s'arment en préparation pour l'invasion des

Russes, ensuite lorsque la forteresse est démolie et tous les enfants massacrés par "l'ange exterminateur" qu'est l'armée soviétique.

La fin apocalyptique de Kaltenborn est prédite par le Kommandeur, comme Tiffauges un interprète de symboles. Selon le vieillard, les "scènes terribles et grandioses qui embrasent le ciel" (*Le Roi des Aulnes* 474), dans l'Apocalypse de Jean, sont des "diaboles": symboles déchaînés, saturés de sens, signifiants qui ont anéanti leurs signifiés. Un "formidable désordre" (474) où règne l'inversion maligne du soleil noir et de la lune rouge, l'Apocalypse est le règne de l'Antéchrist, "le renversement total des valeurs sociales, morales, et religieuses, un paroxysme dans le mal" (Chauvin 108).

Le Kommandeur interprète le IIIe Reich d'une manière analogue. L'insistance du Führer sur certains rites, cérémonies et emblèmes fait du nazisme un culte de symboles voués au mal. La croix gammée est "l'antithèse flagrante de la croix de Malte rayonnante de sérénité et d'apaisement"; elle ressemble à une "araignée en perte d'équilibre" (*Le Roi des Aulnes* 474). L'aigle du IIIe Reich "est une aigle *contournée,* véritable aberration, réservée aux branches bâtardes ou déchues des familles nobles" (475), car elle a la tête tournée à gauche, à l'opposé de l'aigle prussienne de la "saine tradition héraldique" (475). Enfin, *die Blutfahne,* le drapeau rouge à croix gammée que portaient seize partisans de Hitler quand ce dernier tenta de renverser le gouvernement bavarois le 9 novembre 1923 (476), symbolise la "mare de sang" dans laquelle ils périrent. Le rouge renvoie au symbolisme de la flamme phallique du feu sexuel, lorsque le Kommandeur raconte "le rite nuptial des emblèmes," où "la Blutfahne, tel un géniteur fécondant une suite indéfinie de femelles, est mise en contact avec les nouveaux étendards qui aspirent à cet ensemencement" (477). Selon Durand (389), en effet, le svastika serait, avec le rite des flambeaux rallumés, lié au symbolisme de la fécondation cosmique: l'*hiérogamie.*

Pour le Kommandeur, cette perversion symbolique de la tradition héraldique prussienne ne peut signaler que la fin de l'Allemagne—dans une conflagration sanglante de "diaboles": "Dans le ciel saturé de figures se prépare un orage qui aura la violence d'une apocalypse, et qui nous engloutira tous!" (478).

Abel lui-même avait prédit la fin cataclysmique des Nazis, descendants de Caïn le sédentaire et ennemis naturels d'Abel et de tout peuple nomade. En 1938 il se console de son rôle sédentaire de garagiste, puisqu'en effet c'est "cet instrument par excellence de la migration, l'automobile" (58), qui le lie à ses frères nomades. Il attend le jour où la colère divine mettra fin aux injustices perpétrées par les sédentaires:

> Et je prends patience parce que je sais qu'un jour viendra où le ciel, lassé des crimes des sédentaires, fera pleuvoir le feu sur leurs têtes. Ils seront alors, comme Caïn, jetés pêle-mêle sur les routes, fuyant éperdument leurs villes maudites et la terre qui se refuse à les nourrir. (58)

Sept ans plus tard, Abel sera témoin du feu vengeur du ciel qui consumera Kaltenborn, microcosme du monde nazi, où un "Caïn botté" (560) exerce un pouvoir pervers sur les garçons allemands qu'Abel adore.

Dans un baptême de sang, Tiffauges voit le premier signe de l'Apocalypse imminente, et aussi un signe de sa vocation ogresse de Roi des Aulnes. Une mine explose à dix mètres de lui, tuant l'enfant qui la porte et couvrant Abel d'"un brouillard de globules rouges" (544). En un style biblique, Abel célèbre cette initiation sacrée:

> Un grand soleil rouge s'est levé tout à coup devant ma face. Et ce soleil était un enfant.
>
> Un ouragan vermeil m'a jeté dans la poussière, comme Saul sur le chemin de Damas, foudroyé par la lumière. Et cet ouragan était un jeune garçon. [. . .]
>
> Un manteau de pourpre a pesé d'un poids intolérable sur mes épaules, attestant ma dignité de Roi des Aulnes. Et ce manteau était Arnim le Souabe. (544–45)

Le feu apocalyptique fait donc sa première apparition sous la forme du sang qui jaillit du corps déchiqueté de l'enfant. Ceci annonce la fin de Kaltenborn et de tous ses habitants, Abel compris, foudroyés par l'artillerie russe comme les Sodomites par Yahveh. L'atmosphère biblique est renforcée par cette déclaration d'Ephraïm, le petit réfugié qui fuit avec Abel le château en flammes: "Béhémoth, chef-d'œuvre de l'Eternel [. . .]. Les soldats de l'Eternel frappent de mort les aînés des Egyptiens, mais ils protégeront notre fuite" (573). L'enfant parle avec la force et la foi d'un prophète de l'Ancien Testament. Survivant d'Auschwitz, il semble vivre l'histoire tragique du peuple juif, histoire dans laquelle les horreurs de la réalité se confondent avec celles du mythe. Il ne doute pas que les justes seront épargnés dans l'holocauste de Kaltenborn comme ils l'avaient été dans les fléaux d'Egypte, et comme ils le seront quand la prophétie de la Révélation sera réalisée.

Des images de sang, de feu et du ciel noir font contraste avec la blancheur de la neige dans les dernières pages du roman. Tiffauges regarde, horrifié mais fasciné, trois *Jungmannen*, Haïo, Haro et Lothar, empalés sur trois épées sortant de la "neige immaculée" (577). La neige est enrobée d'un "manteau de pourpre," le symbole du "baptême" de Tiffauges servant à consacrer la mort sacrificielle des enfants crucifiés en triptyque sur ce "puéril golgotha" (578). Des balles traçantes éclairent en rouge le ciel noir, et Abel croit voir une vision d'Apocalypse:

> —Ephraïm, je vois un poing fermé dans le ciel noir. Il se serre, et il en sourd des gouttes de sang. [. . .]
>
> —Ephraïm, est-ce qu'il n'est pas dit dans les livres saints que sa tête et ses cheveux étaient blancs comme neige, ses yeux comme une flamme de feu, ses pieds semblables à de l'airain rougi dans une fournaise, et qu'une épée à deux tranchants sortait de sa bouche?[3] (578)

Le feu apocalyptique fait donc son apparition la plus frappante chez Tournier dans ces dernières pages du *Roi des Aulnes.* C'est un feu foudroyant, à l'opposé du feu de l'enfer, qui torture longuement avant de consumer ses victimes. L'arme du Dieu vengeur, ce feu terrible, consacré par les Ecritures saintes, est malgré sa force destructrice sacré pour le chrétien: c'est le symbole d'une justice dure, implacable, sans merci. Ce feu a un double rôle dans *Le Roi des Aulnes.* D'abord il représente la vengeance d'Abel sur les descendants de Caïn, les Nazis. Ensuite, c'est un feu sacrificiel et purificateur: libéré d'un monde qui s'écroule par les corps immolés des garçons de Kaltenborn, purifié par le feu et le sang, le nouveau Roi des Aulnes peut enfin entrer pour toujours dans son royaume tellurique.

4.7. Conclusion

Le voyage élémentaire qu'entreprend le protagoniste tourniérien est, nous l'avons dit, un voyage initiatique et, comme tel, consiste en grande partie à faire souffrir l'initié pour qu'il mérite de passer à une "nouvelle" vie. La souffrance est à son paroxysme lorsque le personnage atteint le point le plus bas—physiquement et psychologiquement—de son voyage: c'est Robinson dans la souille après l'échec de l'*Evasion;* c'est Paul, paralysé par l'éboulement du tunnel sous le mur de Berlin; c'est Taor oublié pendant trente-trois ans dans les mines de sel sodomites. Dans tous les cas, le nadir du trajet imaginaire se trouve soit dans l'élément repoussant de la terre humide, soit dans les confins étouffants du souterrain.

Dans ce chapitre, nous avons étudié la part de l'eau et du feu "purs"—c'est-à-dire non mélangés à d'autres éléments—dans la difficile initiation du héros tournièrien. Ce sont les matières par excellence de la *purification,* processus presque toujours douloureux. Eliade dit l'importance de la "chaleur magique" et de la "maîtrise du feu" dans les initiations chamaniques; il décrit aussi le rôle clef de l'eau—symbole du retour au chaos—dans les initiations féminines des sociétés primitives (*Mythes, rêves et mystères* 118–21; 263–65). Même dans leurs capacités destructrices, l'eau et le feu comportent souvent un côté positif: c'est en lançant un défi contre la nature, par exemple, dans les sports élémentaires comme le ski ou l'alpinisme, ou dans un bateau à la merci d'une mer en furie, que l'on franchit le seuil entre l'enfance et l'âge adulte.

L'eau néfaste peut être une eau lourde et visqueuse, comme l'eau salée de la mer Morte, ou bien une eau déchaînée comme dans une tempête. Le pouvoir négatif de l'eau est cependant plus fort quand il est plus subtil. C'est le *mouvement*—même le plus lent, le plus régulier—de l'eau qui nous rappelle, comme pour Héraclite, le passage du temps et notre mortalité. Paradoxalement, l'*immobilité* est à l'origine d'une autre valorisation négative de l'eau: l'étang noir dormant au fond de la forêt, de par sa capacité réfléchissante, déclenche une constellation de symboles lunaires et négatifs culminant dans le miroir.

Or le miroir est une charnière entre les symbolismes aquatique et igné. Lumineux, il peut être positivement valorisé; pourtant nous avons vu que dans l'œuvre de Tournier, la luminosité et la lucidité sont très étroitement liées à Lucifer et au feu infernal. On peut remarquer que Tournier attribue au feu de l'enfer (ou du purgatoire) et au feu apocalyptique une valeur morale traditionnellement chrétienne. Il s'agit d'un élément surnaturel—divin ou infernal—qui châtie ou qui purifie. Cependant, malgré l'importante influence de la mythologie judéo-chrétienne, Tournier n'est pas un "romancier chrétien" dans le sens commun du terme. Son "christianisme" est une sublime hérésie manichéenne, longuement mijotée dans un creuset alchimique où se confondent le bien et le mal, l'envers et l'endroit. De même que Prélat, constatant d'une façon désinvolte l'équivalence de Dieu et de Satan, rendit furieux les théologiens lors du procès de Gilles de Rais, Tournier aime à *provoquer,* à déranger son lecteur, en lui présentant les possibilités monstrueuses—extermination des enfants, des homosexuels ou de toute une race—auxquelles peut mener l'inversion maligne.

Chapitre cinq

Le Rachat

L'Eau et le feu bénéfiques

Quelle pierrerie, le ciel fluide.

Stéphane Mallarmé
Divagations, Conflit

—Si la maison brûlait, et vous ne pouviez emporter qu'une seule chose, laquelle choisiriez-vous?
—Le feu!

Jean Cocteau
Réponse à la question d'un journaliste

5.1. L'Eau rédemptrice

La première instance de l'eau bénéfique dans l'œuvre de Tournier est celle associée à Vendredi et, plus généralement, à l'île. Nous avons remarqué que l'île, comme le jardin, est pour Tournier un lieu privilégié de l'absolu. L'île se définit par son indépendance, son éloignement du continent; on ne peut y parvenir qu'à l'issue d'un voyage par les eaux ou par les airs. Selon Chevalier et Gheerbrant, elle symbolise donc un asile où règne la paix, un "centre spirituel primordial" (519), un temple naturel. Benoist et Durand rapprochent l'île de l'archétype du centre, un lieu utopique qui pourrait également être évoqué par des symboles aussi divers que le jardin, la montagne, la ville (comme la Jérusalem des Hébreux), le temple, l'*Omphalos* ou l'un des pôles du globe (Benoist 52, 69; Durand 281). Coupée du continent et des horreurs du monde "civilisé," l'île est l'abri par excellence. C'est un lieu hautement féminisé, l'"image mythique de la femme, de la vierge, de la mère" (citation de Jones, reprise dans Durand 274). Durand remarque qu'un séjour sur une île est "synonyme du retour à la mère" (274), et ainsi, de même que les autres symboles de l'intimité—la tombe, la chrysalide, la caverne, la maison, la barque—elle serait une manière d'euphémiser la mort (269–93).

D'un point de vue psychanalytique, l'île, qui protège de la colère de l'océan, peut symboliser un refuge "pour échapper aux assauts de l'inconscient" (Chevalier et Gheerbrant 520). Souvent ces "assauts" prennent l'aspect de la tentation sexuelle, pour un auteur chrétien et surtout pour les romantiques. Selon Alain Corbin, "les rivages de l'île se dessinent comme autant de refuges sûrs, dont l'innocence enfantine vient abolir pour un temps le conflit instauré entre le désir naturel et le devoir moral" (205). L'île serait donc comme le "rocher de cristal" dans "Les Bijoux" de Baudelaire, un lieu "calme et solitaire" où se réfugie l'âme du poète. Il ne peut cependant résister à la "très-chère" et à ses appas aux reflets sombres et vaguement aquatiques: "Polis comme de l'huile, onduleux comme un cygne," "plus câlins que les Anges du mal" (Baudelaire 54–56).

Robinson ne veut pas quitter son île, dit Tournier, parce qu'il y trouve un "climat d'éternité et de jeunesse inaltérable" (*Le Vent Paraclet* 299). Dans la courte histoire "La Fin de Robinson Crusoé," Tournier imagine Robinson tel qu'il serait devenu s'il était parti avec Vendredi sur la goélette anglaise. Revenu en Angleterre, la magie de Speranza disparue, Robinson devient "[u]n homme vieilli, brisé, à demi noyé dans l'alcool" (*Le Coq de bruyère* 24). Il lui manque le "microclimat" miraculeux de Speranza, qui correspond en fait à la différence véritable qui existe entre un climat insulaire et un climat continental: "Une île subit l'influence climatique de la mer sur toute son étendue, tandis que le continent est assez vaste pour échapper en partie à cette influence" (*Le Vent Paraclet* 299). Comment donc l'imagination représente-t-elle ce climat marin qui baigne l'île? Il y fait toujours beau, toujours chaud; les habitants y jouissent d'"une jeunesse éternelle" (300). L'île, par l'influence marine, participe d'une *permanence* climatique, tandis que la terre s'altère avec le passage du temps:

> Et si la terre est mémoire, altération, tourment infligé par le temps, la mer au contraire offre aux intempéries une surface élastique et inaltérable. La mer ne sait pas vieillir. Une

> pierre nous raconte sa propre histoire, une histoire millénaire par chacune de ses aspérités, de ses usures. La vague marine est jeune comme au premier jour du monde. (300)

Rappelons notre discussion de la différence entre l'île-jardin de Robinson et de Vendredi, et celle de Ralph et de Deborah dans *Les Météores*. La première est inaltérable, comme la mer et aussi comme le soleil, qui devient à la fin la divinité tutélaire de l'île. Comme Speranza se situe au milieu de la mer, le jardin de Ralph et de Deborah est entouré d'un autre milieu inaltérable: le désert. Alain Corbin souligne l'effet similaire de la mer et du désert sur l'imagination, tous les deux évoquant un sentiment que la nature, à l'opposé de l'homme, est immuable: "[L]'océan évoquera l'image d'une 'immense étendue' indifférente au temps humain, comme le désert; lieu de sublime *vacuité*, dont la profondeur imaginée emprunte à la perpendicularité des flancs de la montagne, qui bien souvent le borde" (147). Mais si l'atemporalité de l'océan gagne finalement l'île de Robinson, rien de la permanence du désert ne marque le jardin verdoyant de Djerba; il reste tellurique, évoluant au cours du cycle végétal et au cours des années.

Le sentiment de permanence que suscite la mer naît bien évidemment de sa grandeur, qui nous semble infinie. Et la vue d'un espace infini provoque chez le rêveur marin l'idée du temps infini ou suspendu. Le rapprochement de la mer et de la "jeunesse inaltérable" n'est pas unique à Tournier; Bachelard cite *Le Prêtre* de Jules Michelet, où le caractère atemporel de la rêverie de l'océan est bien mis en évidence: "Plus de lieu et plus de temps; nul point marqué auquel l'attention puisse se prendre; [. . .] un océan de rêves sur le mol océan des eaux" (*L'Eau et les rêves* 178).

Avant l'arrivée de Vendredi, Robinson ne voyait en l'eau qu'une entité négative. L'eau noire de la tempête provoque le commencement de ses malheurs; ensuite, l'eau néfaste de la souille produit une régression bestiale;[1] enfin, l'eau infinie entourant l'île incite Robinson à la nommer "l'île de la Désolation" (*Vendredi* 18), tant il est certain que sa survie dépendra de sa capacité de traverser la plaine liquide interminable qui le sépare de la civilisation. La vue de l'océan provoque même une hallucination annonçant la dégénérescence de la souille, troublant profondément la fragile santé mentale de Robinson:

> Il vit en [la mer] une surface dure et élastique où il n'aurait tenu qu'à lui de s'élancer et de rebondir. Puis, allant plus loin, il se figura qu'il s'agissait du dos de quelque animal fabuleux dont la tête devait se trouver de l'autre côté de l'horizon. Enfin il lui parut tout à coup que l'île, ses rochers, ses forêts n'étaient que la paupière et le sourcil d'un œil immense, bleu et humide, scrutant les profondeurs du ciel. (*Vendredi* 22–23)

La mer semble se moquer de lui: tour à tour une sorte de tremplin, un "animal fabuleux" et un "œil immense," la mer, à travers ces avatars fantastiques, déroutants, manque de lui faire perdre la raison.

Cependant, l'eau de la mer devient, par l'intermédiaire de Vendredi, rédemptrice. Vendredi est le médiateur entre Robinson et les éléments, celui qui aide l'Anglais enraciné dans son passé à dépasser l'ancrage terrestre. Par le truchement de l'Indien, donc, notre voyageur élémentaire commence à se détacher de la terre pour monter dans les airs. Nous étudierons plus loin les qualités aériennes de Vendredi qui permettent à Robinson de se redresser et de construire une "cité solaire" sur Speranza; mais il s'agit pour le moment de se pencher sur les liens entre Vendredi et l'eau.

La survenue de Vendredi, qui bouleverse la vie solitaire de Robinson, fut interprétée par le capitaine Van Deyssel dans les cartes de Tarot: "Voilà qui va faire sortir l'Hermite de son trou! Vénus en personne émerge des eaux et fait ses premiers pas dans vos plates-bandes" (*Vendredi* 9). Vendredi est tout d'abord un personnage aquatique. S'il n'est pas né sur les vagues comme Vénus,[2] c'est par la voie des eaux, débarquant sur Speranza en pirogue, qu'il entre dans la vie de Robinson. Vendredi change le signe de l'eau, accomplissant, dans le langage tourniérien, une "inversion bénigne" de l'élément maudit qui a entraîné d'abord le naufrage et la déchirante solitude de Robinson, ensuite sa régression dans la souille. Robinson affirme consciemment l'affinité entre Vendredi et l'eau, quand il fait le rapport entre l'Auracan et la Vénus dans le jeu de Tarot: "Je le regarde s'arracher en riant à l'écume des vagues qui le baignent, et un mot me vient à l'esprit: la *vénusté*" (*Vendredi* 227–28). Ce "substantif assez rare" décrit la "chair luisante" et la "grâce naturelle" (228) de Vendredi, le liant à l'élément féminin qui est "source de vie, moyen de purification, centre de régénérescence" (Chevalier et Gheerbrant 374). La "naissance" de Vendredi sur les vagues rend possible la "renaissance" de Robinson. Comme l'a montré Simone Vierne, par l'intercession de l'eau, le vieux Robinson meurt pour céder la place au nouveau.

La mort et la résurrection de Robinson font allusion—ironiquement—à la mort et la résurrection de Jésus. Certains critiques ont vu dans Vendredi une figure christique (cf. Petit, "The Bible as Inspiration" 350–52). Cela n'est vrai que si l'on considère la fonction rédemptrice du Christ comme achevée dans sa mort définitive. Car Jésus et le Christianisme meurent avec le premier Robinson; ce qui ressuscite ce sont une divinité et une religion païennes, avec Vénus, et plus tard son père Ouranos, prenant la relève de Jésus:

> Le vendredi, c'est, si je ne me trompe, le jour de Vénus. J'ajoute que pour les chrétiens, c'est le jour de la mort du Christ. Naissance de Vénus, mort du Christ. Je ne peux m'empêcher de pressentir dans cette rencontre, évidemment fortuite, une portée qui me dépasse et qui effraie ce qui demeure en moi du dévot puritain que je fus. (*Vendredi* 228)

La coïncidence de la mort du Christ et de la naissance de Vénus est loin d'être "fortuite." L'une implique l'autre, de même que le Robinson "terrien" doit mourir pour que le Robinson "aérien" puisse naître.

5.2. La Marée basse

Nous avons vu trois manifestations frappantes de la rêverie de la *pâte* dans l'œuvre de Tournier: la terre humide (qui donne la souille, les tourbières et le limon), le plâtre des mannequins dans *La Goutte d'or* et la pâte du boulanger. Bachelard consacre d'ailleurs plusieurs chapitres aux diverses combinaisons de l'eau et de la terre.[3] Nous avons conclu que ces matières étaient parmi les plus importantes de l'imaginaire tourniérien et aussi parmi les plus contradictoires, évoquant les thèmes antithétiques de la mort, d'une part, et de la création, d'autre part.

Le sable mouillé exposé par la marée basse est un quatrième avatar de la pâte. Aussi ambivalent que les autres, lieu de naissance et de mort, il appartient à "l'eau bénéfique" surtout parce qu'il représente les *marginaux* de la société, groupe pour lequel Tournier manifeste une grande sympathie. Frontière entre deux éléments, la plage démarque aussi une ligne de séparation entre les jumeaux des *Météores*, Jean et Paul. Paul, le conservateur de la cellule gémellaire, remarque que Jean, l'individualiste, a horreur des jouets qui rappellent la parfaite dualité des jumeaux: une paire de petits téléphones à piles, des jumelles, un vélo-tandem sont parmi les jouets que Jean rejette. Par contre, il aime les cadeaux qu'on leur offre en double "contre toute apparence de bon sens" (*Les Météores* 173), objets qui semblent ridiculiser la gémellité. Par exemple, leurs deux pendules identiques font grand plaisir à Jean parce que le coucou du sien sonne légèrement en avance de celui de Paul. Il apprécie aussi leurs deux baromètres en forme de chalet, d'où sortent deux personnages différents selon qu'il pleuve ou qu'il fasse beau, parce que là aussi il y a un décalage qui fait que le "petit bonhomme à parapluie" de l'un sort souvent en même temps que la "petite bonne femme à ombrelle" de l'autre (174). Les garçons aiment la pendule et le baromètre pour des raisons opposées: Paul parce qu'ils les "mett[ent] directement en rapport avec une réalité cosmique," Jean parce qu'"ils laiss[ent] place à une faille, une défectuosité par où son fameux 'je-ne-sais-quoi' [peut] s'infiltrer" (174).

La "réalité cosmique" à laquelle se réfère Paul c'est le *temps*. Symboles des deux sens du temps—"temporel" et "météorologique"—la pendule et le baromètre rejoignent une troisième passion de Jean, la marée basse, phénomène qui réunit la temporalité et la météorologie. La marée suit un cycle journalier—se répétant toutes les six heures—et mensuel—atteignant son amplitude maximale pendant les syzygies (nouvelle lune et pleine lune) et minimum pendant les quadratures (premier et dernier quartiers). Elle évoque ainsi le temps comme le *time* anglais, le temps cyclique, répétitif, gouverné par le soleil et la lune.[4] Phénomène météorologique également, la marée est étroitement liée au *weather*, lequel partage son caractère cyclique, changeant selon la régularité annuelle des saisons.

En théorie, les marées sont régulières, contrôlées par l'attraction plus ou moins forte de la lune et du soleil sur la terre. Si la réalité était ainsi, les marées auraient été une source de joie pour Paul, mais il n'en est rien: "La marée est une horloge prise de folie, victime de cent influences parasitaires—rotation de la Terre, présence des continents immergés, reliefs sous-marins, viscosité de l'eau, etc.—qui défient et bouleversent la raison" (*Les Météores* 175). Paul se doute que ce sont justement ces "influences parasitaires," faisant des marées un système "tordu, disloqué, fracassé," marqué de "distorsions" et d'"altérations" (175), qui attirent Jean. Jean veut bouleverser l'ordre conservateur, trouver les failles dans les systèmes rationnels, comme le temps et la météorologie, pour l'aider à briser sa "prison" gémellaire, qui menace, pense-t-il, de le suffoquer, de l'anéantir au dépens de l'être double et monstrueux, Jean-Paul.

Cependant, lorsque Jean prend la parole comme narrateur pour la première fois dans le roman, il révèle que leur "imprévisible fantaisie" n'est pas l'aspect des marées qui l'attire le plus. Il est surtout fasciné par ce qui lui semble être "un *cri* silencieux d'abandon et de frustration qui montait des sols marins découverts" (176). Pour Jean, l'estran *vit* et *souffre*, luttant sans cesse pour survivre à l'abandon continuellement répété de l'océan, lequel laisse "exposée cette chair vive, complexe et fragile qui craint les agressions, les profanations" (176). Cette fascination de la marée trahit l'âme romantique de Jean, évidente par ailleurs dans son goût du voyage vers des pays exotiques et dans sa révolte individualiste contre la cellule gémellaire. C'est justement à l'époque romantique que l'on a "découvert" la valeur esthétique de l'estran, lieu sauvage qui suggère non seulement une rêverie, mais une révélation des mystères cosmiques voilés par le ciel infini et par la mer insondable:

> Ce territoire du vide [. . .] va désormais exercer une fascination croissante et devenir, à son tour, le théâtre de quêtes ambulatoires [. . .]. Sur cette surface indécise, [. . .] l'individu éprouve fortement l'emboîtement des rythmes solaire et lunaire. L'alternance des jours et des nuits s'y double et s'y complique de celle du flux et du reflux. [. . .]
>
> Le fond, obscène, de la mer, [est] miraculeusement mis à nu, temporairement offert à l'observation [. . .]. (Corbin 136)

Tremblant, angoissé, cherchant à apaiser les pleurs de "cette chair vive," Jean pourrait être le protégé de l'ogre Abel Tiffauges, avide de chair fraîche et obsédé du début à la fin du *Roi des Aulnes* par un "cri" mystérieux. Abel l'entend pour la première fois dans la cour de récréation bruyante d'un collège de garçons: "C'était une note gutturale, d'une pureté incomparable, longtemps soutenue, comme un appel venu du plus profond du corps [. . .], [un] cristal enrichi de toutes les harmoniques de la chair" (*Le Roi des Aulnes* 155). Il entend le cri à plusieurs reprises; la dernière fois c'est lors de la boucherie de Kaltenborn sur laquelle le roman se termine. C'est la plainte déchirante de Haïo, Haro et Lothar, empalés sur trois épées, et Abel sait qu'il entend "pour la première fois à l'état originel la clameur suspendue entre la vie et la mort qui était le son fondamental de son destin" (*Le Roi des Aulnes* 575).

Il existe sans doute une certaine complicité entre Jean et Abel. Lorsque ce dernier réapparaît brièvement dans *Les Météores*, Paul est repoussé par la "force colossale" (186) du garagiste, tandis que Jean en est, au contraire, frappé d'admiration. Jean et Abel sont côte à côte dans le "rotor," un manège cylindrique dans lequel les gens sont collés sur une paroi par la force centrifuge d'un cylindre qui tourne à grande vitesse. Abel, faisant un effort surhumain contre la force qui les plaque contre le mur, prend Jean dans ses bras, apparemment pour le protéger, mais en réalité pour jouir de l'extase de la "phorie." Cette rencontre intertextuelle des deux personnages dans le rotor confirme leur caractère dominé par le principe centrifuge ou exogame: tous les deux sont nomades, tous les deux sont motivés par un besoin de quitter le foyer, de se tourner vers l'extérieur, pour suivre le cri obsédant qui marque la frontière entre la vie et la mort.

Cette frontière, pour Jean, c'est le sol découvert par la marée basse. Le littoral est une lisière, une marge de la terre habitable. "[L]'appel silencieux de ces mille et mille bouches assoiffées" (*Les Météores* 177), laissées par le flot, est le cri de tous les infortunés, de tous les marginaux. Jean, courant désespérément vers l'eau qui commence peu à peu à remonter, devient "Jean Baptiste" pour les pauvres créatures abandonnées dans la laisse: "Je suis le précurseur, l'annonciateur de la bonne, de la merveilleuse nouvelle" (177): que le flux sauveur ne va plus tarder.

Bénéfique ici, la marée montante révèle pourtant son aspect destructeur dans la première nouvelle du *Médianoche amoureux*, "Les Amants taciturnes." L'estran, un *no man's land* sauvage où s'affrontent deux éléments, jouit encore du prestige accordé par l'auteur à tout objet ou à tout personnage qui bouleverse l'ordre établi. Yves Oudalle y pratique la pêche à pied, métier "qui demande une profonde complicité avec la 'laisse,' cette zone ambiguë, litigieuse, magique, alternativement couverte et découverte par les oscillations du niveau de la mer" (22–23). Se promenant sur la plage un jour avec sa femme Nadège, il voit, gisant sur le sable, deux amants "d'une étrange et poignante beauté" (25), sculptés dans le sable mouillé. Leur créateur, Patricio Lagos, sculpteur et danseur, est obsédé par la question du *temps*. Chacun des deux arts qu'il pratique a un rapport opposé au temps:

> La danse, art de l'instant, éphémère par nature, ne laisse aucune trace et souffre de ne s'enraciner dans aucune continuité. La sculpture, art de l'éternité, défie le temps en recherchant des matériaux indestructibles. Mais, ce faisant, c'est la mort qu'elle trouve finalement, car le marbre possède une vocation funéraire évidente. (27)

Le sommet de l'art, pour Lagos, c'est de créer "une sculpture éphémère" (27), qui vit et meurt, sujette à la même temporalité que l'être humain: "Mes sculptures de sable vivent, affirmait-il, et la preuve en est qu'elles meurent" (27). S'il aime à créer ses sculptures, il se réjouit à les voir mourir dans la marée haute:

> [L]e grand moment, c'était le retour du flot et la terrible cérémonie de la destruction de l'œuvre. Destruction lente, minutieuse, inexorable, commandée par un destin astronomique et que devait entourer une danse lyrique et sombre. "Je célèbre la pathétique fragilité de la vie," disait-il. (27–28)

Lagos est un Vendredi tragique, un Vendredi réel, comme Tournier nous le révèle dans *Le Crépuscule des masques*.[5] Originaire comme Vendredi d'une île du Pacifique au large du continent sud-américain, il a quitté le refuge atemporel qu'est l'île pour échouer sur le continent européen. Vendredi et Lagos sont des danseurs sans musique, initiant d'autres à leur sagesse insulaire: la danse et le rire de Vendredi communiquent à Robinson la joie d'une vie éternelle en harmonie avec les éléments, tandis que le "sourire triste" (29) de Lagos ainsi que la danse funèbre qui accompagne la lente désintégration de ses sculptures, semblent illustrer pour les "amants taciturnes" la futilité de leur relation.

La plage se révèle comme le lieu privilégié des marginaux chez Tournier et, bien entendu, de l'antihéros tourniérien: c'est là où la vie et la mort luttent pour l'âme du marginal. C'est la scène de l'aventure de Robinson, qui vit au-delà même de la marge, mort pour les autres êtres humains, mais vivant encore dans les "limbes," entre la vie et la mort. Les débiles mentaux des Pierres Sonnantes jouent sur la plage avec Jean et Paul. Neuf d'entre eux meurent sur la plage, brisés sur les rochers quand ils tentent de naviguer sur l'océan dans une petite barque (*Les Météores* 162). Eros et Thanatos se battent sur les docks de Casablanca pour l'âme de l'homosexuel Alexandre, oncle des jumeaux. Le "chasseur" y meurt, tué par sa propre proie. Le jour de sa mort, Alexandre s'émerveillait devant le spectacle de deux jumeaux—ses neveux—couchés dans un trou de sable, enlacés dans la position fœtale (385). Car la plage est aussi le lieu privilégié des jumeaux, qui sont des raretés, des curiosités, des "monstres" (164). Paul, après la mort tragique des neuf débiles mentaux, sent qu'il a une affinité avec ces "innocents": "[N]ous formions—les jumeaux, comme les innocents, comme par extension tous les habitants des Pierres Sonnantes—une tribu à part, obéissant à d'autres lois que les autres hommes, et par suite redoutés, méprisés et détestés par eux" (162–63). Les jumeaux, les homosexuels, les attardés: ils vivent tous de leur façon une "robinsonade," coupés du monde des "normaux." Comme les créatures de l'estran, ils hantent la frontière de deux mondes, vivant "le rêve binaire de l'engloutissement et de l'assèchement" (Corbin 136) et subissant l'abandon ou, pire, la répression de la majorité.

5.3. Les Feux domestique et sexuel

Examinons maintenant les cas où le feu peut, comme l'eau, offrir au héros élémentaire des aperçus du salut qui l'attend à la fin de son voyage. Le feu bénéfique est tout d'abord un feu apprivoisé, domestiqué, capturé par l'homme dans la cheminée, dans le four ou dans le feu de camp. Son effet calmant en fait l'élément par excellence de la rêverie, comme nous l'explique

Bachelard: "Le feu enfermé dans le foyer fut sans doute pour l'homme le premier sujet de rêverie, le symbole du repos, l'invitation au repos" (*La Psychanalyse du feu* 32). Ce repos n'est pas sommeil, car la fascination du feu est contemplative. La flamme inspire le penseur et possède ainsi ses sages, forgerons et alchimistes, initiés aux pouvoirs magiques du feu.

Mais avant d'être l'élément des sages, le feu est élément utilitaire. Notre abri et notre alimentation dépendent de la chaleur du feu, qui se trouve également être lié à une pulsion primaire: le désir sexuel. Nous avons déjà noté l'importance du *pain* dans les récits de Tournier. Rappelons la rêverie de la *pâte* du boulanger dans *Vendredi*, qui culmine dans les "étranges épousailles entre la miche et le mitron" (81), rêverie sexuelle étroitement liée au four, "dont l'haleine chaude, maternelle et comme charnelle" (81) retient Robinson. La couleur d'or s'associe à l'amour comme au pain dans "Pierrot ou les secrets de la nuit"; le four fait cuire la Colombine-brioche,[6] dont la consommation avide par la vraie Colombine annonce la consommation de son amour pour Pierrot. Le four est d'"un or qui se mange" (*Le Médianoche amoureux* 237), remplissant le fournil d'un parfum aussi bien sexuel que culinaire, "[u]n flot [. . .] de chaleur féminine et de délicieuse odeur de pâtisserie" (241). Ici le feu exprime son ambivalence: lorsque le four est ouvert, l'effet reposant et sécurisant du feu clos disparaît, et la pièce est inondée du feu troublant et excitant de la passion. Pierrot est aussi ambivalent que le feu, et c'est là que réside son pouvoir. Françoise Merllié note le caractère *androgyne* du mitron. Etre lunaire, vêtu de blanc, travaillant la nuit, "Pierrot est à sa façon un être solaire" (Merllié 157), un forgeron de femmes-brioches, un maître du feu dans la "caverne solaire" (157) qu'est son fournil.

L'aspect sexuel du feu se révèle chez un autre personnage androgyne que nous avons rencontré en étudiant le thème de l'arbre. Logre est un hippie écologiste, un sage et un sauveur d'arbres. Lorsqu'il accueille Pierre chez lui, il est assis devant la cheminée sur un immense fauteuil de bois. Au cours d'une soirée où Logre—"beau comme une femme" ("La Fugue du petit Poucet," *Le Coq de bruyère* 57)—chante d'une voix de soprano et disserte sur les arbres, les impressions du feu et du bois, rendues floues dans la fumée des "drôles de cigarettes" (62) qui circulent, semble fusionner dans une atmosphère mêlée de sagesse et de sexualité naturelle et innocente. Pierre revoit "comme dans un rêve" ce qui se passe ensuite avec les sept filles de Logre, "la nuit douillette sous l'énorme édredon, et ce grouillis de corps mignons autour de lui" (62).

Le bois[7] et le feu qui y dort sont les éléments universels d'une rêverie sexuelle, comme divers auteurs le constatent. Durand (384), Eliade (*Forgerons et alchimistes* 32) et Bachelard (*La Psychanalyse du feu* 46–47) observent tous que le "va-et-vient" ou le "frottement" rythmique de deux morceaux de bois a "un prototype dans le microcosme du corps humain, dans le geste sexuel" (Durand 384). Le geste créateur de feu est à la base d'un "gigantesque complexe mythique" (385) qui comprend "le rythme gynécologique des menstrues et le rythme saisonnier ou lunaire de la fécondité" (385). Même la musique aurait été sexuelle en ses origines: "Aussi une si universelle et si profonde obsession du rythme ne tarde guère à se sublimer; les rythmes découlant les uns des autres, se renforçant les uns les autres à partir de la rythmique sexuelle aboutissent à leur sublimation musicale" (385).

Bachelard cite plusieurs légendes sur l'origine du feu, dont deux où la flamme originelle est volée de l'organe génital mâle ou femelle (*La Psychanalyse du feu* 64–65). L'impulsion vers le feu produit du frottement symboliserait le "complexe de Novalis," car Bachelard trouve chez le romantique allemand "la conscience profonde du bonheur calorifique," le "besoin de *pénétrer*" un lieu de "chaleur intime" (70). Ingénieur des mines par profession, Novalis chante le monde minéral et son héros, le mineur, lequel "a dans les veines le feu intérieur de la terre qui l'excite à la parcourir" (Novalis, *Henri d'Ofterdingen,* cité dans Bachelard, *La Psychanalyse du feu* 71).

Tournier connaît bien l'œuvre de Novalis et lui a consacré un essai dans *Le Vol du vampire* ("Novalis et Sophia" 69–73). Tournier, comme Bachelard, considère Novalis "l'un des plus grands rêveurs de la verticalité" (*Le Vol du vampire* 71), pour qui "les gemmes sont les étoiles de la terre et les mineurs des 'astronomes inversés' " (71). Son génie consisterait en son effort de "tout conserver, tout embrasser" (70): "Il jeta pêle-mêle dans le même creuset sa philosophie, sa poésie [. . .], son métier d'ingénieur des mines, son amour pour une petite fille, sa religion piétiste" (73). Tournier semble avoir beaucoup hérité du poète allemand. Son œuvre est elle aussi une rêverie de la verticalité. Un axe vertical lie deux mondes opposés, ciel et enfer, qui cependant se confondent—comme étoiles et pierres précieuses—dans un jeu continuel d'inversion. Tournier se sert du vocabulaire alchimique—"creuset"—pour désigner la qualité synthétisante de l'œuvre littéraire de Novalis. Or Tournier est lui aussi un alchimiste dont l'œuvre est un "creuset romanesque" (*Le Vent Paraclet* 265) qui tente de faire fusionner une multitude de thèmes, comme l'explique avec humour D. G. Bevan:

> [O]n peut même admettre un malaise raisonnable face à un esprit créateur qui juxtapose, impénitent, le métaphysique et le scatologique, glissant avec une facilité (dis)gracieuse entre Bible et bordel, entre mythique et merdique, soudant dans son exploration du sacré et du transcendantal les pires perversions—la coprophilie, le shamanisme, le cannibalisme, le vampirisme, le fétichisme, le fascisme, l'anti-sémitisme—à un amour tendre et entièrement asexuel pour l'enfant, et à une vénération sincère de la vie humaine. (7)

Robinson, Pierrot et Logre seraient chacun à sa façon des héros novalisiens, motivés en partie par une affinité pour le feu sexuel—nourri par le bois—que contiennent le four du boulanger et la cheminée. En outre, Robinson et Pierrot se rattachent comme Novalis au monde minéral. Plus haut nous avons étudié la descente de Robinson dans la grotte, lieu hautement féminisé. C'est la matrice de l'île, où les pierres prennent la forme de "tétons," de "papilles" et de "roses" (*Vendredi* 105). Le besoin d'une chaleur intime dirige les rêveries de Robinson, et il médite longtemps sur sa mère, se rappelant un incident de son enfance, où elle avait sauvé d'un incendie ses six enfants. La figure de la mère, "émerge[ant] tranquillement d'un torrent de flammes et de fumée" (108), chauffe et éclaire la nuit minérale, et indique déjà le chemin de feu que Robinson finira par suivre.

Quant à Pierrot, il est en premier lieu un personnage nocturne. On descend pour entrer dans son fournil, que le narrateur décrit comme une "cave" (*Le Médianoche amoureux* 229). Pourtant sa nuit brille de couleurs comme des pierres précieuses, qui paraissent ouvrir la cave comme sur un ciel profond. Selon Bachelard, lorsque nous étudierons l'imaginaire des cristaux, "[n]ous verrons se réunir, dans une synthèse extraordinaire, les images de la terre profonde et les images du ciel étoilé; nous trouverons l'étonnante unité de la *rêverie constellante* et de la *rêverie cristalline*" (*La Terre et les rêveries de la volonté* 290). La cave de Pierrot, dans la lueur du four, est couleur d'or. Et la rivière, au clair de la lune, "scintille de mille et mille écailles d'argent" (*Le Médianoche amoureux* 229). Dans la nuit lumineuse, l'argent et l'or s'unissent comme leurs astres respectifs en alchimie et en astrologie, la lune et le soleil. En outre, la nuit de Pierrot est bleue plutôt que noire (237). Elle ressemble à un saphir, formé par le feu intérieur de la terre, mais contenant la lumière et l'immensité du ciel bleu (*La Terre et les rêveries de la volonté* 305). Colombine ne voulait pas voir Pierrot au crépuscule, quand le jour et la nuit se touchent mais ne s'attardent pas. Devenue consciente des merveilleuses couleurs de sa nuit, elle accepte enfin de venir chez lui, accomplissant ainsi pleinement la synthèse de la lumière et de l'obscurité.

5.4. Le Feu créateur

5.4.1. Le Feu du sage

Le frottement rythmique, qui donne une signification sexuelle au feu, implique que le feu possède un aspect créateur. L'acte sexuel est génération, création; l'arbre de bois qui au printemps prend son élan vertical est régénération, renouvellement. Chez Tournier, le feu mène à la notion de sexe comme à celle de sagesse, et les deux sont motivés par le *rythme,* comme le démontre un passage de *Gaspard, Melchior et Balthazar* (193–97).

Chez une tribu de bédouins, Taor partage un maigre repas, consistant en une simple galette cuite sur un feu de camp. La scène se construit autour d'un petit feu, fragile, élémentaire, qui symbolise toute la vérité simple que recèle la philosophie de la vie nomade. Le feu cuit la galette, accomplissant ainsi sa tâche première, ensuite il fait don de sa sagesse innée/ignée, inspirant les paroles du chef de la tribu, le Rabbi Rizza. Comme Logre, un autre sage du feu, Rizza s'intéresse aux "origines," à cette époque prestigieuse qui suivit la création de l'homme.

Rappelons que pour Logre, le Paradis était un "Bois magique" (*Le Coq de bruyère* 60), où le fruit de chaque arbre, essences depuis longtemps disparues, conférait une vertu particulière à celui qui en mangeait. Le péché d'Adam n'était rien de plus qu'une chute du règne végétal dans le règne animal. Le Paradis des premiers bédouins était également un "somptueux et succulent verger" (*Gaspard, Melchior et Balthazar* 194), dont les fruits satisfaisaient à la fois la faim pour la nourriture et la faim pour le savoir:

> La bouche servait de temple vivant [. . .] à la parole qui nourrit et à la nourriture qui enseigne [. . .].
>
> La chute de l'homme a cassé la vérité en deux morceaux: une parole vide, creuse, mensongère, sans valeur nutritive. Et une nourriture compacte, pesante, opaque et grasse qui obscurcit l'esprit et tourne en bajoues et en bedaines! (195)

Les apologues que racontent Logre et Rizza illustrent le propos de Durand que nous avons relevé plus haut, selon lequel "[n]on seulement l'ascétisme est chaste, mais également sobre et végétarien" (Durand 129). Logre et Rizza sont végétariens, et leur recherche de la sagesse est avant tout une nostalgie du règne végétal.

Pour Rizza, le *rythme* de la marche à pied s'ajoute à une vie végétarienne ascétique pour rendre possible sa quête de la vérité: "Et nous marchons. Nous pensons avec nos jambes. Le rythme de nos pas entraîne notre méditation. Nos pieds miment la progression d'un esprit en quête de vérité, une vérité certes modeste, aussi frugale que notre alimentation" (*Gaspard, Melchior et Balthazar* 196). Ces idées font écho à Gaspard, qui trouve que l'"allure balancée" du chameau "favorise la méditation métaphysique" (36). Le nomade, qu'il marche ou qu'il monte à dos de chameau, est donc un métaphysicien.

Pour nous résumer, nous constaterons que le rythme, comme le feu, a une double fonction chez Tournier. Il s'associe, avec le bois et le feu, non seulement à l'acte sexuel, mais encore à cet autre acte créateur, qui est celui de penser, de faire de la philosophie. De même, le Paradis perdu aurait été un état où la nourriture se liait à la parole, où la dichotomie actuelle entre le sensuel et le spirituel n'était pas encore advenue.

5.4.2. La Flamme de l'inspiration littéraire

Le feu créateur se manifeste encore chez Tournier en tant que symbole de la *création littéraire.* Dans *Petites proses*, comme dans *Le Vol du vampire,* Tournier exprime l'opinion que le travail de l'auteur n'est qu'une première étape dans la création d'une œuvre. L'auteur écrit pour être lu, et c'est donc le lecteur qui achève le processus créateur. Le livre n'existe pas sans lecteur:

> L'écrivain le sait, et lorsqu'il publie un livre, il lâche dans la foule anonyme des hommes et des femmes une nuée d'oiseaux de papier, des vampires secs, assoiffés de sang, qui se répandent au hasard en quête de lecteurs. A peine un livre s'est-il abattu sur un lecteur qu'il se gonfle de sa chaleur et de ses rêves. (*Le Vol du vampire* 12–13)

Une deuxième métaphore, moins sanglante celle-ci, apparaît dans *Petites proses.* Le livre est un feu de joie que l'écrivain allume et multiplie pour ses lecteurs: "J'allume un feu en moi qui me donne chaleur et lumière. Mais aussi, je le répands, et j'observe les millions de petites flammes tremblantes sur toute la terre que font mes livres dans les esprits et dans les cœurs" (219–20). Tournier se voit comme une sorte d'Orphée, double mortel d'Apollon, patron de la poésie et dieu solaire. S'il écrit que le lecteur "poursuit cette création pour la faire sienne" (219), l'image de la flamme répandue parmi les lecteurs évoque plutôt l'impression d'un démiurge chargé, comme Apollon, d'être le "soleil de l'intelligence" (Graziani 133) qui illumine les masses.[8] Etonnant paradoxe pour l'auteur qui, en 1989, affirme qu'il "[se] réclame de la modestie foncière qui caractérise aussi bien le conteur que l'auteur de nouvelles" (Piatier, "Michel Tournier ou l'art du détour"). On se demande lequel est le "vrai" Tournier, le modeste conteur ou le démiurge solaire, dont la volonté de puissance rappelle les paroles, par nous déjà citées, de l'ogre du *Roi des Aulnes:* "Quand la terre n'était encore qu'une boule de feu tournoyant dans un ciel d'hélium, l'âme qui la faisait flamber, qui la faisait tourner, c'était la mienne" (*Le Roi des Aulnes* 13). Ainsi le feu de la création littéraire prend diverses formes chez Tournier. C'est le sang du lecteur dont le livre-vampire se repaît; c'est la petite flamme qui peut devenir "une boule de feu" tyrannique, assommant le lecteur tout en l'illuminant.

"Pyrotechnie ou la commémoration," une nouvelle du *Médianoche amoureux,* illustre—encore par une métaphore ignée—les idées ambivalentes de Tournier sur la création littéraire. Sous le soleil provençal, un écrivain discute le sens des feux d'artifice avec M. Capolini, directeur de la fabrique pyrotechnique Ruggieri. Capolini disserte ainsi sur les "fusées, bouquets, fontaines de feu ou soleils tournoyants" (*Le Médianoche amoureux* 86), produits finis de son usine: "J'ai toujours adoré ce mot:

détonant. Il y a en lui du tonnerre et de l'étonnement. Et cette explosion, nous nous en rendons maîtres pour la déplacer dans l'espace et la différer dans le temps" (86). Ce passage évoque l'œuvre littéraire en général et de celle de Tournier en particulier. Le pyrotechnicien joue avec le feu tous les jours comme l'écrivain joue avec les mots. Mais l'explosion ne se fait pas dans l'atelier: les livres comme les fusées sont portatifs, et leur effet se prolonge dans l'espace et dans le temps. Et c'est un effet "détonant," bouleversant, comme les romans provocateurs de Tournier qui sont "des appels à la révolte, des rappels au désordre" ("Ecrire debout," *Le Médianoche amoureux* 160).

Capolini ajoute que le "feu d'artifice est essentiellement commémoratif. Chaque pays a sa fête nationale, laquelle commémore un événement considéré comme symbolique et fondateur" (89). Si la métaphore littéraire tient toujours, ceci dote l'œuvre littéraire et son créateur d'un prestige quasi sacré. Les milliers de "flammes" que sont les exemplaires d'un livre sont autant de cierges votifs allumés par les fidèles de l'écrivain.

La "gracieuse trajectoire" (91) du feu d'artifice appelle donc l'image du dieu de la poésie sous une de ses myriades de représentations, celle de l'aurige divin traversant dans son char solaire les cieux flamboyants. Cependant, de même qu'Apollon est à la fois un dieu solaire et chthonien (Moreau 138), de même le rôle de l'écrivain n'est pas sans ambiguïtés. L'écrivain peut être "délivreur," laissant au lecteur une liberté complète de production du sens, lequel, une fois "livré," n'est plus la propriété de son auteur; ou au contraire l'écrivain peut être tyran, insistant pour que le lecteur lise selon les contraintes qu'il lui impose. Tournier semble vaciller entre ces deux positions opposées (Davis 116–39). Ses *commémorations* sont tantôt des moments de jubilation, tantôt des moments de tristesse: les feux de joie tapageurs du quatorze juillet se mêlent aux cierges silencieux et solennels du premier novembre.

5.5. Conclusion

Si l'itinéraire du personnage tourniérien consiste surtout en une longue et constante dégradation, accompagnée d'images souterraines et de l'eau et du feu néfastes, d'éphémères aperçus du paradis font néanmoins naître en lui l'espoir d'une vie meilleure. Il discerne, dans la nature, des signes annonçant son apothéose *aérienne* à venir. Tel est le cas de Robinson, dont le processus de rachat commence par l'expérience de ce qu'il appelle une "autre île." Par une "inversion bénigne," l'eau change de signe, et l'élément qui semblait condamner Robinson à mort, s'inverse pour lui offrir une perception fugace de vie éternelle.

Lorsque Robinson arrête la clepsydre, le tic-tac obsédant du temps n'est plus. L'ogre Cronos est temporairement vaincu, non seulement pour Robinson, mais sur "l'île tout entière" (*Vendredi* 94). L'eau se défait de son symbolisme néfaste, et l'écoulement des gouttes du temps dans la clepsydre cède la place à une brume ou une pluie fine—"[u]ne grande douceur [qui] tombait du ciel" (94)—laquelle laisse entrevoir l'île-mère: le refuge, le paradis. Plus tard, le narrateur décrira ce moment extraordinaire en termes qui combinent l'aquatique et l'aérien: "Robinson sentit son âme légère s'envoler vers une lourde nef de nuages qui croisait dans le ciel avec une majestueuse lenteur. Un fleuve de douceur coulait en lui" (126). Comme les moments bienheureux de Marcel, dans *A la recherche du temps perdu,* l'"autre île" ne peut pas être atteinte par un effort de la volonté, et elle échappe à Robinson lorsqu'il veut la retrouver: "[S]on heure n'était pas encore venue. L'*autre île* ne sortit plus du brouillard rose de l'aurore, comme ce matin mémorable" (*Vendredi* 94–95).

Dans *Les Météores,* les jumeaux s'intéressent aux marées parce qu'elles réunissent les deux significations du temps (*time* et *weather*): le cycle du flux et du reflux rythmiques s'associe au passage du temps comme à la lune et au soleil, qui règnent sur l'atmosphère et donc sur la météorologie. C'est Jean qui est le plus passionné par les marées, le plus sensible au cri qui semble se lever de ce lieu marginal, mais c'est Paul qui profitera de ses observations météorologiques. Il est obsédé par la marée haute, une mer houleuse par un temps serein, dans laquelle il voit une "tempête calme" (*Les Météores* 419, 443, 447). Il découvre alors que ce paradoxe est répété au ciel, où "il y a deux niveaux célestes superposés et antithétiques" (447). Son rêve, qu'il réalisera à la fin du roman, est de "dominer la météorologie, devenir le maître de la pluie et du beau temps" (449), comme les astres sont les maîtres des marées.

Le feu également, comme l'eau bénéfique, dévoile au héros la possibilité d'une victoire aérienne sur les éléments. Nous avons vu, par exemple, dans "La Fugue du petit Poucet," que le feu domestique, sexué et assimilé au bois, mène à la figure de l'arbre aérien, symbole de la vie et de l'harmonie élémentaire. Et les feux du souterrain—les pierres précieuses—sont pour la vie imaginaire les étoiles de la terre.

Toutes ces substances, d'eau ou de feu bénéfiques, poussent le personnage à son ascension, la dernière étape du voyage élémentaire. L'impulsion consiste surtout en un affranchissement de la terre, une révolte contre la pesanteur. Il faut un effort prodigieux pour que le héros tourniérien, terrien avant tout, puisse surmonter l'attraction de son élément de prédilection. Dans le chapitre suivant, nous examinerons le processus par lequel le personnage suit la voie aérienne indiquée par l'eau et le feu, et se libère de ses attaches terrestres.

Chapitre six

L'Ascension

L'Apothéose solaire et aérienne

> [L]a plus grande des responsabilités humaines [. . .] est la responsabilité de notre *verticalité.*
>
> Gaston Bachelard
> *L'Air et les songes*

> Tu es la profondeur de tous les sommets.
>
> Friedrich Nietzsche
> "A Hafis," *Poésie*

6.1. L'Apothéose du héros dans quatre romans

Nous avons décrit le roman typique de Tournier comme la longue descente aux enfers du protagoniste. C'est la "mort" symbolique du voyage initiatique, la "catabase"—descente, souvent oniriquc, vcrs lc "soi"—du proccssus d'individuation jungien. Nous avons caractérisé d'"élémentaire" l'aspect métaphorique de ce voyage, car il nous semblait que les quatre éléments jalonnaient la transformation du personnage. La surface horizontale et superficielle de la terre est un lieu de plénitude chez Tournier: c'est le domaine du jardin, de l'île, du champ de blé qui contient la promesse du pain. Cependant, la dégradation commence lorsque la terre s'amollit en boue et que la surface terrestre cède la place aux troublantes profondeurs telluriques de la grotte, des décharges publiques et de la mine. Le feu et l'eau quant à eux jouent un rôle ambivalent dans la mutation du personnage. Le feu apocalyptique semble le condamner à une fin ardente, et l'eau sombre du miroir veut l'engloutir dans un narcissisme morbide. Cependant, ce sont précisément les aspects bénéfiques de ces deux éléments—par exemple la puissance rénovatrice que possèdent le feu du foyer et l'eau insulaire—qui annoncent la possibilité de l'"anabase"—la remontée vers le "moi" conscient—du rachat aérien éventuel. En effet, si des images telluriques dominent l'espace du livre tourniérien, l'air et le ciel se réservent la place privilégiée du dénouement, ce qui incite sans doute Serge Koster à évoquer la "grandiose thématique éolienne dans l'œuvre de Michel Tournier" (Koster 106). Nous allons à présent discuter brièvement les caractéristiques des apothéoses d'Abel Tiffauges, de Taor, de Gilles de Rais et d'Idriss, dans *Le Roi des Aulnes, Gaspard, Melchior et Balthazar, Gilles et Jeanne* et *La Goutte d'or.* Ensuite nous nous pencherons plus longuement sur les images solaires et aériennes qui accompagnent le "redressement" de Robinson dans *Vendredi* et la "sublimation" de Paul dans *Les Météores.*

Abel Tiffauges est sans doute le personnage le plus pathétique des romans de Tournier. Victime de malentendus et de malchance, depuis toujours mal adapté à son milieu, c'est un vaurien qui ne va nulle part. Convaincu que son destin est lié à celui du cosmos, ce sémioticien obsédé de symboles et de "diaboles" atteint une certaine grandeur dans ses "écrits sinistres." Mais sa "grandeur" est illusion, émanant de son "moi visqueux" qui déforme la réalité, l'enfonçant dans un "grouillement de perversions" que Tournier énumère ainsi dans *Le Vent Paraclet* (122): "vampirisme," "anthropophagie," "coprophilie," "fétichisme," "pédophilie," "nécrophilie," "bestialisme." La bassesse de Tiffauges est telle que l'on ne s'étonne pas de voir surgir une destinée tellurique, souterraine, qui couronnera en même temps qu'elle enterrera le nouveau Roi des Aulnes des tourbières prussiennes.

Malgré les vices ogresques qui conduisent la vie d'Abel, il existe une certaine pureté chez ce "pervers polymorphe,"[1] due justement à ce que l'on pourrait appeler sa *pluriperversité.* Selon Tournier, c'est ceci qui "assure une certaine innocence à Abel Tiffauges, car le vrai pervers trouve sa culpabilité et son châtiment dans la pauvreté de l'unique geste tyranniquement stéréotypé qu'il s'oblige à accomplir" (*Le Vent Paraclet* 122). Il y a de l'enfant chez ce géant, aveugle au mal qu'il fait en accomplissant sa vocation de porte-enfant. Si *Héraklès Pédéphore*—une statue représentant Hercule tendrement portant son petit garçon Télèphe (*Le Roi des Aulnes* 142)—est son idéal, Abel devient plutôt, sans s'en rendre compte, Hercule tueur d'Antée,[2] quand il recrute des enfants pour les Nazis. Pourtant son innocence lui confie une part de pureté aérienne, et Tournier décrit l'âme de son personnage comme une "nébuleuse où se cherchent mille et mille perversions *possibles*" (*Le Vent Paraclet* 122).

Pureté et impureté se confondent chez Abel Tiffauges. Gilbert Durand écrit que "tous les symboles qui gravitent autour de l'ascension ou de la lumière s'accompagnent toujours d'une intention de purification" (191). Si l'âme de Tiffauges est nébuleuse, elle serait donc capable de transcendance, de purification, de sublimation. Cependant, Durand ajoute qu'un symbole de la *pureté* se caractérise par une "unicité claire et distincte" (191), et il cite à l'appui Bachelard, écrivant que "l'*impureté,* au regard de l'inconscient, est toujours multiple, toujours foisonnante" (*L'Eau et les rêves* 189; je souligne). Une nébuleuse n'a pas la fixité d'une étoile. Plutôt brumeuse, floue, la voie lactée est un foisonnement de petits points blancs, une rivière nuageuse et laiteuse troublée par "d'incessantes déformations" (*L'Air et les songes* 226). Ne ressemble-t-elle pas à une version céleste d'Abel, que Tournier décrit comme "un grouillement de perversions larvées" (*Le Vent Paraclet* 122)? Son âme a une qualité laiteuse que rappellent non seulement un appétit insatiable et ogresque pour le lait (*Le Roi des Aulnes* 113), mais en outre sa "vocation maternelle" (Monès 585) de porte-enfant.

Métaphore de la perfection de l'amour maternel, sans posséder cependant la pureté de l'eau claire, le lait est une substance qui incarne le conflit moral dans l'âme d'Abel Tiffauges. C'est un problème qui n'est jamais résolu, car même dans la mort il semble lutter entre le ciel et la terre, l'élévation et l'abaissement:

> Peu à peu, le sol devenait spongieux sous ses pieds, et il devait faire effort à chaque pas pour les arracher à sa succion. [. . .] Il devait maintenant faire un effort surhumain pour vaincre la résistance gluante qui lui broyait le ventre, la poitrine, mais il persévérait, sachant que tout était bien ainsi. Quand il leva pour la dernière fois la tête vers Ephraïm, il ne vit qu'une étoile d'or à six branches qui tournait lentement dans le ciel noir. (*Le Roi des Aulnes* 580–81)

L'"étoile d'or" a une signification double: terrestre et céleste. D'abord elle rappelle l'étoile d'or sur le bandeau du cadavre exhumé des tourbières. En outre il ne faut pas oublier que l'or, même s'il est la perfection métallique, est néanmoins le fruit d'une longue gestation tellurique. Pourtant elle semblerait symboliser l'apothéose de la phorie, du mouvement vers le haut que fait Abel tout en sombrant dans la boue. L'extase phorique que recherche Abel a bien évolué depuis son adolescence. Jouissance qui était passée par la pédophilie et par la nécrophilie, la phorie atteint à la fin du roman une pureté céleste, dont Abel fait pour la première fois l'expérience lorsqu'il recueille Ephraïm mourant sur la route:

> Il n'était pas porté par l'ivresse phorique habituelle qui lui arrachait des rugissements et des rires hagards. Sur sa tête, le grand bestiaire sidéral tournait lentement dans le cirque du ciel autour de l'étoile polaire. [. . .] Tiffauges cheminait avec une lenteur solennelle, sentant confusément qu'il inaugurait une ère absolument nouvelle en accomplissant sa première astrophorie. (*Le Roi des Aulnes* 551–52)

Le narrateur laisse à penser que les constellations sont *sur* la tête d'Abel plutôt qu'au ciel. Il devient porteur du ciel, "Atlas uranophore, Atlas astrophore" (136), le "fort" devenu "phore," comme il l'avait rêvé bien des années auparavant: "Quoi que je porte à l'avenir, de quelque fardeau précieux et sacré que mes épaules soient chargées et bénies, ma fin triomphale ce sera, si Dieu le veut, de marcher sur la terre avec posée sur ma nuque une étoile plus radieuse et plus dorée que celle des rois mages . . ." (136).

Il y a plus que la vocation de "porteur" qui lie Abel et Atlas. D'abord il y a leur stature gigantesque et leur force; ensuite, certains peuples disent qu'Atlas est fils d'Ouranos et donc frère de Cronos (Grimal 59), le Titan ogresque dont l'affinité avec Abel a déjà fait l'objet de notre étude. Enfin, selon une tradition, la demeure d'Atlas serait "chez les Hyperboréens" (Grimal 59). Or la troisième partie du *Roi des Aulnes* s'appelle "Hyperborée"; c'est ainsi que Tiffauges désigne la Prusse-Orientale, pays neigeux dont l'essence est froide, pure et saine. Les deux scènes où Abel porte le garçon juif, assimilé à l'étoile d'or ou l'étoile de David à six branches, se passent dans "la claire nuit hyperboréenne" avec "ses scintillements" et "ses mystères" (*Le Roi des Aulnes* 551). Abel porte une étoile hyperboréenne tout comme Atlas hyperboréen portait la voûte du ciel. Abel et Atlas: deux figures astrophores et arborescentes. Les pieds creusant la terre, la tête effleurant les étoiles, comme un arbre ils réussissent à leur façon une synthèse des deux éléments opposés.

L'apothéose de Taor dans *Gaspard, Melchior et Balthazar* est moins ambiguë, plus nettement aérienne que celle d'Abel Tiffauges. Comme Abel, Taor remonte d'une chute dure, mais sa déchéance a été plutôt la conséquence de son caractère noble que d'un caractère faible ou pervers. Il avait pris à son propre compte le châtiment—trente-trois ans de travail forcé dans les mines de sel—d'un débiteur, pour que ce dernier ait pu retourner à sa femme et à ses enfants. Taor partage avec Abel une certaine innocence, sinon une naïveté. Prince choyé, gardé à l'abri des intrigues de la cour par une mère ambitieuse, Taor ne connaît rien du monde: sa connaissance est limitée à la quantité de sucreries qu'il peut engloutir. Le Prince du sucre ne sort de son enfance prolongée que grâce au voyage qu'il entreprend à la recherche de Jésus, le "Divin Confiseur" (*Gaspard, Melchior et Balthazar* 182), inventeur d'une "nourriture transcendante" (181).

La chute de Taor, comme celle de l'ogre Abel, est donc accompagnée d'images alimentaires. La nourriture est sa monomanie, comme son ventre rond l'atteste. Et comme nous l'avons vu plus haut, la "trilogie ingestion-digestion-défécation" (*Le Roi des Aulnes* 40) de la descente digestive mène "naturellement" au thème de l'analité. Taor le gourmand devient donc non pas un pratiquant, mais un observateur fasciné des mœurs des Sodomites.

Au bout de longues années d'incroyables souffrances, Taor a une première lueur d'espoir lorsque l'eau douce fait irruption dans sa vie. Touché jusqu'aux larmes par les paroles de Jésus, il sent une larme d'eau douce rouler sur ses lèvres. Ce "miracle discret, infime" (269), aqueux, comme la révélation brumeuse qu'a Robinson de "l'autre île," signale le début de l'ascension du prince.

Il est libéré; les trois dernières pages du roman racontent les étapes verticales qui l'amènent à son apothéose finale. D'abord il doit "sortir des fonds de Sodome, remonter vers le niveau normal de la vie humaine" (270). Il a déjà accompli la catabase essentielle à la connaissance de *soi;* reste l'anabase: remonter au niveau du *moi* conscient et revenir parmi les hommes. Tournier a recours alors une deuxième fois au merveilleux: après le miracle de la larme, le narrateur suggère la présence de deux anges: "Son extrême faiblesse était en partie compensée par sa légèreté. Mannequin de peau et de tendons, squelette ambulant, il flottait à la surface du sol, comme s'il eût été soutenu à droite et à gauche par des anges invisibles" (270). Ce passage est marqué par la *légèreté.* Taor n'est plus l'homme charnu dont l'appétit et les préoccupations alimentaires le rapprochait de l'ogre. Il n'est presque plus qu'esprit, un "mannequin" qui aurait la forme de l'homme sans en avoir la substance.

Depuis le miracle de la larme, nous sommes dans le monde onirique. Taor a perdu toute idée du temps; son séjour à Sodome lui semble un point plutôt qu'une ligne dans le temps, comme un sommeil dont le moment où l'on s'endort ne se différencie pas du moment où l'on se réveille: "[L]e sentiment même du temps écoulé s'était émoussé en lui au point que tous les événements ayant eu lieu depuis son arrivée à Sodome lui semblaient contemporains les uns des autres" (270). Mais si Taor s'est réveillé de *son* rêve, l'ambiance onirique persiste pour le lecteur. On assiste à un rêve de vol, du type longuement commenté par Bachelard dans *L'Air et les songes* (27–78). Les images ascensionnelles se multiplient: Taor, sur le point de défaillir faute de nourriture, est "soulevé par une force mystérieuse" (271). Arrivé à la maison de Joseph d'Arimathie, il doit monter au premier étage pour trouver la salle où Jésus vient de célébrer la fête pascale. Enfin, trouvant un peu de pain et de vin que Jésus et ses disciples avaient laissés sur la table, il mange et boit, et le roman se termine sur son ascension finale:

> Les deux anges, qui veillaient sur lui depuis sa libération, le cueillirent dans leurs grandes ailes, et, le ciel nocturne s'étant ouvert sur d'immenses clartés, ils emportèrent celui qui, après avoir été le dernier, le perpétuel retardataire, venait de recevoir l'eucharistie le premier. (272)

Le séjour de Taor à Sodome—"l'enfer du sel" (232)—et son ascension au ciel rappellent l'étude que fait Mircea Eliade sur le chamanisme dans *Mythes, rêves et mystères.* Le but du chaman est "d'abolir l'actuelle condition humaine—celle de l'*homme déchu*—et de réintégrer la condition de l'homme primordial dont nous parlent les mythes paradisiaques" (80). Une des caractéristiques de l'homme du Paradis était d'avoir la "possibilité d'ascension au Ciel et [la] *rencontre facile* avec les dieux" (80). Le chaman accomplit cet exploit quand son âme quitte son corps lors d'une transe extatique. L'expérience de Taor est une version chrétienne de celle du chaman. Comme le chaman, dont la mission est tantôt de psychopompe, tantôt de guérisseur (81), Taor s'associe et à l'enfer profond et au paradis. Son apothéose s'accomplit lors d'une sorte de transe ou de rêve provoqué par son extrême faiblesse. Et il réussit mieux que le chaman car il monte *corps et âme,* comme l'homme primordial, aux cieux.

Bachelard, tout en demeurant sceptique, nous rappelle que pour la psychanalyse un rêve de vol signifie les "désirs voluptueux" (*L'Air et les songes* 27). La sensation de flottement, même de vertige, qui caractérise le rêve de vol comme l'extase chamanique, peut être rapprochée du plaisir orgastique. L'ascension de Taor, le moins sexuel de tous les protagonistes de Tournier, est une inversion euphémique de la sexualité qu'il avait observée à Sodome, pratique qui "lui inspir[ait] toujours une horreur instinctive" (*Gaspard, Melchior et Balthazar* 261) et qui semblait aller de pair avec l'"extrême bassitude" (260) de la ville. La bassesse des Sodomites est généralisée; tout aspect de leur vie refuse la hauteur:

> Chez le Sodomite, toute hauteur de vue se résolvait en analyse fondamentale, toute ascendance en pénétration, toute théologie en ontologie, et la joie d'accéder à la lumière de l'intelligence était glacée par l'effroi du chercheur nocturne qui fouille les soubassements de l'être. (261)

Le vol de Taor est une victoire sur cette profondeur néfaste. Son ascension est un retour au Paradis et représente la nostalgie de l'unité primordiale qui marque souvent les écrits de Tournier. On rejoint donc les thèmes d'Adam androgyne et du Paradis terrestre que nous avons relevés ailleurs chez Tournier. Ces états, où l'unité est pleinement réalisée, peuvent être situés en *hauteur,* et ils s'opposent aux fausses pistes souvent situées en *profondeur,* comme la grotte ou la souille dans *Vendredi.*

On ne peut pas parler d'"apothéose" proprement dite pour décrire la fin de Gilles de Rais, qui, se proclamant "le plus grand pécheur de tous les temps" (*Gilles et Jeanne* 152), meurt sur le bûcher et entre "dans l'autre monde par une porte de feu" (151). Mais Gilles est persuadé que dans la mort il sera purifié et que c'est la "porte du ciel" (152) qui s'ouvrira pour lui comme pour Taor. Mais s'il réconforte les deux complices qui l'accompagnent dans la mort—"Suivez-moi dans mon salut, comme vous m'avez suivi dans mes crimes" (152)—il est le seul à croire en son salut.

Les scènes de la mort de Taor et de Gilles de Rais ont en commun des images de verticalité ascendante. Mais là où l'ascension de Taor est douce (il est léger, il flotte, il est cueilli par les anges), des images anguleuses, dures et violentes accompagnent la mort de Gilles. Le parvis est "une forêt de torches dont les flammes se tordent dans les rafales de vent" (151). Quand enfin le bois du bûcher est allumé, "[l]a flamme jaillit" et "[d]es prières et des chants s'élèvent" (152); le cri de Gilles mourant est "un appel céleste qui résonne comme une cloche lointaine" (152).

La mort de Gilles est une victoire de la verticalité sur l'horizontalité, du feu sur l'eau, de la subtile alchimie florentine sur la bestialité vendéenne. Prélat avait juré de vaincre la lourde horizontalité de la Vendée et aussi de relever Gilles qui, depuis la mort de Jeanne d'Arc, "se traînait sur le sol comme une bête" (104). Il ne réussit qu'à moitié. Le feu vendéen était un élément horizontal, léchant les immenses troncs d'arbres couchés dans les cheminées. L'alchimiste parvient à redresser le feu, et c'est une "forêt de torches" qui veille sur l'exécution de Gilles. Quant à ce dernier, les flammes consument sa chair et le tirent de la bestialité; cependant, loin de monter rejoindre Jeanne au paradis, l'on peut supposer que son âme tombe dans les flammes de l'enfer, l'ascension s'inversant en chute.

Dans le dénouement de *La Goutte d'or,* il n'y a pas de descente ni d'ascension du héros comme dans les trois romans que l'on vient d'examiner. Mais l'apothéose d'Idriss est néanmoins accomplie dans une suite d'images aériennes qui se suivent rapidement, à un *rythme* frénétique qui connote la sexualité et la libération. Idriss apprend à manier le marteau-piqueur, travaillant avec un groupe d'ouvriers maghrébins sur un chantier de la place Vendôme. Le travail avec le marteau pneumatique symbolise en même temps l'acte sexuel et l'acte de vengeance des travailleurs immigrés, étant une "œuvre de destruction et de pénétration" dans un des quartiers les plus chic de Paris (*La Goutte d'or* 219): "Le marteau-piqueur, c'est épatant, tu peux me croire. C'est ton zob, tu comprends? Un zob de géant. Avec ça, tu crèves Paris, tu niques la France!" (*La Goutte d'or* 218). Idriss est sidéré par la vue de la "goutte d'or" dans une vitrine de bijoutier. Il avait d'abord vu le bijou autour du cou d'une danseuse saharienne. Ensuite il l'a trouvé par terre et l'a emporté en France pour le perdre avec une prostituée marseillaise. L'apparition insolite du bijou magnifique—une *bulla aurea,* traditionnellement le signe d'un enfant libre chez les Romains et les Etrusques, comme lui avait expliqué un orfèvre (103)—bouleverse Idriss, et il ne voit ni n'entend plus rien autour de lui. Des souvenirs de la danseuse et de son pays natal l'emportent dans un autre monde, et devant la goutte d'or, à quelques mètres de là où il est censé travailler, sur le chantier, il fend le trottoir avec sa machine.

Commence alors une danse grotesque avec le marteau-piqueur pendant que des images aériennes remplissent l'imagination d'Idriss. On pense aux danses primitives de fécondité, ces "piétinements rituels du sol" qui se lient à un "élan végétal" (Bachelard, *L'Air et les songes* 77) pour fêter l'*hiérogamie* printanière entre le ciel et la terre: "L'être humain, dans sa jeunesse, dans son essor, dans sa fécondité, veut surgir du sol. Le saut est une joie première" (*L'Air et les songes* 77). Le jeune Idriss fête son innocence retrouvée après une longue descente initiatique. Le marteau pneumatique est "léger, sautillant" (*La Goutte d'or* 220); Idriss croit entendre encore les paroles mystérieuses qui accompagnaient la danse saharienne de la goutte d'or: "La libellule libelle la ruse de la mort / Le criquet écrit le secret de la vie" (30). La libellule et le criquet sont des porte-bonheur, symboles de la légèreté et liés dans cette chanson au message principal du roman: la supériorité du signe écrit sur l'image.

La goutte d'or, "symbole de la libération" (220), semble être "suspendue" (220) dans la vitrine. Encore une fois, Tournier fait preuve d'une imagination proche de l'esprit alchimique. L'or et le concept de la libération sont en effet liés au mouvement de l'ascension dans l'alchimie, selon Bachelard: "La substance pure est un être volant: il faut l'aider à déployer ses ailes. Dans toutes les circonstances de la technique de purification, on peut adjoindre des images de libération où l'aérien se dégage du terrestre et vice versa" (*L'Air et les songes* 300). Du plomb à l'or, de l'impur au pur, l'œuvre alchimique et le voyage d'Idriss sont orientés vers le haut. L'"aérien se dégage du terrestre" bien littéralement dans cette scène finale dès que le marteau-piqueur perce le sol: "La croûte de bitume se soulevait sans difficulté, comme une peau de serpent" (*La Goutte d'or* 220).[3] Dans ce rite de purification, le travailleur immigré oublie sa vie de misère dans la *rue* de la Goutte d'Or pour atteindre la liberté symbolisée par le bijou. La vitrine—domaine par excellence de l'*image*—se brise pour libérer le *signe* emprisonné. Cependant, Idriss ne reprendra pas possession de la goutte d'or, de même que chez les Romains un enfant devait abandonner la *bulla aurea* lors de son passage à la vie adulte.

L'extase d'Idriss est éphémère: dans le dernier paragraphe les images aériennes cèdent la place à la dure réalité. Des policiers courent vers l'Arabe fou avant qu'il ne dévalise la bijouterie. On ne sait pas au juste ce que deviendra Idriss, s'il est tué ou simplement arrêté par les agents; tout ce qui est certain, c'est que sa liberté retrouvée périra aussitôt.

6.2. Le Redressement de Robinson: "L'Extase solaire"

Au début du roman, Robinson trouve très dur le climat dans lequel il est obligé de vivre. Malgré la chaleur, il porte des vêtements et un chapeau, et laisse pousser sa barbe pour protéger du soleil sa peau blanche. Il trouve que le ciel clair et aveuglant des tropiques ne possède pas les "charmes brouillés [des] ciels pâles" (*Vendredi* 59) du Yorkshire. Pourtant l'extrême chaleur du soleil prend plus tard une valeur positive, grâce à sa qualité purificatrice. Robinson identifie dans la souille son vice majeur (50); comme châtiment pour une heure dans la souille il propose deux heures dans la "fosse," dont il décrit l'utilité dans son "code pénal": "Elle est exposée de telle sorte que le soleil y darde ses rayons pendant les six heures les plus chaudes de la journée. [. . .] La fosse apparaît ainsi comme l'antithèse—et donc en un certain sens l'antidote—de la souille" (73). Le soleil devient donc un allié dans la tentative d'apprivoiser la nature sauvage et d'établir la civilisation dans Speranza.

Le feu purificateur apparaît bien plus tard sous une forme différente, mais toujours associée à la "vertu" ainsi que la comprend Robinson, qui demeure toujours chrétien. Robinson hait Vendredi pour sa "bestialité" (172) et pour son indifférence à l'égard de l'île civilisée que l'Anglais s'obstine à établir. Sa haine est une "colère fondamentale," un "volcan" (174), comme celle de Yahweh est "la flamme d'un feu dévorant" (Isaïe 30.30, cité dans *Vendredi* 175). Cette fureur ardente est dangereuse, et Robinson ne réussit pas à la dominer. Toutefois, dans les rares moments où il fume sa pipe, ce "petit soleil souterrain, une manière de volcan portatif" (182), fonctionne comme une soupape par laquelle il décharge d'une manière inoffensive sa colère.

La pipe est le feu modeste qui provoque la conflagration, événement décisif dans la vie spirituelle de Robinson. Vendredi lance la pipe au fond de la grotte où Robinson avait stocké les barils de poudre sauvés de la *Virginie.* Toute l'île est bouleversée et même renversée: la grotte s'inverse en chaos rocheux, le cèdre tombe de telle sorte que ses racines sont projetées en l'air. Bref, tout ce qui était intérieur s'extériorise, tout ce qui était terrien devient aérien. L'ère tellurique est arrivée à sa fin; c'est le commencement du "règne *solaire*" (180).

Le soleil n'est plus un instrument de châtiment ni un symbole de la fureur divine. Robinson dépasse maintenant le christianisme, embrassant un culte des éléments, où un soleil chaleureux remplace Yahweh jaloux. C'est l'antithèse du puritanisme dans lequel Robinson s'était enfermé et un retour à la sexualité cosmique qui caractérisait à l'époque des Grecs anciens le règne d'Ouranos. Robinson a un pressentiment que le règne solaire est sur le point de commencer, peu de temps avant l'explosion de la grotte:

> Dans le ciel d'une pureté impeccable, le soleil étale sa souveraine omnipotence. Il pèse de tout son poids doré sur la mer couchée sous lui dans une soumission totale, sur l'île pâmée et desséchée, sur les constructions de Robinson qui ressemblent pour l'heure à autant de temples dédiés à sa gloire. (180)

On semble assister à un renversement complet de valeurs. La "pureté" n'a plus rien à voir avec le puritanisme. Elle n'est plus incompatible avec la sexualité; toutes les deux s'unissent dans Ouranos, le dieu du ciel, dont Pierre Grimal atteste le rôle sexuel: "Ouranos est la personnification du Ciel, en tant qu'élément fécond" (Grimal 334). Il est en même temps fils et époux de Gaia, la Terre, de qui il a de nombreux enfants, jusqu'à ce que son dernier-né, Cronos, tranche les testicules de son père et prenne sa place au ciel. Chevalier et Gheerbrant insistent sur le caractère dangereux de la fécondité d'Ouranos, qui serait "symbole d'une prolifération créatrice sans mesure et sans différenciation, qui détruit par son abondance même tout ce qu'elle engendre" (715). Mais dans *Vendredi* ce côté dangereux du dieu ne se manifeste pas. Bien au contraire, c'était la sexualité tellurique (dans la grotte et ensuite dans la combe) qui se révélait néfaste, tandis qu'une sexualité humaine "normale" était évidemment hors de question dans la situation de Robinson.

Le règne solaire est donc inauguré par un acte de Vendredi. C'est bien sûr par inadvertance qu'il fait sauter la poudre. L'Indien n'est pas un ambitieux; il est aussi incapable de faire un acte malveillant que de travailler comme Robinson le veut. Mais c'est surtout par l'exemple de Vendredi que Robinson trouve la voie solaire,[4] car, si l'Indien possède les qualités aqueuses que nous avons déjà examinées, il est de surcroît un personnage *aérien.* Robinson note que les occupations de Vendredi ont "presque toujours quelque rapport aux choses aériennes" (207). Même quand il s'intéresse à une pierre, c'est pour la faire voler en l'air ou pour la faire rebondir sur les vagues (161). Robinson soupçonne l'existence d'un "autre Vendredi" derrière ce garçon "grossier, ingrat et vulgaire" (181), de même qu'il s'était douté de la présence d'une "autre île" (*Vendredi* 94, 126, 140, 220) derrière l'"île administrée." Dans ces deux *autres* se mêlent l'eau et l'air: l'"autre île" se dissimule dans le "brouillard rose de l'aurore" (94–95), tout comme l'âme de l'"autre Vendredi" "flotte parmi les brumes qui enveloppent la fin d'un jour incertain" (222).

Une fois converti au culte du soleil, Robinson prend Vendredi —riant, dansant, gracieux—comme son nouvel idéal. Fini le Yahweh sévère et coléreux qui, sortant des pages d'Isaïe, avait guidé la vie spirituelle de l'Anglais. Fini aussi le maître blanc qui s'efforce de "civiliser" l'esclave noir. Les rôles s'inversent, et Robinson devient l'élève de Vendredi, qui enseigne par son exemple une vie saine, en harmonie avec les éléments. C'est d'abord l'œil de l'Indien qui attire Robinson. Il le voit tout d'un coup comme une merveille de luminosité, de couleurs et de délicatesse, traduisant une beauté et une grandeur chez Vendredi jusqu'alors ignorées par l'Anglais. Robinson est comme hypnotisé par ce soleil en miniature qui l'attire vers la lumière, et dans une très belle prière au soleil, il exprime son désir d'être comme son compagnon: "Soleil, rends-moi semblable à Vendredi. Donne-moi le visage de Vendredi, épanoui par le rire, taillé tout entier pour le rire" (217). Le nouveau Robinson veut et peut enfin rire, chose impossible autrefois, quand son visage ne pouvait même pas former un sourire (90), et que le rire de Vendredi lui semblait "redoutable," "blasphématoire" (149) et "dévastateur" (153). Robinson renonce à la "gravité" (217), reniant tout son passé, lié à la fois à l'austérité de sa religion puritaine et à son attraction innée pour la terre.

Un attribut important du Vendredi aérien c'est la pipe. Nous avons vu que pour Robinson le plaisir de la pipe est dans le feu: "Pour lui, seul comptait le fourneau brûlant et vivant" (182). C'est un "volcan portatif," symbolisant le feu de colère qui couve dans son cœur. Lorsque Vendredi dérobe la pipe à son "maître," le plaisir qu'il y trouve est tout autre: "toute l'opération ne se justifiait que par la fumée libérée en volutes" (183). La fumée, c'est l'âme de Vendredi, libérée dans la rêverie de ses attaches terrestres, montant légèrement dans un filet bleu vers le plafond de la grotte: "[La fumée] meuble et sensibilise ses poumons, elle rend conscient et comme lumineux cet espace caché dans sa poitrine, et qui est ce qu'il y a en lui de plus aérien et de plus spirituel" (183). Ici Tournier introduit déjà le thème aérien des *Météores,* que nous analyserons plus loin: les concepts du vent, du souffle et de l'esprit qui se réunissent dans les termes *ruah, pneuma* et *spiritus.*

La flèche est un deuxième symbole de l'âme aérienne de Vendredi. Il fabrique des arcs et des flèches non pas pour la chasse, mais pour le plaisir que lui donne le spectacle du vol, "recherch[ant] longuement l'inclinaison de la flèche qui lui assurerait la trajectoire la plus glorieuse" (193). Vendredi dessine enfin des flèches très longues, munies de plumes d'albatros sur presque trois pieds, qui ont la capacité de planer longtemps après que la force de leur élan vertical s'est épuisée. Lorsqu'une de ces flèches, après être montée très haut, se dirige vers la forêt, Vendredi, "radieux," dit à Robinson: "Celle-là ne retombera jamais" (194). La flèche nichée dans les branches symbolise sans doute l'impossible idéal de Vendredi: vivre pour toujours dans les airs, un vol infini.

Ainsi les expériences de Vendredi avec l'arc et les flèches comportent un aspect temporel: non seulement il aspire à un espace aérien, mais il cherche à abolir le temps et éterniser le vol. Bachelard suggère une interprétation du symbolisme de l'arc et des flèches lorsqu'il analyse les vers suivants de Rilke (*Vergers* 1.2): "Ainsi nous vivons dans un embarras très étrange / entre l'arc lointain et la trop pénétrante flèche" (*L'Air et les songes* 291). Bachelard écrit que "[l]'arc—le passé qui nous pousse—est trop loin, trop ancien, trop vieilli. La flèche—l'avenir qui nous attire—trop fuyante, trop isolée, trop chimérique" (292). L'union de l'arc (la poussée du passé) et de la flèche (l'aspiration de l'avenir) célèbre l'"éminente réalité" (292) du présent.[5]

Depuis l'explosion, Robinson est conscient d'un changement profond dans l'orientation du temps. La destruction de la clepsydre marque la fin du temps linéaire inexorable. Dès lors, il conçoit le temps plutôt comme un phénomène circulaire, ainsi que le suggèrent les saisons ou bien "la modeste ronde des heures" (*Vendredi* 219). Mais ce n'est pas tout. Le temps s'est redressé verticalement de telle façon qu'il ressemble à un bâton planté dans le sol et vu d'en haut: seul le bout—un point minuscule—est visible:

> [L]e cycle s'est rétréci au point qu'il se confond avec l'instant. Le mouvement circulaire est devenu si rapide qu'il ne se distingue plus de l'immobilité. On dirait, par suite, que mes journées se sont redressées. [. . .] Elles se tiennent debout, verticales, [. . .] au point qu'elles se superposent exactement dans ma mémoire et qu'il me semble revivre sans cesse la même journée. (219)

Le temps est désormais doté du mouvement stationnaire du jet d'eau,[6] lequel serait en outre une sorte de fontaine de jouvence car, comme l'observe Robinson: "Dès lors n'est-ce pas dans l'éternité que nous sommes installés, Vendredi et moi?" (219).

Mieux que l'arc et les flèches, c'est la harpe éolienne qui démontre l'instantanéité du temps de l'île solaire. Suivant sa lutte épique contre un énorme bouc qu'il baptise Andoar, Vendredi promet à Robinson de faire "voler et chanter" (200) la bête vaincue. En effet, Vendredi poursuit ses jeux aériens, fabriquant un cerf-volant à partir de la peau séchée, et une harpe à partir du crâne et des boyaux d'Andoar. L'Indien suspend la harpe dans les branches nues d'un cyprès mort et accorde les douze boyaux à la même note. Une nuit, Robinson et Vendredi écoutent ensemble le premier concert de cet "instrument *élémentaire*" (207):

> Ce n'était pas une mélodie dont les notes successives entraînent le cœur dans leur ronde et lui impriment l'élan qui est en elle. C'était une note unique—mais riche d'harmoniques infinis [. . .]. Et il y avait surtout ce brame puissant et mélodieux, musique véritablement *élémentaire,* inhumaine, qui était à la fois la voix ténébreuse de la terre, l'harmonie des sphères célestes et la plainte rauque du grand bouc sacrifié. (208–09)

La harpe éolienne est le seul instrument qui pourrait répondre au présent éternel qui baigne Speranza. Robinson écrit dans son log-book que cette musique est une "symphonie instantanée" qui, "au lieu de se développer dans le temps s'inscrit tout entière dans l'instant" (227). "Symphonie instantanée": même paradoxe que "voyageur immobile," sauf que la première existe dans le temps, le second dans l'espace. Ces deux images, comme celle de l'androgyne, indiquent un effort pour dépasser les dichotomies qui clivent l'être humain.

Pipe, flèche et harpe éolienne symbolisent non seulement Vendredi mais aussi le nouveau Robinson solaire. Robinson se conçoit maintenant comme un être aérien, assumant les qualités des symboles aériens: "Je suis une flèche dardée vers ton foyer" (218), dit-il au soleil. "Andoar, c'était moi," écrit-il dans son log-book; il *est* "ce faune tellurique" (227) que Vendredi a fait voler et chanter la musique des sphères. Robinson est désormais une créature de la lumière et de l'air, et son apothéose se fait dans les rayons du soleil levant.

Assister au lever du soleil devient pour Robinson un rituel quotidien qu'il attend avec "une impatience anxieuse" (202). Il grimpe au plus haut arbre qu'il puisse trouver pour mieux voir les premiers rayons. Pourtant il y a un danger: sensible au vertige depuis son enfance, Robinson doit faire un effort pénible pour continuer son ascension et vaincre sa phobie, qu'il avait identifié auparavant comme une attraction pour la terre, naturelle chez cet homme "obstinément géotropique" (199). Alors comme le petit Poucet, qui se métamorphose en un marronnier, Robinson fait corps avec l'arbre, "particip[ant] à l'évidente fonction de l'arbre qui est d'embrasser l'air de ses milliers de bras, de l'étreindre de ses millions de doigts" (202). Devenir un arbre, figure androgyne, phallique et maternelle, est la condition préalable pour se faire bénir par Ouranos, se faire adouber "chevalier solaire" (216).

Robinson trouve une force énergique qui lui permet de grimper jusqu'au sommet de l'arbre. Sa lutte contre l'attraction terrestre fait preuve du même "psychisme ascensionnel" (*L'Air et les songes* 146–85) que Bachelard identifie chez Nietzsche, dont la philosophie "est essentiellement un vertige surmonté" (170). Robinson apprend que c'est le regard vers le bas qui entraîne son malaise: "Ce n'est pas le vide aérien qui suscite le vertige, c'est la fascinante plénitude des profondeurs terrestres" (*Vendredi* 199). Regarder vers le haut, vers sa destinée aérienne, procure à Robinson "un certain réconfort" (199). Il est libéré de son amour suicidaire pour la terre, poussé par une "volonté-puissance" ascensionnelle, tout comme Nietzsche, pour qui "[l]e bas, contemplé d'une hauteur dont on ne tombera plus, est un élan supplémentaire vers les sommets" (*L'Air et les songes* 169).

La fascination pour le soleil levant est une affirmation nietzschéenne de la vie. Courir vers le soleil matinal c'est souhaiter l'éternel retour du même; c'est s'approprier le dynamisme de la flèche. Les rayons jaillissent du soleil comme "une volée de flèches brûlantes" (*Vendredi* 216), de même que Robinson est "une flèche dardée" (218) vers le soleil. Tournier exprime le même *échange* dynamique entre "le *soleil levant* et l'*être matinal*" (*L'Air et les songes* 179) que Bachelard apprécie chez Nietzsche: "Tension dynamique et rieuse détente. Telles sont les flèches droites du soleil levant. [. . .] Avec les flèches du ciel, l'être droit s'est levé, s'est lancé" (179–80).

Quelle différence entre le Robinson solaire et le Robinson de la souille! L'un ne vivait que dans le passé, se réfugiant dans ses souvenirs; l'autre a oublié son passé et les charmes de la terre. Il déteste à présent "le long exil de la nuit" (*Vendredi* 215). Baigné dans les rayons du soleil levant, il accueille le jour qui reparaît et affirme son amour pour la vie, quoi qu'elle lui réserve. Bachelard appelle le lever du soleil une "leçon instantanée" et un "lyrisme de l'immédiat" (*L'Air et les songes* 180); ces rituels matinaux renforcent donc et complètent d'une façon visuelle la musique de la harpe éolienne, également instantanée, immédiate, verticale.

Pour conclure cette étude du Robinson solaire, il nous faut parler de la sexualité cosmique qu'embrasse Robinson à la fin de *Vendredi.* Pendant les longues années de solitude, la sexualité de Robinson a perdu toute ressemblance avec la sexualité humaine dite "normale." De même qu'Abel Tiffauges dépasse la sexualité génitale dans "l'extase phorique," Robinson se tourne vers une sexualité "élémentaire" (*Vendredi* 229). Mais ses amours terriennes dans la "combe rose" (127) revêtent des qualités humaines: la terre est nettement féminine, et le désir de Robinson naît et s'assouvit de manière tout humaine. Ses "amours ouraniennes" (230) sont tout autres: par l'intermédiaire de Vénus (Vendredi aqueux), la libido de Robinson se détourne de Gaia en faveur du père de Vénus, Ouranos (229). Dorénavant, Robinson est en état d'extase perpétuelle. Au lieu d'être épuisé par l'amour, comme l'est l'homme, Robinson est gonflé d'une "énergie vitale" à tout moment (230).

Robinson a atteint un état de perfection androgyne; en effet sa sexualité ne peut même plus être définie en termes de masculin et de féminin. Mais pour expliquer sa condition, Robinson doit se contenter de termes anthropomorphiques, lesquels soulignent la féminité que les deux habitants de l'île ont acquise:

> S'il fallait nécessairement traduire en termes humains ce coït solaire, c'est sous les espèces féminines, et comme l'épouse du ciel qu'il conviendrait de me définir. [. . .] Vendredi peut s'identifier à Vénus, tout de même qu'on peut dire en langage humain que je m'ouvre à la fécondation de l'Astre Majeur. (230)

L'extase permanente de l'amant solaire fait penser à un autre androgyne, l'Adam bisexuel de la Kabbale (Chevalier et Gheerbrant 9), envié par Abel Tiffauges: "On n'échappe pas à la fascination plus ou moins consciente de l'Adam archaïque, [. . .] perpétuellement en proie à des transports amoureux d'une perfection inouïe" (*Le Roi des Aulnes* 34–35). Robinson croit avoir atteint cet idéal, grâce à la verticalité, qui a transformé la durée temporelle en instant, et les amours horizontales en une "érection généralisée" (Deleuze 276) de l'île vers le soleil. Lorsqu'on lui propose de rentrer en Angleterre, il recule d'horreur à cette idée: "Sous le soleil-dieu, Speranza vibrait dans un présent perpétuel, sans passé ni avenir. Il n'allait pas s'arracher à cet éternel instant, posé en équilibre à la pointe d'un paroxysme de perfection [. . .]!" (*Vendredi* 246).

Le *Whitebird* s'en va avec Vendredi à bord, attiré irrésistiblement par le navire aérien aux grandes voiles blanches et aux mâts qui semblent toucher les nuages. Mais Robinson reste sur l'île et, à la dernière page du roman, assiste encore une fois au lever du soleil, debout sur un sommet rocheux qui domine l'île. Le mousse du *Whitebird* à ses côtés, Robinson se tourne vers l'est pour accueillir le dieu solaire. Tournier décrit cette scène en un mélange d'images sexuelles, minérales et solaires:

> Redressant sa haute taille, il faisait face à l'extase solaire avec une joie presque douloureuse. [. . .] Un glaive de feu entrait en lui et transverbérait tout son être. [. . .] Sa poitrine bombait comme un bouclier d'airain. Ses jambes prenaient appui sur le roc, massives et inébranlables comme des colonnes. La lumière fauve le revêtait d'une armure de jeunesse inaltérable et lui forgeait un masque de cuivre d'une régularité implacable où étincelaient des yeux de diamant. [. . .] Des reflets métalliques s'allumèrent sur la tête de l'enfant. (*Vendredi* 254)

Cette scène finale marque l'apothéose d'un Robinson minéro-solaire, dont les attributs—l'airain, le cuivre et le diamant—sont des mélanges de dureté et de lumière. Produits d'origine souterraine, ces trois substances, par l'opération du forgeron ou de la chaleur tellurique, obtiennent la qualité la plus glorieuse du feu: la lumière. Robinson a renoncé à son passé tellurique, et le feu du soleil a forgé une créature supérieure, toute de métal et de feu, *sidêros* et *sidus*. Robinson rassemble alors en lui les qualités des météorites, que certains peuples appelaient "pierres de lumière," pour souligner leur essence à la fois céleste et tellurique (Eliade, *Forgerons et alchimistes* 14–15).

Les apothéoses de Robinson et d'Abel Tiffauges, toutes différentes qu'elles soient, ont ceci en commun: les deux hommes acceptent la *pétrification* en "garantie d'une pérennité," comme le remarque Françoise Merllié:

> Tiffauges s'enfonce alors droit dans le limon maternel comme une épée dans un fourreau. Robinson arrivera au même résultat: s'ériger en épée dure, dressé vers le soleil [. . .]. Ces deux personnages rêvent d'être durs, métalliques, inaltérables, d'être tout entier glorieusement phalliques. (71)

Phalliques, peut-être, mais androgynes par-dessus tout, car le sens de la vie pour tous les deux a été en grande partie une lutte *contre* l'organe mâle. Pour Tiffauges, cette lutte était symbolisée par la défaite du cerf—"l'Ange Phallophore"—par le cheval—"l'Ange Anal" (*Le Roi des Aulnes* 353–54)—et en particulier par l'émergence de "l'homme-mère" (Monès 587) qui se moque de la sexualité génitale. Et pour Robinson, comme nous l'avons vu, une piqûre d'araignée lui a d'abord signalé les inconvénients de la sexualité tellurique, vouée à la mort, ouvrant la voie vers une totale communion avec le soleil.

6.3. Les Images de l'air dans *Les Météores*

6.3.1. Le Souffle divin

Par une citation de l'Ancien Testament, Tournier atteste le rapport entre les éléments et le sacré.

> Et il y eut un vent fort et violent qui déchirait la montagne et brisait les rochers. Yahweh n'était pas dans ce vent. Après le vent, il y eut un tremblement de terre. Yahweh n'était pas dans ce tremblement. Et après le tremblement de terre, un feu. Yahweh n'était pas dans ce feu. Et après le feu un murmure doux et léger. Quand Elie entendit ce murmure, il s'enveloppa le visage dans son manteau, et, étant sorti, il se tint à l'entrée de la caverne, et voici qu'une voix se fit entendre à lui . . . (1 Rois 19.11–13; cité dans *Les Météores* 157–58)

C'est avant tout le "murmure doux et léger" du *vent* qui est associé dans l'œuvre de Tournier, comme dans toute la tradition judéo-chrétienne, à la *hiérophanie,* la manifestation de la présence divine (Eliade, *Mythes, rêves et mystères* 156). Puisque le vent trahit la présence de Dieu, la théologie se trouve liée à la météorologie dans le concept tourniérien de l'univers, "l'une apportant l'esprit, le sacré, le divin, l'autre la très concrète poésie de la pluie, de la neige et du soleil" (*Le Vent Paraclet* 260). A l'origine, *Les Météores* devait s'appeler *Le Vent Paraclet,* nom donné plus tard à l'essai autobiographique de l'auteur.

C'est Thomas Koussek, prêtre homosexuel et ami d'enfance d'Alexandre Surin, qui introduit le lecteur à cette théologie aérienne. Chez Koussek tout est sacré. Même enfant, "dans son incapacité à distinguer le profane et le sacré, il vivait intensément l'identité étymologique de ces deux mots: l'esprit, le vent" (*Les Météores* 47). Adulte, il préside comme un "sacrificateur" au rite du repas, comme le note son ami Alexandre. Le prêtre répond alors: "Que veux-tu, c'est ainsi: je n'ai jamais eu le sens du profane!" (144).

La théologie personnelle de Thomas Koussek repose sur trois concepts: la *ruah,* le Saint-Esprit et la gémellité. *Ruah* est un mot hébreu qui désigne "vent, souffle, vide, esprit [. . .], mais c'est aussi l'odeur, le parfum. C'est parfois encore un contact léger, une caresse douce, un air de bien-être où l'on baigne" (*Les Météores* 156). La *ruah* correspond, selon Chevalier et Gheerbrant, au *pneuma* grec et au *spiritus* latin, signifiant "le souffle sortant des narines ou de la bouche," lequel "possède une action mystérieuse" et en outre est lié au *vent* (donc à la météorologie) et à la *Parole* de Dieu (Chevalier et Gheerbrant 900).

La manifestation la plus importante de la *ruah,* selon Koussek, serait le moment où, lors de la première Pentecôte, le Saint-Esprit est descendu sur les apôtres dans un vent accompagné de langues de feu, leur conférant le don de la parole universelle. Le prêtre souligne l'aspect météorologique de ce miracle: "[L]'Esprit se manifeste par un orage sec et sauvegarde sa nature météorologique. [. . .] L'Esprit-Saint est vent, tempête, souffle, il a un corps météorologique. Les météores sont sacrés" (*Les Météores* 157–58). Pour Koussek, les Actes des Apôtres, où le Saint-Esprit est prééminent, sont le Troisième Testament (156, 161). Ce livre dépasse les Evangiles, le livre du Christ, et Jésus lui-même est dépassé par le Saint-Esprit.[7] Koussek est donc pentecôtiste, de l'avis que l'adoration de Jésus, enracinée dans la souffrance et dans la mort, doit céder la place à une religion du Saint-Esprit, donc de la *ruah*—la parole et les météores: "Dieu s'est fait sarcophore pour que l'homme puisse devenir pneumatophore" (155).

Le troisième élément de la religion de Koussek, c'est la *gémellité,* à laquelle il confère une dimension sacrée. Or dans l'Evangile selon Jean, saint Thomas est surnommé *Didyme* (Jean 20.24), jumeau. Thomas Koussek est persuadé non seulement que Jésus était en fait le jumeau de saint Thomas, mais de surcroît que lui, Koussek, n'est rien de moins que le "Jumeau Absolu" lui même, la réincarnation de saint Thomas (*Les Météores* 152).

C'est sans doute cette ascendance privilégiée qui lui donne le "droit" d'annoncer le dépassement de son frère jumeau et rival par le Saint-Esprit.

La religion étrange de Thomas Koussek joue un rôle clef dans *Les Météores,* servant de liaison entre les côtés profane et sacré du roman et soulignant en outre la qualité mythique de la gémellité. Nous avons vu que la *ruah* est un souffle par lequel la parole divine se manifeste. Après l'intervention du Saint-Esprit, lorsque les apôtres parlaient, chaque étranger les comprenait dans sa propre langue. *Les Météores* est rempli de références à d'autres langues "absolues," les plus frappantes étant la langue des débiles mentaux à l'asile des Pierres Sonnantes et la langue que parlent entre eux les jumeaux Jean et Paul.

Le docteur Larouet et la sœur Béatrice proposent respectivement une interprétation scientifique et théologique de la langue des aliénés—qui consiste en sons apparemment inarticulés, incompréhensibles pour les "normaux." Selon la théorie du docteur, les débiles profonds possèdent la capacité de prononcer *tous* les phonèmes possibles, du fait qu'ils n'ont jamais appris de langue maternelle, ce qui aurait limité leur apprentissage linguistique à certains phonèmes tout en en excluant d'autres. De là vient l'incompréhensibilité de cette langue qui est en fait beaucoup plus riche que toute autre langue humaine: "Il s'agissait non d'une langue, pensait Larouet, mais de la matrice de toutes les langues, d'un fonds linguistique universel et archaïque, d'une langue fossile demeurée vivante par une anomalie" (*Les Météores* 61).

Vu par les gens "normaux," l'asile est un enfer dantesque gouverné par une Béatrice moderne, comme le suggéreraient les "cercles concentriques" (56) qui classent les patients selon la sévérité de leur condition. Les débiles légers, ayant le plus de contact avec le monde extérieur, occupent le premier cercle; viennent ensuite les débiles moyens, enfin les débiles profonds. Tout au centre, cachés du monde, incapables d'aucune communication, végètent les "monstres," "les innommés, les pires difformités humaines engendrées par une nature en délire" (*Les Météores* 62). Mais cet enfer est un paradis pour la sœur Béatrice: les enfants rayonnent dans une sainteté innocente qui les rapproche de Dieu. Béatrice propose donc une interprétation mystique de la thèse de Larouet: "[I]l s'agissait peut-être, pensait-elle, de *la langue originelle,* celle que parlaient entre eux au Paradis terrestre Adam, Eve, le Serpent et Jéhovah" (61). Ses enfants sont faits pour un monde meilleur, "pour les limbes peut-être, lieux d'innocence" (61). Si nous ne pouvons pas communiquer dans la langue des aliénés, "c'est que nos oreilles se sont fermées à cet idiome sacré en vertu d'une dégénérescence commencée par la perte du Paradis, couronnée par la grande confusion de la tour de Babel" (62).

La langue des enfants arriérés est donc une langue sacrée, leur conférant la même place privilégiée qu'occupent ces autres marginaux que sont chez Tournier les homosexuels et les jumeaux. Sœur Béatrice espère en un nouveau miracle pentecôtiste (55, 62), afin que ces enfants de Dieu puissent se faire comprendre par les "normaux," recouvrant ainsi la langue unique et universelle du Paradis perdu.

La deuxième langue absolue des *Météores* est directement liée par son nom à la *ruah:* l'"éolien," "cette cryptophasie, [. . .] ce jargon impénétrable" (180) que seuls comprennent les jumeaux Jean et Paul. L'éolien semble lié à la langue des enfants de l'asile des Pierres Sonnantes, car c'est un "dialogue absolu" (183) selon Paul, un "embryon de langue, une langue telle qu'en parlent peut-être des hommes très primitifs" (182). Sa simplicité même, son caractère élémentaire fait paradoxalement de l'éolien une langue de l'élite dans un monde linguistiquement morcelé depuis Babel.

Un autre paradoxe fait que la caractéristique essentielle de cette langue aérienne est sa lourdeur. Tout au contraire des langues "singulières," "l'accident c'est le mot, l'essentiel, c'est le silence" (181). Paul explique ainsi ce phénomène: "Ce que les *singuliers* appelaient notre 'éolien'—par antiphrase sans doute—était en vérité un langage de plomb parce que chacun de ses mots et de ses silences s'enracinait dans la masse viscérale commune où nous nous confondions" (183).

On reconnaît encore le parcours alchimique que suit l'écriture de Tournier. Nous avons vu plus haut que Paul aspire au contrôle des marées et des météores, comme les alchimistes aspirent à l'immortalité, ou à la connaissance parfaite. La clef de l'univers de Paul est une langue hermétique qui, comme l'œuvre alchimique, est fondée sur la coïncidence des contraires et comporte des éléments lourds et légers, matériels et spirituels. Le côté charnel et viscéral de l'éolien se sublime, car dans son mutisme se cachent "des chances d'épanouissement exceptionnelles, fabuleuses, divines" (*Les Météores* 184). L'éolien est donc un exemple de ce que Serge Koster appelle la "double polarité constante" dans ce roman: "Souffle spirituel parmi les abîmes orduriers: [. . .] du bas au sublime, de l'ontologie à la scatologie, de la souillure au salut, par les voies de l'ascension et du précipice" (Koster 101).

Alchimique aussi le rôle que Tournier attribue au Saint-Esprit, dont le corps subtil remplace le corps martyrisé de Jésus comme objet du culte chrétien. Comme Arlette Bouloumié le remarque, si le Christ a réhabilité la chair, "[a]vec l'Esprit-Saint, c'est le corps cosmique, matériel, de la pluie, de la neige, du soleil et du vent qui se trouve célébré" (Bouloumié 220). Le Saint-Esprit épure l'œuvre de rédemption que Jésus a inaugurée. Une religion sensuelle s'attache au Fils de Dieu, comme l'attestent "les icônes, les vitraux, les statues, les cathédrales elles-mêmes fourmillant d'œuvres d'art" (*Les Météores* 161); ceci marque une coupure radicale avec l'iconoclasme de l'Ancien Testament. Koussek, adolescent, était ébloui par le *corps* de Jésus souffrant, qui excitait à la fois son désir homosexuel et son élan mystique (47–48). Cependant, cette "floraison géniale" du Nouveau Testament est maintenant dépassée: "stérilisée" (161), sublimée par le "souffle lumineux" (160) et le "corps météorologique" (158) du Saint-Esprit.

Selon cette théorie, le Saint-Esprit et l'alchimiste chrétien de l'époque médiévale ont tous les deux le même rapport avec Jésus. Rappelons que l'alchimiste croyait compléter l'œuvre du Christ, en rachetant la nature—par la mort (putréfaction) et la résurrection (sublimation) symboliques des substances—de même que Jésus a racheté l'humanité (Eliade, *Forgerons et alchimistes* 137–38, 148). L'alchimie et la religion pentecôtiste de Koussek se basent donc toutes deux sur une sacralisation de la *nature,* par laquelle l'œuvre de la rédemption christique est élargie et enfin achevée.

Cette sacralisation est en même temps une sexualisation. Selon Koussek, le Saint-Esprit ainsi que les météores possèdent une importante fonction fécondatrice. Tous deux habitent

> une sphère vivante et bruissante qui enveloppe la terre comme un manchon plein d'humeurs et de tourbillons, et ce manchon est esprit, semence et parole.

> Il est semence, car sans lui rien ne pousserait sur la terre. [. . .] Les femmes elles-mêmes ont besoin de son humidité pour enfanter [. . .]. (*Les Météores* 158–59)

De même, l'œuvre alchimique, qui raccourcit le temps de "gestation" des minerais dans la matrice tellurique, dépend de la fécondation du mercure femelle par le soufre mâle (*Forgerons et alchimistes* 40). Ainsi s'accomplit la transmutation des métaux, aboutissant à la naissance de l'or.

6.3.2. La Hiérarchie cosmologique des *Météores*

A travers la théologie de Thomas Koussek et les observations météorologiques de Paul, Tournier construit une cosmologie où le christianisme et la science se mêlent à une pincée de mythologie grecque et à une dose de mythologie tournièrienne. Il dessine une hiérarchie verticale, où le cosmos se divise en trois sphères concentriques: (1) l'ionosphère (ou la "logosphère"[8]); (2) la terre; (3) la troposphère. Résumons d'abord les caractéristiques sacrées de chacune de ces régions, à la manière dont Koussek en rend compte.

L'ionosphère reflète "le silence des dieux" (*Les Météores* 184); c'est la région du calme céleste qu'évoque l'apparente immobilité des astres. Elle est tout esprit, cette sphère du Père, toute perfection, défiant la représentation. Elle correspond donc à l'époque de l'Ancien Testament, où les images de la Divinité étaient interdites. Si l'ionosphère semble être d'une essence immobile et atemporelle, la terre est au contraire le domaine de Cronos. Mais c'est également le lieu des hommes et du Fils de Dieu qui est devenu homme. Il a fondé une religion qui ressemble à la terre: un culte sensuel où règnent l'icône et la musique sacrées. Entre l'ionosphère et la terre se trouve la troposphère, le "ciel brouillé et imprévisible de la météorologie" (158). Le Saint-Esprit y fait son royaume, manifestant sa présence par les impétueux météores. "[S]emence et parole" (158), l'Esprit féconde la terre comme il a fécondé Marie, et il accomplit un miracle linguistique par le feu et le vent de Pentecôte. Paradoxalement, ce fécondateur est aussi stérilisateur, épurant la floraison sensuelle et artistique du culte christique par un "souffle lumineux" (160).

L'univers des *Météores* consiste donc spatialement en trois sphères gouvernées par la Trinité-Sainte. Il a subi une évolution historique qui a vu céder la prééminence du Père en faveur du Fils, lequel à son tour a été dépassé par le Saint-Esprit. Ce transfert de pouvoir rappelle la lutte—combien plus sanglante—entre les trois dieux du ciel dans la cosmologie grecque. Ouranos est l'Etre Suprême, le grand créateur et fécondateur de Gaia, la Terre. Ouranos est châtré et remplacé dans le ciel par son fils Cronos qui, armé de sa faucille tranchante, symbolise l'emprise du temps sur l'homme. Zeus enfin inaugure le règne des dieux olympiens lorsque, avec ses frères et ses sœurs vomis par Cronos, il vainc son père et les autres Titans (Grimal 104, 334, 478). Le règne de Zeus est analogue à celui du Saint-Esprit. Selon Grimal, Zeus "est essentiellement le dieu de la Lumière, du ciel clair, ainsi que de la foudre, mais il ne s'identifie pas avec le Ciel [. . .]" (477). En outre, il "provoque la pluie, lance la foudre et les éclairs" (478). Comme le Saint-Esprit, alors, Zeus contrôle la troposphère turbulente, le domaine des météores; il est donc plus proche des hommes que son père Cronos et son aïeul Ouranos. Il est connu pour ses caprices amoureux, et sa séduction de Danaé enfermée, qu'il féconde sous la forme d'une pluie d'or coulant par une fente du toit (Grimal 9), n'est pas sans affinité avec la fécondation de Marie par le souffle ou l'ombre du Saint-Esprit.

En privilégiant l'aspect fertilisant de la Sainte-Trinité, la religion de Koussek évolue de la même façon que maints cultes primitifs. Selon Eliade, "les Etres Suprêmes perdent progressivement leur actualité religieuse; à leur place se substituent d'autres figures divines, plus proches de l'homme, plus 'concrètes' et plus 'dynamiques': dieux solaires, Grandes Déesses, Ancêtres mythiques, etc." (*Mythes, rêves et mystères* 170). Eliade cite quelques mythes juif, indien, grec, africain et mésopotamien qui illustrent ce phénomène qu'il estime "universel" (174). Dans le panthéon grec, par exemple, Ouranos, un dieu cosmogonique devenu très distant, s'efface en faveur du plus énergique Zeus: "La castration d'Ouranos est une image mythique de l'impuissance et, partant, de la passivité de cet ancien dieu céleste. Sa place a été occupée par Zeus, qui cumulait à la fois les attributs du Dieu Souverain et du Dieu de l'orage" (175). Universel est donc cet affaiblissement de l'Etre Suprême créateur, que ce soit Yahweh cédant la place au Saint-Esprit, Ouranos à Zeus, ou ce dernier aux figures directement liées à la végétation comme Attis ou Adonis. L'homme devient de moins en moins concerné par la création du monde, de plus en plus préoccupé par la *procréation* et par la fertilité de la terre, qui dépend de la *hiérogamie* entre le Ciel-Père—le soleil et la pluie—et la Terre-Mère. Le ciel abstrait de l'ionosphère n'intéresse plus que les astronomes, tandis que la réalité concrète de la troposphère concerne tous les êtres humains.

6.3.3. La Sublimation

Chacune des sphères de l'univers tournièrien possède ses dieux et ses couples. Si la terre est évidemment le lieu réservé aux êtres humains, chaque couple—hétérosexuel, homosexuel ou gémellaire—peut par analogie s'associer à une couche atmosphérique. Les caractéristiques des trois sphères sont résumées dans le tableau ci-dessous.

Tableau

L'Hiérarchie cosmologique des *Météores*

Sphère	Divinité grecque	Divinité chrétienne	Caractéristiques
Ionosphère (Logosphère)	Ouranos	Yahweh	Sphère des astres. Immobilité. Silence. Stérilité du couple homosexuel ou gémellaire
Troposphère	Zeus	Saint-Esprit	Sphère des météores. Turbulence. Fécondité du couple hétérosexuel
Terre	Cronos	Jésus	Temporalité. "Perpétuation de l'espèce"

Analysant le contraste entre l'ionosphère et la troposphère, Paul est fasciné par "l'analogie de cette opposition des deux sphères, et celle de la foule sans-pareil, tumultueuse, emportée par des amours fécondes et échevelées, brassant la boue et le sang avec la semence—et du couple gémellaire pur et stérile"

(*Les Météores* 449). Le couple gémellaire est, par nature, stérile, tout comme les couples mythiques—Roméo et Juliette, Tristan et Iseut—dont l'amour n'a jamais été "humanisé" ou "souillé" par la fonction reproductrice. Le père des jumeaux, Edouard, l'avait constaté, trouvant que le couple gémellaire dépassait même le couple mythique, trivial par son caractère hétérosexuel (*Les Météores* 318–19). Les jumeaux sont à l'origine des *gémeaux,* êtres sidéraux, divinisés, comme les Dioscures, Castor et Pollux. Robinson, lors d'une rêverie nocturne, avait déjà évoqué la parenté entre les gémeaux—ascendants mythiques des jumeaux—et les astres de l'ionosphère:

> Des êtres semblables, des jumeaux sont en gestation dans la lune, des gémeaux naissent de la lune. [. . .] Ce sont des Dioscures, êtres tombés du ciel comme des météores, issus d'une génération verticale, abrupte. Leur père le Soleil les bénit, et sa flamme les enveloppe et leur confère l'éternité. (*Vendredi* 231–32)

Quant à Koussek, il sacralise le couple gémellaire, se disant "Jumeau Absolu" (*Les Météores* 152) de Jésus; ensuite, fécondé par l'Esprit-Saint, il dépasse même Jésus, et sa gémellité devient "universelle" (160). Mais Koussek vante surtout la supériorité du couple homosexuel sur l'hétérosexuel. S'ils n'atteignent pas la perfection des jumeaux, les homosexuels, "[l]égers et gais, comme des voyageurs sans bagages" (145), forment une sorte d'aristocratie sexuelle. De par leur stérilité, ces "seigneurs de la vie" règnent sur la foule grouillante des hétérosexuels, "attelé[e] au lourd chariot de la perpétuation de l'espèce" (145).

Il faut dire que le tableau dessiné plus haut n'est pas rigide. En effet, la troposphère, "sphère des troubles" (447) qui fait l'intermédiaire entre la terre et l'ionosphère, est un champ de bataille dont les droits de possession sont disputés par les couples hétérosexuel, homosexuel et gémellaire. L'hétérosexuel peut s'y identifier parce que comme lui la troposphère est liée à la *fécondité.* Cependant, l'homosexuel y trouve son lieu parce que la fertilité de la troposphère est *mâle*—elle féconde la Terre-Mère. Et selon Koussek, l'homosexuel est naturellement "d'un degré plus viril que l'hétérosexuel—qui est sa femme"; et l'homosexuel met "toute sa force virile au service des espèces féminines" (148).

Cependant, le *vrai* maître de la troposphère, comme de l'ionosphère, c'est le jumeau délaissé, comme Paul le découvre dans le chapitre final des *Météores:* "L'Ame déployée." Paul se servait de cette phrase pour décrire l'espace intergémellaire qu'il partageait avec Jean (422, 574). Jean disparu, l'âme de Paul déferle sur les météores; l'espace intime des jumeaux s'étend sur un espace infini; la cryptophasie devient un dialogue entre Paul et les éléments:

> J'entends l'herbe brouter l'humus pourrissant des bas-fonds, et le trot menu des étoiles parcourant d'est en ouest la voûte céleste. [. . .] Car la parole gémellaire destinée à un seul, par la force du dépariage s'adresse désormais au sable, au vent et à l'étoile. Ce qu'il y avait de plus intime devient universel. (623–24)

La cryptophasie "s'élève à la puissance divine," suivant, comme la destinée de Paul, un trajet vertical. Son écrasement dans le tunnel berlinois, et l'amputation de son bras et de sa jambe gauches qui devait en résulter étaient des "mutilations rituelles" (614, 618), permettant à Paul de s'élever parmi les vents et les pluies, dont il possède à présent une "hyperconnaissance" (609). De son côté gauche, il sent et entend les variations météorologiques.

La métamorphose de Paul est une sorte de *sublimation,* non pas au sens psychanalytique du terme, mais aux sens alchimique, chimique et figuré.[9] Son hyperconnaissance lui permet d'entendre la nature muette et les sons lointains. Le nom de son village, "Pierres Sonnantes," revêt un sens littéral lorsque Paul, en un "moment sublime" (609), entend à trois heures du matin les cloches de toutes les églises environnantes. Il est conscient aussi de l'opération chimique de sublimation dans la nature. Le roman se clôt sur la description que fait Paul de la neige qui fond sous l'influence du soleil et d'un vent chaud:

> C'est que le soleil est vif et provoque l'évaporation de la neige *sans aucun dégel.* Au-dessus des masses de neige dures et intactes tremble un brouillard transparent et irisé. La neige devient vapeur sans fondre, sans couler, sans mollir.
>
> Cela s'appelle: sublimation. (625)

L'image du *brouillard* rappelle l'étape aqueuse-aérienne dans l'ascension de Robinson étudiée plus haut: Robinson voit "l'autre île" lorsqu'elle surgit du "brouillard rose de l'aurore" (*Vendredi* 94–95) ou de la "lourde nef de nuages" (126).

L'opération de "sublimation" est une *purification.* Paul perd tous ses rapports avec autrui—même avec son frère—éliminant donc toute possibilité de souillure. La première étape de son initiation à une nouvelle vie était la mutilation de Berlin. La ressemblance entre cet événement et la circoncision—un autre rite initiatique accompli par le "glaive purificateur" (Durand 192)—est évidente.[10] La deuxième étape est l'ascension métaphorique dans les airs. Ce mouvement est toujours associé à la purification, selon Durand: "[T]ous les symboles qui gravitent autour de l'ascension ou de la lumière s'accompagnent toujours d'une intention de purification" (191). Comme il existe un feu et une eau purificateurs, l'un lumineux, l'autre limpide, il est aussi un air cathartique, qui purifie par son "immatérialité, légèreté et quasi-ubiquité" (201).

La lumière joue un rôle essentiel dans l'apothéose de Paul. Il regarde la transformation du ciel nuageux, ce qui symbolise la clarté de ses sens devenus hypersensibles: "Le plafond de nuages gris [. . .] devient un marbre translucide à travers lequel filtre le bleu du ciel. Puis le marbre se fendille, [. . .] et fait place à un dallage aux interstices de plus en plus larges, de plus en plus lumineux" (*Les Météores* 619). La nouvelle lucidité de Paul est sans doute rendue encore plus vive par "l'hiver pur et stérile [qui] impose sa lucidité à toutes les choses" (624). Son âme se livre à sa destinée aérienne: il se compare à un arbre, les "branches dans le ciel" (615), et il croit comprendre tous les secrets de la météorologie "depuis que le ciel est devenu [son] cerveau" (624). Or Durand remarque qu'il existe un rapport étroit entre l'*âme* et l'*air,* d'après "une croyance universelle qui place dans l'air respiratoire la partie privilégiée et purifiée de la personne, l'âme." Il souligne en outre l'étymologie aérienne des mots grecs *anémos* ("vent") et *psyché* ("âme") (Durand 200).

Bachelard insiste sur le rôle du *mouvement* dans la sublimation. L'air est un élément pauvre en matière, mais riche en dynamisme; le vent, une force mystérieuse et invisible, sans substance (*L'Air et les songes* 16). Dans l'alchimie, la sublimation (ou la distillation) comporte deux matières—l'une terrestre et l'autre aérienne—et un double mouvement. Une vapeur légère et pure monte, poussée par la descente d'une substance lourde et impure: "Pour aider à cette action terrestre, de nombreux alchimistes ajoutent des impuretés à la matière à purifier. Ils salissent pour mieux nettoyer" (*L'Air et les songes* 299). Il s'agit d'"une dualité dynamique où matière et élan agissent en sens inverse tout en restant étroitement solidaires" (299–300).

Paul s'est métamorphosé en alambic. Son corps est la matière impure qui tombe lors du processus de distillation, son âme est la vapeur qui ensuite se condense en essence pure: eau-de-vie, huile, parfum. Voici ses premières pensées, se réveillant après son accident et son amputation: "Il y a eu la nuit noire. Puis des éclairs de souffrance [. . .] ont traversé la nuit noire. Ensuite je suis devenu une sorcière et un chaudron" (*Les Météores* 604). Le chaudron est son corps et la sorcière son âme; les deux parties de son être se battent, veulent se séparer: "La sorcière s'est détachée du chaudron et relève la tête. Mais pour un instant seulement, parce que le brouet ardent menace maintenant de la submerger. Il vire au rouge, se dresse à la verticale" (605).

Cette conscience d'une séparation entre le corps et l'âme marque le début du déploiement de l'âme de Paul, rendu possible par l'immobilité du corps, cloué au lit. La lourdeur du corps donne un élan inverse à l'esprit qui se libère. Ce paradoxe rappelle le sentiment de libération qui emplit Tiffauges, prisonnier de guerre dans les vastes espaces de la Prusse-Orientale, heureux de savoir qu'il ne verra plus jamais les confins étouffants de Paris.

Paul emploie le mot *porosité* (610) pour décrire sa condition. Hypersensible aux hydrométéores, perpétuellement trempé, son corps souffrant laisse s'envoler son âme:

> [J]e suis en contact immédiat, en prise directe avec le ciel et les intempéries. J'entrevois la naissance d'un corps barométrique, pluviométrique, anémométrique, hygrométrique. Un corps poreux où la rose des vents viendra respirer. Non plus le déchet organique pourrissant sur un grabat, mais le témoin vivant et nerveux des météores. (610)

Le terme *porosité* évoque la bipolarité substantielle et dynamique de la sublimation alchimique, comme Bachelard la décrit. C'est le paradoxe d'une matière dure, lourde et, pourtant, aérée: une pierre poreuse réunit l'air et la terre. Elle permet en outre le mouvement, c'est-à-dire l'absorption et l'élimination d'un liquide ou d'une vapeur.

Une lecture alchimique de "L'Ame déployée" conclurait que l'âme de Paul, vivant indépendamment du corps et flottant dans les airs, atteint une pureté *libératrice,* jamais possible tant que corps et âme sont unis. Rappelons le passage de Bachelard, que nous avons cité plus haut en analysant l'apothéose d'Idriss, où le philosophe avait caractérisé l'alchimie comme "une dynamique de libération." L'alchimiste libère "l'âme métallique entravée dans une matière impure" (*L'Air et les songes* 300); il aide la substance pure "à déployer ses ailes."

La libération de Paul, comme celle des autres héros tourniériens, consiste en une exaltation spirituelle qui néanmoins ne dépasse jamais complètement l'élément corporel. Le personnage, au terme du voyage élémentaire, prend un essor aérien, déferlant dans le vent comme un drapeau, la voile du bateau ou l'aile de l'oiseau. Cependant, de même que "l'âme métallique" de l'alchimie est liée par une substance impure, de même aucun personnage, à l'exception de Taor, ne se fait pur esprit; on ne se débarrasse jamais tout à fait de ses attaches terrestres. Robinson, perché dans le ramage d'un arbre ou debout sur un piton rocheux, célèbre son éternelle jeunesse en s'offrant au soleil levant. Mais son immortalité est aussi pétrification, minéralisation: sa poitrine est faite d'airain, ses jambes de marbre, son visage de cuivre et ses yeux de diamants. Tiffauges l'astrophore effleure les étoiles lorsqu'il accomplit sa dernière phorie. Mais son immortalité est également enterrement et pétrification dans les tourbières. Paul, en communication directe avec les météores, est "un drapeau claquant dans le vent" (*Les Météores* 624). Pourtant le déploiement de son côté gauche est dû à l'immobilité de son côté droit, "prisonnier du bois de la hampe" (624), victime de la pierre qui écrase et du glaive métallique qui tranche.

Chapitre sept

Les Clefs et les serrures

ou du mythe à l'histoire

> [T]u ne dois t'étonner
> De ton ascension, non plus que d'un ruisseau
> Qui, d'un sommet, descend dans la vallée.
> La merveille serait que, franc de toute entrave,
> Tu sois resté là-bas enraciné.
>
> Dante
> *La Divine Comédie*

Le voyage élémentaire du protagoniste tourniérien se présente comme un double mouvement vertical.[1] Dans le premier chapitre, nous avons comparé l'*axe* de ce mouvement à un escalier qui descend et monte en direction de deux univers opposés. Et nous venons de voir que le *dynamisme* du déplacement peut être représenté par la sublimation alchimique où, grâce à l'addition d'impuretés, la substance pure se volatilise: "La descension ainsi activée favorisera l'ascension. [. . .] La substance pure, attirée par la pureté aérienne, montera plus facilement, en entraînant moins d'impuretés, si une terre, si une masse d'impuretés attirent énergiquement les impuretés vers le bas" (Bachelard, *L'Air et les songes* 298–99). Dans les romans de Tournier, c'est au prix de sa chute dans la crasse souterraine que le personnage s'épanouit glorieusement à la fin; on dirait dans ce cas que la chute rend possible l'apothéose. Toute résurrection présuppose une mort; tout rite de passage exige une épreuve. En outre, le héros tourniérien garde les traces de sa descente tellurique, même en état d'apothéose. Comme l'arbre, son destin est double: sa gloire aérienne dépend de la pénétration de ses racines et de la dureté de son tronc. Tels Robinson minéro-solaire et Abel astrophore-Roi des Aulnes; tel Paul, dont le corps est devenu "souche—enfouie et souillée, mais indispensable" (*Les Météores*

623) à son âme déployée. Ces personnages illustrent la vérité universelle du cycle de la végétation, invoquée aussi bien par la *putrefactio* alchimique que par la parole célèbre des Evangiles: "Si le grain de froment tombant dans la terre ne meurt point, il demeure seul; mais s'il meurt, il porte beaucoup de fruit" (Jean 12.24).

Tournier établit donc dans ses romans un *rythme binaire,* dont l'analyse peut aider à situer l'auteur et l'importance de son œuvre pour la littérature contemporaine. Il avoue lui-même son penchant pour les distinctions binaires, conseillant tout de même de ne pas en abuser: "La 'dichotomie' ne doit pas être maniée comme une hache de bûcheron [. . .]. Il n'empêche que l'*alternative* [. . .] constitue un instrument d'analyse précieux et efficace [. . .]" (*Le Vol du vampire* 218–19). Le rythme de la vie elle-même est binaire, comme l'"ïambe fondamental" intermittent de la respiration et de la circulation qui anime la poésie de Claudel (Claudel 13). Malgré les grandes différences entre ces deux auteurs, Claudel catholique et profondément croyant, Tournier âprement critique des institutions catholiques, les deux œuvres sont traversées d'une pulsation liée au sacré, à la nature et à l'organisme humain. Faisant écho au grand poète, Tournier remarque que la "diastole" (dilatation) et la "systole" (contraction) rythment non seulement le cœur mais toute la vie humaine: "Tantôt, en effet, nous nous épanouissons, nous partons à la conquête du monde, nous ouvrons les bras à l'inconnu, aux terres nouvelles, à l'aventure. Tantôt, au contraire, nous nous rassemblons, nous replions nos antennes, nous rappelons nos pseudopodes" ("L'Ile et le jardin").[2]

Ce dualisme prend bien des formes dans l'œuvre de Tournier. Le phénomène de l'*inversion* peut changer tout objet en son contraire; nous avons vu que ce concept allait de pair avec l'ambivalence fondamentale des quatre éléments, dont chacun est potentiellement bénéfique ou maléfique. L'idéal pour Tournier, enfin, semble être un état androgyne ou gémellaire qui réunirait certaines tendances contraires: nomade/sédentaire, centrifuge/centripète, superficie/profondeur.

L'image de la sublimation alchimique rend compte, selon Bachelard, des deux dynamismes qui gouvernent la vie: "le dynamisme qui conserve et le dynamisme qui transforme" (*L'Air et les songes* 300). La conservation est un mouvement terrien, la transformation un mouvement aérien. Ce même dualisme, nous l'avons vu, est illustré par l'arc et la flèche: le premier symbolise la "poussée" du passé, la seconde l'"aspiration" vers l'avenir (292), et la tension entre les deux fait la réalité du présent.

Tournier exprime le désir de réunir ce que Bachelard appelle conservation et transformation, poussée et aspiration, ou encore "changement" et "sécurité." Bachelard explique que dans la littérature, le psychisme "organise des habitudes de connaissance—des concepts—qui vont le servir et l'emprisonner. Voilà pour la *sécurité,* la triste sécurité. Mais il renouvelle ses images, et c'est par l'image que se produit le *changement*" (*L'Air et les songes* 301; je souligne). Un auteur se base donc sur certains concepts—psychologiques, philosophiques, linguistiques, ou autres—mais son originalité tient en ce qu'il les modifie, les dépasse ou même les défie. Pour Tournier, le changement s'opère métaphoriquement par le geste d'ouverture des *clefs,* qui attaquent la sécurité des *serrures.* La clef est aventure, mouvement, curiosité; la serrure patience, sédentarité, obstination: "[L]e monde entier n'est qu'un amas de clefs et une collection de serrures. [. . .] La clef, il n'est que de savoir s'en servir. La serrure, il n'est que de savoir la servir . . . afin de pouvoir l'asservir" (*Des clefs et des serrures* 8). Il y a chez Tournier une tension entre ces tendances contraires; Caïn et Abel—le sédentaire et le nomade—luttent pour la maîtrise de son âme.

Transposant la métaphore dans le domaine politique, la clef serait du côté gauche, libéral, tandis que la serrure serait du côté droit. Et au niveau sociologique, la clef et la serrure chez Tournier peuvent être rapprochées de ce que Northrop Frye appelle *myth of freedom* et *myth of concern* (*Critical Path* 36–45).

Le concept du *myth of concern* comprend tout ce qui rend cohérente et continue une société. On pourrait donc le traduire par le terme *mythe de cohésion.* C'est un système de croyances qui "concernent" chaque citoyen et servent à différencier une société de toutes les autres. Les racines de ce mythe sont dans la religion, mais il comporte diverses branches sociales, juridiques, politiques et littéraires. Dans la civilisation occidentale, c'est le mythe judéo-chrétien qui sous-tend toutes les structures sociales; ce serait donc, selon Frye, notre principal "mythe de cohésion" (*Critical Path* 36–37).

Trop saturé d'émotions telles la ferveur nationaliste ou religieuse, le "mythe de cohésion" n'encourage pas forcément une vision objective ou réaliste de la vie. Naît alors le "mythe de liberté" au cœur d'une société, chez certains individus qui ressentent le besoin de juger ou de critiquer:

> The mental attitudes it develops [. . .] include objectivity, suspension of judgement, tolerance, and respect for the individual [. . .]. The myth of freedom [. . .] stresses the importance of the *non-mythical* elements in culture, of the truths and realities that are studied rather than created, provided by nature rather than by a social vision. (*Critical Path* 44; je souligne)

Le "mythe de liberté" est décidément non-mythique dans le sens où il va à l'encontre des croyances fondamentales d'une société. Il se développe en particulier dans le système d'éducation, qui doit encourager un esprit ouvert et objectif, assez distancié du "mythe de cohésion" pour pouvoir le critiquer. Le "mythe de cohésion" peut alors faire appel à d'autres valeurs qui surgissent pour supplanter celles qui se sont corrompues ou sont tombées en désuétude.

Voyons de quelle manière Michel Tournier mobilise ces deux mythes sociaux. Il est évident que le mythe forme le noyau de son œuvre. Dans notre premier chapitre nous avons cité un passage du *Vent Paraclet,* où Tournier exhortait les écrivains à constamment renouveler les mythes, faute de quoi ces derniers risquent de dégénérer en allégories froides et figées (193). Quant à ses propres romans, le mythe y est tellement présent que ses livres "doivent être reconnus—relus—dès la première lecture" (189). Il écrit donc des récits *élémentaires,* des récits *radicaux.* Radicaux dans les deux sens du terme, car, faisant appel aux archétypes à la base de notre vision du monde, ils subvertissent cette vision, renversant les valeurs qui en constituent les pierres d'angle. "Fouler le sol ferme" (*Vendredi* 100) de la civilisation occidentale: voilà ce que pourrait être la devise de Michel Tournier.

Quelle est donc la fonction du mythe dans une œuvre d'apparence "naturaliste," qui semblerait avoir peu en commun avec ces récits légendaires venus d'un passé lointain? Pour Tournier, le *vrai* mythe est le "mythe de liberté." Il est un esprit de libération qui motive le mythe tourniérien: l'auteur libère à la fois le mythe des entraves du passé, et son personnage—par l'opération de la sublimation—de la dégénérescence morale où il était tombé. Le mythe, écrit Tournier dans un essai sur "Tristan et Iseut," "n'est pas un rappel à l'ordre, mais bien plutôt un rappel au désordre"[3] (*Le Vol du vampire* 35). Les grands héros mythiques—Œdipe, Tristan, Don Juan, Faust . . .—sont des "maudits," des "révoltés" qui ont pour tâche "de dire *non* à la société, de briser l'ordre social" (34). Telle aussi est la tâche des héros chez Tournier: Robinson refuse de retourner à la civilisation décadente d'Angleterre;[4] Abel se crée une "philosophie d'opposition" (Koster 88) dans ses "Ecrits sinistres"; Alexandre applaudit la grève des éboueurs parce que la présence des ordures dans les rues lui procure "un sentiment de conquête, la satisfaction d'une prise de possession" (*Les Météores* 209–10) de la ville bourgeoise qu'il méprise.

Les protagonistes de Tournier sont toujours des *marginaux:* naufragés, homosexuels, jumeaux, malades mentaux, travailleurs immigrés, prisonniers. De tels personnages—"maudits" tout comme les héros mythiques—peuplent le monde littéraire du naturalisme, genre que Northrop Frye appelle le "mode ironique" (*Anatomy of Criticism* 41–42). Le héros tourniérien a ceci en commun avec le héros ironique de Frye, que—malgré toutes ses faiblesses humaines—son dilemme tragique l'élève au rang du mythique. Ainsi l'ironie et le mythe, deux modes apparemment antithétiques, se rencontrent: "Irony descends from the low mimetic: it begins in realism and dispassionate observation. But as it does so, it moves steadily towards myth, and dim outlines of sacrificial rituals and dying gods begin to reappear in it" (*Anatomy of Criticism* 42). Le héros typique du mode ironique, c'est le bouc émissaire ou *pharmakos:* la victime innocente de la société comme, par exemple, les personnages du roman naturaliste. Le "mythe de liberté" naît chez eux, comme on pouvait le prévoir, de leur milieu défavorisé: les marginaux sont autant d'outils—de "clefs"—qui cherchent une ouverture dans le "mythe de cohésion"—la "serrure"—qui leur est fermé.

Le "mythe de cohésion" comprend en fait plusieurs "serrures" dont deux surtout—la sexualité et l'histoire—font l'objet de la critique de Michel Tournier. Des personnages comme Robinson et Abel Tiffauges—saisissants par leur contraste avec le personnage typique du roman psychologique—réussissent à révolutionner sexualité et histoire telles que la civilisation occidentale les conçoit. Si ces personnages ressemblent au *pharmakos* du naturalisme, ils possèdent pourtant une grandeur mythique—sinon diabolique—souvent absente chez les pitoyables héros de Zola, comme Gervaise Macquart ou son fils Etienne Lantier.[5]

Robinson fait une découverte troublante: on n'a pas besoin d'autrui pour avoir une vie sexuelle satisfaisante. Ni la présence de Vendredi ni l'occasion de retourner en Angleterre auprès de sa femme ne le détournent de ses amours solaires et solitaires, qui le rajeunissent et le libèrent des entraves de sa virilité. Attitude perverse selon Gilles Deleuze,[6] mais qui fait néanmoins de Robinson un "héros de la solitude" (*Le Vent Paraclet* 221) pour l'homme moderne, accablé par son propre isolement. Tout son "mythe de cohésion" lui enseigne que la vie à deux est un moyen de combattre la solitude. Et si Tournier ne lui propose pas la sexualité cosmique comme une solution réaliste à ses angoisses, il lui fait savoir du moins la folie de sa vie dans le néant urbain. Tournier ne suggère pas que l'on peut vaincre la solitude en imitant Robinson. Nos tentatives misérables de "Robinsonnades" se limitent le plus souvent à quinze jours à la plage ou à la montagne, puis nous reprenons aussitôt notre routine quotidienne. Mais Tournier nous fait rêver d'un mode de vie écologique et harmonieux, impossible sauf pour les "initiés" comme Robinson, communs dans la fiction mais rares dans la réalité.

Abel Tiffauges brise lui aussi l'inviolabilité de l'amour conjugal et de la vie de famille. Scandaleux ce roman qui établit un monde "non-génital" (Monès 588), mettant la paternité, la virilité et la féminité "entre parenthèses" (588), au profit d'une relation tendre, mais non sexuelle, entre homme et garçon. Scandaleux ce nouvel avatar du Centaure, d'Atlas et de saint Christophe, car "c'est l'homme-mère, le porte-enfant qui pulvérise par sa tendresse la trilogie œdipienne" (587), bouleversant ainsi tout ce que la révolution freudienne nous a appris sur notre sexualité.

L'amour de Tiffauges pour les garçons, malgré sa douceur, contient une graine déconcertante de sadisme. Cet ogre, sur son cheval Barbe-Bleue, aurait pu sortir aussi bien des pages de Sade que de celles de Perrault. Abel remarque en effet que les contes pour enfants sont "des histoires abominables" (*Le Roi des Aulnes* 153), affreusement cruelles: "Perrault, Carroll, Busch, des sadiques auxquels le divin marquis n'avait rien à apprendre" (153). Ses propres goûts sadiques ne tarderont pas à se manifester: son insensibilité envers les familles des garçons qu'il enlève pour Kaltenborn, sa participation aux expériences médicales nazies sur les garçons, sa jouissance "phorique" lorsqu'il tient dans ses bras le corps d'un enfant décapité par un lance-roquette (539), sont des instances où son amour tend à se confondre avec le crime. Philippe de Monès remarque en outre chez Abel une "passion pour le monde clos, l'institution, toutes les formes de 'garçonnies' où il puisse dénombrer, comptabiliser ses proies" (589). Le collège, la prison, le colombier, la *napola* sont tous les repaires de l'ogre, rappelant Sade, incarcéré pendant plus de vingt-cinq ans, et dont le monde romanesque est un "univers concentrationnaire" (Didier x) de châteaux, de couvents, de monastères, lesquels ont tous subi, sous la plume du marquis, l'inversion maligne.

La deuxième serrure, l'histoire, se trouve aussi crochetée par Robinson et par Tiffauges. Le roman de Defoe exaltait la civilisation occidentale: qu'un Anglais, seul sur une île tropicale, fasse autre chose que reconstruire une société semblable à celle de l'Angleterre, aurait été impensable pour Defoe. Mais pour Tournier, ce désir de rétablir le mode de vie européen sur l'île déserte n'est qu'une première étape—bientôt dépassée—dans la vie de Crusoé. Vendredi lui enseigne un nouveau genre de civilisation, autre idée impensable à l'époque:

> Or qu'était Vendredi pour Daniel Defoe? Rien, une bête, un être en tout cas qui attend de recevoir son humanité de Robinson, l'homme occidental, seul détenteur de tout savoir, de toute sagesse. [. . .] L'idée que Robinson eût de son côté quelque chose à apprendre de Vendredi ne pouvait effleurer personne avant l'ère de l'ethnographie. (*Le Vent Paraclet* 227)

Ce roman est radical par son effort de subvertir non seulement son modèle littéraire, mais aussi la civilisation dans laquelle il s'inscrit. Le roman de Defoe était "purement rétrospectif," écrit Tournier dans *Le Vent Paraclet* (229), un éloge de la vie que Crusoé avait laissée derrière lui. Par contre, celui de Tournier "se veut inventif et prospectif" (229), car Robinson, sous la tutelle de Vendredi, crée un nouveau monde. Le mythe de Crusoé devient donc une clef pour renverser les valeurs—politiques, sociologiques, écologiques, religieuses—sur lesquelles notre culture repose, ou se repose. Une petite communauté isolée dans la forêt québécoise a même adopté *Vendredi* comme code social: ses membres s'efforcent de vivre selon les leçons apprises par Robinson dans la solitude (Tournier, *Journal de voyage au Canada* 13–15). Condamné par l'extrême droite américaine (*Journal* 15), le roman a offusqué ceux qui croient toujours en la supériorité de la race blanche. Cela était en fait une des intentions de l'auteur:

> Oui, j'aurais voulu dédier ce livre à la masse énorme et silencieuse des travailleurs immigrés de France, tous ces Vendredi dépêchés vers nous par le tiers monde [. . .]. Notre société de consommation est assise sur eux, elle a posé ses fesses grasses et blanches sur ce peuple basané réduit au plus absolu silence. (*Le Vent Paraclet* 236–37)

Neuf ans après la publication de ces paroles, *La Goutte d'or* est apparu comme une défense explicite des travailleurs immigrés. Mais *Vendredi,* porté par un mythe puissant et une écriture lyrique, demeure la plus belle protestation que Tournier ait jamais exprimée contre le racisme.

Mais c'est *Le Roi des Aulnes* qui constitue l'atteinte la plus audacieuse à l'histoire moderne. L'ogre féerique, lâché dans l'Allemagne nazie, se revêt d'une réalité inquiétante. Ce moment de l'histoire est encore très proche de nous, et est devenu même plus actuel par la réunification de l'Allemagne. Si l'on pensait que l'ogre était mort avec Perrault et les frères Grimm, l'on est sidéré de le voir renaître dans l'Allemagne de Hitler et de Göring. On n'y mange plus les enfants, mais on les endoctrine pour en faire ensuite de la chair à canon.

Germanophile passionné de littérature et de philosophie allemandes, Tournier pose la question suivante: Comment les atrocités perpétrées par les Nazis ont-elles pu naître chez ce noble peuple européen, chez les descendants de Goethe et de Novalis, de Kant et de Hegel? Une réponse possible se présente si l'on analyse le concept de "diabole," mot créé par le Kommandeur de Kaltenborn (*Le Roi des Aulnes* 472–78).

Un diabole est l'inversion maligne d'un symbole. Le propre d'un symbole est sa polysémie: il possède à un premier niveau un sens manifeste, et à un second niveau des sens latents, cachés. L'aigle prussienne, par exemple, n'est que la figure d'un aigle pour celui qui ne connaît pas l'histoire allemande. Mais pour le Kommandeur elle représente toute la gloire de la vieille Prusse. Le diabole est le symbole vidé de son sens caché, un symbolisant sans symbolisé. Selon le Kommandeur, le diabole "échappe à la chose symbolisée, et, ce qui est redoutable, *il la prend lui-même en charge*. [. . .] Lorsque le symbole dévore la chose symbolisée, lorsque le crucifère devient crucifié, lorsqu'une inversion maligne bouleverse la phorie, la fin des temps est proche" (473).

Comme nous l'avons déjà vu dans le chapitre quatre, ce prophète apocalyptique dénonce la fin imminente de l'Allemagne comme un abus de symboles, une insensibilité envers les symboles, autrefois sacrés, d'une histoire glorieuse. La débâcle économique à la suite de la première guerre a vidé le pays de son sang et les symboles de leur substance. Vient le Führer qui ramasse les symboles exsangues pour leur insuffler des sens pervertis: il inverse la tête de l'aigle héraldique, il tord la croix de Malte et en fait une croix gammée, s'appropriant ce symbole ancien souvent associé aux "grandes figures créatrices ou rédemptrices" (Chevalier et Gheerbrant 912) de l'humanité. Avec des symboles insensés, il enflamme tout un peuple, lequel devient comme "une vaste mer, houleuse et creusée par le vent, d'étendards, d'enseignes, de bannières, d'emblèmes et d'oriflammes" (*Le Roi des Aulnes* 477). Il pervertit en outre la philosophie de Nietzsche: le surhomme, symbole de la vie, de l'individu qui s'affirme contre l'Eglise institutionnelle, se dégrade en une collectivité aveuglément obéissante et vouée à la mort.

Le message de Tournier va plus loin qu'une interprétation sémiologique du nazisme. Si une telle horreur a éclaté en Allemagne, elle pourrait arriver n'importe où et n'importe quand. L'influence croissante de l'extrême droite en Europe et aux Etats-Unis, accompagnée parfois d'un mouvement néo-nazi, semblerait confirmer ce danger. Tournier nous en avertit à travers un monde fictif de signes et de symboles propres à éveiller son public, et qui portent sans cesse la parole d'un "mythe de liberté."

L'œuvre de Tournier est donc porteuse d'un message qui perturbe énormément les détenteurs du "mythe de cohésion." L'efficacité de sa critique sociale dépend en grande partie du divorce apparent qui existe entre la *forme* et le *fond* dans ses livres. La première est assez traditionnelle, restant la plupart du temps dans la lignée des romans réalistes et naturalistes du dix-neuvième siècle.[7] Les alternances de narrateurs, si elles ne sont pas typiques du roman balzacien ou flaubertien, ne choquent pas;[8] de tels procédés de conteur sont le propre du roman depuis la période baroque.[9] Le *fond* cependant est trompeur, car en partant de ces mythes, de ces histoires que "tout le monde connaît déjà" (*Le Vent Paraclet* 189), Tournier propose une critique sociale acerbe. L'auteur s'explique dans *Le Vent Paraclet:* "Mon propos n'est pas d'innover dans la forme, mais de faire passer au contraire dans une forme aussi traditionnelle, préservée et rassurante que possible une matière ne possédant aucune de ces qualités" (195).[10]

Tournier cherche à bouleverser la littérature de la même manière que les peintres surréalistes ont révolutionné l'art, c'est-à-dire "par un paroxysme de précision et de rationalisme, par hyperréalisme, hyperrationalisme" (*Le Vent Paraclet* 114). Selon lui, les écrivains surréalistes étaient moins efficaces que les peintres dans leur projet anarchiste, parce que leur style flou—récits de rêves, écriture automatique—était aux antipodes du réalisme, donc *trop* différent de celui-ci pour vraiment le défier. Pour mieux subvertir le style réaliste, il aurait fallu invoquer comme maîtres non pas Rimbaud mais Flaubert ou Zola, pour créer alors "un objectivisme poussé jusqu'à l'hallucination" (115). Voilà ce que fait Tournier, dont le monde romanesque, comme celui de Zola, est naturaliste mais saturé de lyrisme et de symboles. Ce dernier écrit à Henry Céard, le 22 mars 1885, à propos de *Germinal:* "J'ai l'hypertrophie du détail vrai, le saut dans les étoiles sur le tremplin de l'observation exacte. La vérité monte d'un coup d'aile jusqu'au symbole" (Zola 249; cité en anglais dans Shattuck 262). Mais à la différence de Zola, la vérité chez Tournier non seulement "monte" jusqu'au symbole, mais descend jusqu'à son inversion maligne, le diabole, pour exposer un monde pervers de symboles ne symbolisant plus rien.

Pour réaliser un texte hyperréaliste, Tournier coupe de temps à autre la parole au narrateur omniscient pour la donner à "la folie raisonneuse et systématique" (*Le Vent Paraclet* 116) de ses personnages. Procédé efficace, car, dotés de la parole, les personnages mythiques, jusqu'alors figés et sacrés, sortent des rayons de la mythologie pour se mêler au monde sordide du roman réaliste. Dans son log-book, Robinson nous fait part d'angoisses et de névroses que Defoe n'aurait jamais imaginées. Dans les "Ecrits sinistres," les réflexions d'un ogre, créature fantastique, coulent de la plume d'un mécanicien ordinaire. Dans *Gaspard, Melchior et Balthazar,* le récit de Taor, personnage inventé par Tournier, se fait à la troisième personne, tandis que chacun des trois rois mythiques raconte sa propre histoire, mettant son cœur à nu, perdant ainsi son statut inviolable. Donc le mythe est *renouvelé, transformé,* et Tournier accomplit ainsi la mission qu'il s'assignait, à lui comme à tout écrivain.

Une telle "littérature au second degré" (que Genette nomme l'hypertexte) est précieuse si elle sait saisir l'hypotexte—l'œuvre d'origine—pour l'adapter à des fins nouvelles: "[L]'hypertextualité a pour elle ce mérite spécifique de relancer constamment les œuvres anciennes dans un nouveau circuit de sens. La mémoire, dit-on, est 'révolutionnaire'—à condition sans doute qu'on la féconde, et qu'elle ne se contente pas de *commémorer*" (Genette 453). Lâchés dans le "circuit de sens" particulier à notre temps, les hypertextes de Tournier remplissent sans aucun doute une fonction révolutionnaire. "Ce ne sont pas les idées qui changent," écrit Jean-Marie Domenach, "c'est le climat où elles apparaissent" (59). Robinson Crusoé après Rousseau et le mythe du bon sauvage, après les études des ethnographes du vingtième siècle, et encore après les guerres de décolonisation, ne pouvait, ne pourrait qu'aboutir à un livre aux antipodes de celui de Daniel Defoe. L'ogre et Barbe-Bleue sont encore plus épouvantables dans le IIIe Reich que dans le monde enchanté de Perrault. Et le couple idéal—Tristan et Iseut, Roméo et Juliette—se trouve détrôné par le couple gémellaire: incestueux et homosexuel. Il est vrai que "commémorer" est une fonction de l'œuvre de Michel Tournier, qui déclare que "les hauts faits de l'histoire ne se dégagent de la gangue impure et douteuse où ils sont nés que par le souvenir qui les perpétue dans les générations ultérieures" (*Le Médianoche amoureux* 267–68). Si le voyage tourniérien dans les quatre éléments commence dans le mythe, il aboutit dans l'histoire contemporaine, et l'importance de l'auteur reste dans sa capacité de *détourner* le mythe tout en le consacrant, de *renverser* l'"arbre de vie" de la civilisation contemporaine, pour en exposer les ténébreuses racines.

Notes

Chapitre un
Le Voyage élémentaire

1. Si Tournier différencie nettement ici les mythes des allégories, ailleurs dans *Le Vent Paraclet* il mélange les deux concepts, comme par exemple dans le passage où il décrit des "héros mythologiques" comme des "allégories de plâtre" (*Le Vent Paraclet* 178). Rachel Edwards soulève correctement la contradiction (Edwards 113), mais tombe ensuite dans un piège similaire lorsque, accusant Tournier d'être un créateur d'allégories ou au mieux de "mytho-allégories" (119), elle semble confondre "allégorie" avec "métaphore" ou "symbole." En parlant de *Vendredi* et du *Roi des Aulnes,* elle déclare que "the island becomes an *allegory* for the plight of twentieth century man locked in solitude," et que "the napola to which Tiffauges finally accedes in East Prussia can clearly be seen as an *allegory* of the concentration camps of World War II" (115; je souligne). Mais comme la conçoit Tournier, une allégorie est monosémique, "symbole refroidi" selon Hegel (Chevalier et Gheerbrant ix), "écho vide" selon Coleridge (cité dans Abrams 185), *signe* dont la signification est claire, indiscutable. Par contre, un *symbole* est polysémique, cachant un ou des sens latent(s). L'île de Robinson comme la *napola* de Tiffauges sont de riches symboles, trop flous et suggestifs pour être restreints à une signification monosémique.

Dans sa conception d'allégorie, Tournier accepte l'interprétation romantique, exprimée surtout par Goethe et Coleridge, lesquels privilégiaient le symbole littéraire au dépens de l'allégorie. Un tel appauvrissement de l'allégorie est aujourd'hui vivement contesté; pour des discussions de cette polémique, voir Abrams 184–86 et de Man 187–208.

2. Ces propos sur le feu sont basés sur deux conférences intitulées "Aspects du feu," données par C. G. Dubois à l'Université de Bordeaux III, le 6 et le 13 novembre 1987.

3. Susan Petit (*Metaphysical Fictions* 58–65) trouve, surtout dans *Les Météores,* une très forte ressemblance avec l'œuvre de Dante. "[A] spiritual journey from damnation to salvation" (59), ce roman partage la structure tripartite (enfer, purgatoire, paradis) de *La Divine Comédie,* et contient en outre plusieurs références directes et indirectes à Dante (cf. *Les Météores* 150, 212).

4. Le sens courant de cette locution, selon le *Robert,* est: "avoir un esprit de repartie qui se manifeste à retardement, trop tard." Selon Tournier, le titre de son texte n'aurait rien à voir avec le sens usuel de "l'esprit de l'escalier."

5. J'ai adopté l'orthographe de Pierre Grimal dans le *Dictionnaire de la mythologie.* Les autres orthographes ("Kronos," "Chronos") ne seront conservées que dans les citations.

6. "Aspects du feu," conférences de C.-G. Dubois, le 6 et 13 novembre 1987. Jean Chevalier et Alain Gheerbrant écrivent cependant, dans le

Dictionnaire des symboles, que les philosophes antiques limitaient les principes primordiaux aux deux antithèses chaud/froid et sec/humide: "[L]'Eau procède du Froid et de l'Humide, l'Air de l'Humide et du Chaud, le [F]eu du Chaud et du Sec, et la Terre du Sec et du Froid" (396). Selon les Grecs, donc, le principe féminin serait surtout caractérisé par la froideur, le masculin par la chaleur.

7. Ces stéréotypes masculins et féminins sont enracinés dans les mythes organisateurs de l'Occident—les traditions judéo-chrétienne et grecque—comme dans ceux de l'Orient. Si, à l'époque actuelle, des intellectuel(le)s féministes mettent en question la vérité et la valeur de cette symbolique, cela n'empêche qu'une étude de l'œuvre de Tournier—un auteur formé dans l'esprit de la philosophie occidentale—peut s'organiser à partir de ces mêmes structures de base mythologiques. Ceci dit, nous allons néanmoins voir que Tournier bouleverse constamment ces structures, contestant les valeurs d'une société qui refuse l'*autre,* qui persécute le *marginal* sous ses diverses formes: femme, homosexuel, travailleur immigré, etc.

8. M.-L. von Franz, dans "The Process of Individuation," commente la tendance inconsciente d'ajouter à la Trinité un quatrième élément néfaste, ainsi réunissant le bien et le mal en *un* être divin, qui représenterait le bien et le mal, l'esprit et la matière (Jung et al. 246).

Chapitre deux
Le Commencement de la descente: Images du monde terrestre

1. La tendance de ranger les êtres humains en sédentaires et nomades, avec des caractéristiques féminines et masculines respectivement, est soutenue par les recherches du sociologue A. Piganiol (*Essai sur les origines de Rome,* de 1917). Cette dichotomie est à la base de son analyse des peuples méditerranéens, et montre d'ailleurs que les peuplades pastorales "rendent un culte au feu mâle, au soleil," tandis que les laboureurs "invoquent des divinités féminines et telluriques" (Durand 33).

2. L'exotisme de ce passage me semble devoir beaucoup à *A rebours.* Tournier en effet se dit l'héritier de Huysmans dans un petit texte qui s'appelle "Nécrologie d'un écrivain." Parlant de lui-même, Tournier remarque: "S'il lui fallait un ancêtre et une étiquette, on pourrait songer à J.-K. Huysmans et à celle de *naturaliste mystique.* C'est qu'à ses yeux tout est beau, même la laideur; tout est sacré, même la boue" (*Des clefs et des serrures* 194; *Petites proses* 245). On songe aux paroles de Baudelaire: "J'ai pétri de la boue et j'en ai fait de l'or." Thématiquement, Tournier se range dans la lignée du poète des *Fleurs du mal,* notamment par le manichéisme obsédant qui rythme ses écrits.

3. Comme on le verra, la gauche a aussi la capacité d'être cruelle. Mais toujours est-il que la gauche est plutôt bénéfique, la droite plutôt néfaste chez Tournier, même quand il ne s'agit pas de politique. La gauche symbolise la créativité et la pureté (cf. la première partie du *Roi des*

Aulnes, "Ecrits sinistres d'Abel Tiffauges"), et la libération de la pesanteur des forces terrestres (cf. la fin des *Météores* [623], où le corps gauche de Paul, les membres amputés, est "déployé sur la mer comme une grande aile sensible").

La marginalité des héros de Tournier est renforcée par cette valorisation de la gauche, qui contredit tout le symbolisme habituel de l'Occident. Pour Luc Benoist, l'ambivalence de tous nos symboles peut être résumée dans les idées de droite et de gauche, tout geste dans l'espace étant chargé d'une émotion positive ou négative. Son analyse conclut que, au moins en partie à cause des fonctions différentes des deux côtés du cerveau, la gauche signifierait le passif et le passé, le souvenir du traumatisme de la naissance, le féminin, l'intériorité, et la partie héréditaire, réceptive et conformiste de l'individu. La droite serait le côté de l'actif, de l'avenir, du masculin, de l'extériorité, de la créativité et de la volonté d'expansion (Benoist 43–46). Tournier subvertit cette tradition car, comme on vient de le voir, chez lui c'est plutôt la droite (le sédentaire) qui est associée au féminin, à l'héréditaire, à l'intérieur. Et c'est la gauche (le nomade) qui résume tout ce qui est masculin, actif, créatif et mésologique.

4. Tournier juxtapose le pessimisme de la droite et l'optimisme de la gauche dans un essai intitulé "Le Père Goriot: Roman zoologique," dans *Le Vol du vampire:*

> [L]es biologistes politiquement de droite, qui mettent tout sur le compte de l'hérédité, professent en même temps un pessimisme assez noir et annoncent de prochaines apocalypses. Alors qu'une pensée de gauche, parce qu'elle est faite d'optimisme et d'espérance, pose en postulat que tout l'homme se déduit du milieu où il baigne depuis sa naissance. Changez ce milieu—chose possible après une révolution politique de gauche—et l'homme lui-même sera changé. (149)

5. Deux exemples ressortent de la mythologie grecque: Hécate et Artémis. Comme déesse lunaire, Hécate

> pourrait représenter les trois phases de l'évolution lunaire (croissance, décroissance, disparition) et les trois phases correspondantes de l'évolution vitale. Déesse chthonienne, elle relierait les trois étages du monde: les enfers, ici-bas, le ciel. (Chevalier et Gheerbrant 496)

Artémis, aussi déesse lunaire, est protectrice de la vie féminine (Chevalier et Gheerbrant 78), des vierges aussi bien que des femmes enceintes. Pour cette raison elle se rattache au culte de la Terre-Mère.

6. Dans la rêverie de Robinson, la pâte devient "la miche," c'est-à-dire un pain de campagne d'une forme ronde. La sexualisation du pain est intensifiée par le fait que "les miches" signifient "les fesses" en argot.

7. En effet, Theodore Zeldin, écrivant dans *The Observer* (dimanche, 30 janvier 1983: 43), suggère que "Pierrot" n'a pas été bien reçu à l'étranger en raison de ses éléments sexuels:

> His children's version of his novel "Friday" is a popular modern reading text in French schools. But his story of Harlequin and Columbine has been attacked for hinting (though rather obliquely) that there is a sexual element in children's lives. It has sold 80,000 copies in France, but no foreign publisher will translate it.

8. Cf. Bachelard, *La Terre et les rêveries du repos:*

> En effet, la plupart des rêveurs montre des préférences pour des parties de l'arbre. Les uns vivent la frondaison, les ramures, les feuilles, la branche, les autres le tronc, d'autres enfin les racines. L'œil est si analytique qu'il oblige le rêveur à se limiter. (299)

9. Bien entendu, Tournier ne trouve point glorieux le passé de Robinson, lié comme il l'est au puritanisme, au matérialisme et au racisme qui caractérisaient la civilisation anglaise de cette époque. La chute du cèdre peut symboliser la fin de cette civilisation "tyrannique," comme d'autres chutes d'arbres, notamment dans la Bible (Chevalier et Gheerbrant 67–68).

10. Ce passage rappelle le pouvoir guérisseur du soleil dans *L'Immoraliste.* Souffrant d'une tuberculose, Michel retrouve sa santé sous le soleil africain: "[J]e me dévêtis lentement. L'air était presque vif, mais le soleil ardent. J'offris tout mon corps à sa flamme. [. . .] Bientôt m'enveloppa une cuisson délicieuse; tout mon être affluait vers ma peau" (Gide 59).

Tournier consacre un essai à Gide dans *Le Vol du vampire* (218–44): "Cinq clefs pour André Gide." Une des clefs de la grandeur de cet écrivain, pense-t-il, est sa "consubstantialité avec le temps qui passe" (243). En se livrant au soleil, Robinson comme Michel acceptent la marche du temps et trouvent une coexistence paisible avec la nature.

11. Dans "Maître cerveau," un essai des *Petites proses* (95–97), l'arbre renversé a un sens plutôt *intellectuel* que rédempteur. Faisant l'éloge du cerveau humain, Tournier compare le système nerveux à un arbre renversé, sans pourtant développer l'image plus loin: "Le cerveau constitue sa racine en bulbe, la mœlle épinière son tronc d'où partent quantité de branches qui éclatent elles-mêmes en une infinité de rameaux et de fibres" (95).

12. Dans "Cinq jours . . . cinquante ans . . . à Hammamet" (*Petites proses* 38–52), Tournier raconte l'histoire de Jean et Violett, personnages réels sur lesquels l'épisode de Ralph et Deborah est basé. La présence végétale est même plus marquée dans ce récit: Tournier s'embarque dans une "leçon de botanique" (44–46), dont l'exubérance végétale rappelle la description minutieuse que fait Zola de "Paradou," le Paradis terrestre dans *La Faute de l'Abbé Mouret,* ou bien celle que fait Huysmans des plantes exotiques dans *A rebours.*

Chapitre trois
La Descente:
Images du monde souterrain

1. Entretien personnel avec l'auteur, chez Gallimard, Paris, le 10 août 1988.

2. Pendant le même entretien, Tournier a déclaré: "Mon élément serait plutôt l'air."

3. Tournier nous rappelle souvent qu'on ne doit pas l'identifier à ses personnages. Dans *Le Vent Paraclet,* il insiste que "la part littéralement autobiographique du *Roi des Aulnes* est mince" (105). Ailleurs il dit qu'Alexandre dans *Les Météores* n'est pas son porte-parole (Petit, *Metaphysical Fictions* 56). Bref, il n'est aucun de ses personnages (Merllié 10). Cependant, l'auteur ne nie pas qu'une grande partie de lui-même se glisse dans ses personnages, et premier d'entre eux serait Abel Tiffauges. On peut imaginer son sourire lorsque Tournier avoue qu'il "en connaî[t] un" qui, comme Tiffauges, est "[n]écrophile impuissant, hétérosexuel sans lendemain, pédéraste raté, zoophile réticent, fétichiste indigent, coprophage pignocheur, pédophile sans patience" (*Le Vent Paraclet* 123).

4. Cet effacement du présent devant l'énorme poids du passé rappelle les théories sur la mémoire et les souvenirs développées par Proust dans *A la recherche du temps perdu.* Dans *Le Temps retrouvé,* il décrit le souvenir comme

> un air qu'on a respiré autrefois, cet air plus pur que les poètes ont vainement essayé de faire régner dans le Paradis et qui ne pourrait donner cette sensation profonde de renouvellement que s'il avait été respiré déjà, car les vrais paradis sont les paradis qu'on a perdus. (Proust 3: 870)

5. Durand emprunte le terme *dominante posturale* à la "réflexologie" de W. Betcherev, qui découvre deux "dominantes" chez le nouveau-né humain, et une de plus chez l'adulte. Ce sont les dominantes posturale, digestive et copulative. Fondamentales à l'étude de Durand, ces trois dominantes s'allient à ses deux "régimes," la posturale caractérisant le régime diurne, avec ses tendances verticales assez abruptes (monter/chuter), la digestive la "coupe" du régime nocturne, avec ses douces descentes, et la copulative le "bâton" et le "denier" du régime nocturne, avec son insistance sur les cycles et sur le rythme.

Ces trois réflexes forment le cadre *dynamique* des *Structures anthropologiques de l'imaginaire* de Durand, les " 'images motrices' que nous pouvons prendre comme point de départ psychologique d'une classification des symboles" (46). Durand veut dépasser les structures *matérielles* que Bachelard avait dessinées dans ses études sur les quatre éléments.

Toutefois il remarque que son maître avait lui-même exprimé l'idée que le symbole revêt bien plus que la forme ou la matière:

> Bachelard a eu l'intuition que ces métaphores [axiomatiques] sont celles indicatives du mouvement. Et très souvent il revient sur cette théorie qui dépasse et annule la simple classification substantialiste des ouvrages qu'il a consacrés aux images. Dans *L'Eau et les rêves* à propos d'E. Poë, dans *La Terre et les rêveries du repos,* Bachelard précise que "les symboles ne doivent pas être jugés au point de vue de la forme . . . mais de leur force," et il conclut en valorisant à l'extrême l'image littéraire "plus vive que tout dessin" parce qu'elle transcende la forme et qu'elle est "mouvement sans matière." (45–46)

6. Ces deux manières de concevoir les rapports entre l'homme et la terre sont à la base du besoin que sentait Bachelard de séparer son analyse de la terre en deux parties, l'une sur les images de la "volonté," l'autre sur celles du "repos." Les premières sont des rêveries d'extraversion, d'action, des luttes plutôt hostiles *contre* la dureté de la matière. Les secondes sont des rêveries d'introversion, d'intimité qui cherchent un refuge *dans* la terre (*La Terre et les rêveries de la volonté* 10; *La Terre et les rêveries du repos* 1–2).

Ici encore, Bachelard insiste non seulement sur la matière, mais surtout, à travers les deux prépositions "contre" et "dans," sur le *mouvement* qui lie l'homme aux éléments.

7. Nous étudierons plus loin dans ce chapitre l'étrange isomorphisme par lequel l'imagination lie l'excrément et l'or.

8. Cette androgyne moderne figure dans un roman que Tournier songe depuis longtemps à écrire sur les femmes-athlètes de l'Allemagne de l'Est. Tournier expose dans ses lignes générales la thèse de ce livre dans *Petites proses* (81–85) et dans le dernier chapitre du *Crépuscule des masques,* un essai sur les photographes. Nous assistons, écrit-il, à l'écroulement du stéréotype de la féminité fragile, et à la naissance "d'une nouvelle Eve" (*Le Crépuscule des masques* 183), venue de Californie et d'Allemagne de l'Est, une femme dont la *force* nous oblige de réexaminer notre concept de la féminité comme de la virilité.

9. Abel, dans *Le Roi des Aulnes,* aperçoit un jour l'envers noir du soleil et de la neige, faisant écho à Audiberti:

> A l'ouest, un gros nuage d'une noirceur insolite, métallique roulait lentement vers nous. [. . .] Et tout à coup l'air s'est animé de mille et mille flocons blancs, voltigeant gaiement en tous sens. Inversion spectaculaire du noir au blanc, en accord avec ce paysage sans nuances. Ainsi le nuage de plomb n'était qu'un sac de plumes! Quel est le cosmologue grec qui a parlé de "la secrète noirceur de la neige"? (409–10)

10. Notons au passage que Hegel a été un des maîtres à penser de Tournier, qui a étudié la philosophie—notamment la philosophie allemande—

d'abord à la Sorbonne, ensuite à Tübingen (*Le Vent Paraclet* 90–97). Hegel est sans doute *une* des sources de l'"inversion," qui s'impose comme peut-être le thème le plus saisissant dans l'œuvre de Tournier. Dans *Le Roi des Aulnes,* Abel est obsédé par les inversions "bénignes" et "malignes" des événements. Ainsi conçoit-il Auschwitz comme l'inversion maligne de Kaltenborn, et sa propre vocation ogresse—plutôt innocente—comme l'inversion bénigne de celle du grand ogre Hitler, qui envoie des milliers de jeunes Allemands mourir au front russe. Le rapport entre les deux sortes d'ogres—l'un nettement criminel et l'autre possédant la possibilité d'être criminel—fait penser encore à Hegel: "Le crime *effectivement réel* a son inversion et son en-soi comme *possibilité* dans l'*intention* comme telle, mais non dans une bonne intention, car la vérité de l'intention est seulement le fait même" (Hegel 134).

Dans un entretien avec l'auteur (Paris, le 10 août 1988), Tournier a évoqué d'autres sources d'inspiration pour le thème de l'inversion, qui témoignent de son intérêt dans le conte et dans la photographie. Un conte d'Andersen raconte que le Diable invente un miroir qui inverse tout: l'image d'un bel objet apparaît hideuse, et l'image d'un objet laid devient ravissante (*Le Vent Paraclet* 50). Tournier rappelle aussi que sur les premiers daguerréotypes, les teints clairs et obscurs étaient inversés.

Dans *Le Vent Paraclet* (128–30), Tournier se réclame de *L'Art de la fugue* de Jean-Sébastien Bach comme modèle pour la structure du *Roi des Aulnes.* Arlette Bouloumié remarque que Lévi-Strauss, dans *L'Homme nu,* a noté l'importance de l'inversion dans la fugue aussi bien que dans les mythes: "Dans la fugue, le contre-sujet accompagne le sujet et contraste avec lui. La musique, là encore, obéit à la même logique que les mythes où 'les images s'inversent, de positives en négatives' " (Bouloumié 77).

11. Robinson a-t-il lu Héraclite et Platon? Dans l'aphorisme suivant, le philosophe présocratique déclare que, si la vie se transforme en mort, c'est aussi la mort qui donne la vie, l'amant se sacrifiant pour laisser la place à une nouvelle génération: "C'est la même chose en nous que la vie et la mort, la veille et le sommeil, la jeunesse et la vieillesse, car ceux-ci se transforment en ceux-là, et inversement ceux-là se transforment en ceux-ci" (Fragment 32, cité dans Brun 131). Dire que ces contraires sont "la même chose en nous," c'est se rapprocher du "monde renversé" de Hegel.

Dans *Le Banquet* de Platon, Diotime prétend que la passion des hétérosexuels est le désir de *vaincre* la mort, et de trouver l'immortalité en faisant des enfants: "[C]'est leur manière d'aimer que de procréer des enfants, pour s'assurer l'immortalité, la survivance de leur mémoire, le bonheur, pour un avenir qu'ils se figurent éternel" (Platon 70).

12. Le rouge féminin et souterrain de l'araignée rappelle la scène sanglante du dépeçage de la chamelle au fond du puits dans *La Goutte d'or.* C'est la couleur de la mort, du vagin qui attire fatalement l'homme.

13. Dans *Les Météores,* Paul propose la gémellité comme une forme de salut, réservée bien entendu à un petit groupe d'élus, les frères-pareils, qui réunissent comme Robinson le *sidêros* et le *sidus,* et échappent à la mort inévitable qui souille les amours du couple hétérosexuel:

> Les jumeaux *tombés du ciel* sont semblables à [une] *ancre.* Leur vocation est une éternelle jeunesse, un éternel amour. Mais l'atmosphère corrosive des sans-pareil condamnés par leur solitude à des amours dialectiques, cette atmosphère s'attaque au *pur métal* gémellaire. [. . .] Couple stérile et éternel, uni dans une étreinte amoureuse perpétuelle, les jumeaux—s'ils restaient purs—seraient inaltérables comme une *constellation.* (197; je souligne)

14. Gilbert Durand retrouve les racines de l'histoire de saint Christophe "christophore" dans deux légendes où figurent des êtres effrayants, liés à la mort. Dans le musée byzantin d'Athènes on peut voir un saint Christophe "cynocéphale" (à tête de chien) qui rappelle Reprobatus, "un géant cruel, mangeur d'hommes, avec des dents de chien" (Durand 231). Sa vocation de passeur assimile également le saint chrétien à Anubis, dieu égyptien psychopompe à tête de chacal. L'image de l'ogre Reprobatus-Anubis-Christophe, par son association au Christ, est donc inversée en celle du géant doux, sauveur de l'enfant Jésus: "C'est le Christ 'porté' par la mort qui transforme et inverse le sens de la mort elle-même" (231).

15. Rappelons que Cronos (ou Saturne) était un Titan, fils du ciel Ouranos et de la terre Gaia, et que pour aider sa mère à se libérer de son époux cruel, il coupa les testicules de celui-ci et prit sa place au ciel. Comme ses parents lui avaient prédit que lui à son tour serait détrôné par un de ses nombreux enfants, Cronos les dévorait au fur et à mesure qu'ils naissaient. Seul Zeus, par une ruse de Gaia, est épargné; il sauve ses frères et ses sœurs, et déclare la guerre aux Titans. Zeus et les dieux remportent la victoire, et bannissent Cronos et les autres Titans au Tartare (Grimal 104, 334).

La nature ogresque de Cronos est dramatiquement illustrée par Goya, dans son tableau au Prado, "Saturne dévorant son fils."

16. Voir Bachelard sur le thème de "l'avaleur avalé," *La Terre et les rêveries du repos* 134–37.

Chapitre quatre
Le Nadir:
L'Eau et le feu néfastes

1. Durand résume ainsi l'histoire d'Actéon et d'Artémis:

> Actéon surprend la toilette de la déesse qui, les cheveux défaits, se baigne et se mire dans les eaux profondes d'une grotte; effrayée par les clameurs des Nymphes, Artémis la déesse lunaire, métamorphose Actéon en animal, en cerf, et, maîtresse des chiens, lance la meute à la curée. Actéon est mis en pièces, lacéré, et

> ses restes dispersés sans sépulture donnent naissance à de lamentables ombres qui hantent les halliers. (109–10)

2. La solennité de ces lieux n'est pas sans antécédents. Norman O. Brown raconte que c'est aux toilettes de la tour de Wittenberg que Luther eut l'inspiration de la doctrine de la justification par la foi. Brown cite ainsi les paroles de Luther: "This knowledge the Holy Spirit gave me on the privy in the tower" (202). Brown lie la vision excrémentielle à l'histoire du Protestantisme, qui a réanimé l'intérêt des chrétiens pour le Diable, un être foncièrement anal pour Luther. Il y a aussi quelque chose de diabolique dans Nestor, l'initiateur d'Abel dans le culte de la scatalogie et de la phorie.

Michel Leiris, dont les préoccupations digestives ont été déjà citées au début de cette étude, déclare que les toilettes ont toujours été pour lui un lieu sacré. Lieu de conversations clandestines avec son frère, le W.-C. semblait être "en communication directe avec les divinités chthoniennes" (Leiris 65). Leiris et son frère forment un "club masculin" (64) qui annonce le couple Nestor/Abel, garçons attirés vers un univers "sinistre," et pratiquant "la magie louche d'un sacré gauche" (65).

3. Cf. Apocalypse de Jean 19.11–15, où saint Jean décrit Dieu présidant au jugement dernier.

Chapitre cinq
Le Rachat:
L'Eau et le feu bénéfiques

1. Dans son analyse de *Vendredi* dans *Rite, roman, initiation,* Simone Vierne suggère que la souille ("période aquatique") est le premier des trois voyages initiatiques de Robinson, les deux autres étant la grotte ("période tellurique"), et celui qui commence par l'*hiérogamie* entre Robinson et l'île, et s'achève dans le "règne solaire" (*Vendredi* 180), où Vendredi devient son maître d'initiation.

Selon Vierne, l'eau de la souille est tour à tour maléfique et bénéfique. C'est en premier lieu une eau de la mort:

> La mort est partout présente: les charognards le guettent et l'escortent [. . .], et parmi diverses hallucinations, il croit voir sa jeune sœur, morte lorsqu'il n'était qu'un enfant [. . .]. C'est donc aussi un retour à l'enfance, mais un retour morbide, car il attend la mort pour pouvoir jouir des souvenirs accumulés [. . .]. (120)

Cependant, même cette eau morbide a un côté positif, veillant à la première transformation de Robinson. Il émerge de la souille renouvelé par son initiation aquatique, la mort vaincue, du moins provisoirement: "Mais l'eau du marais, de la souille, dans laquelle il plonge, comme toujours ambivalente pour l'imaginaire, est aussi eau de résurrection. Celui qui sort du marais—des enfers, du chaos primordial—est déjà un autre homme, encore qu'à un degré inférieur" (120).

2. Aphrodite, assimilée par les Romains à la vieille divinité latine Vénus, était la fille d'Ouranos. On dit qu'elle naquit de l'écume formée autour des organes génitaux de son père, quand ceux-ci fut tranchés par Cronos et jetés dans la mer. Aphrodite signifie "née des vagues" ou bien "née du sperme du Dieu" (Grimal 39).

3. Cf. Bachelard, *L'Eau et les rêves,* chapitre 4, "Les Eaux composées"; *La Terre et les rêveries de la volonté,* chapitre 4, "La Pâte," et chapitre 5, "Les Matières de la mollesse: La Valorisation de la boue."

4. Un rapport très étroit entre la marée et le temps est évident en anglais, où *tide* signifie aujourd'hui surtout "marée," mais autrefois était synonyme de "temps," comme par exemple dans les mots *eventide, yuletide* ou *summertide.*

5. Tournier a rencontré Lagos pendant la rédaction du *Médianoche amoureux,* et les sculptures de sable du Chilien "ont pris possession de l'histoire qu'[il] étai[t] en train d'écrire" (*Le Crépuscule des masques* 167). Ce livre contient trois photographies émouvantes des sculptures prises par Lagos au moment de leur destruction imminente.

6. Ce passage, où Pierrot modèle une brioche d'après la forme de Colombine endormie, rappelle la pratique des forgerons anciens de jeter (réellement ou symboliquement) une femme dans le fourneau, en guise de sacrifice au génie du feu, pour favoriser la fusion des métaux. Le "mariage" de la victime avec le feu symboliserait le "mariage des métaux" (Eliade, *Forgerons et alchimistes* 52). La cuisson de la femme-brioche renvoie aussi au symbolisme gynécologique du four, décrit par Eliade dans le même livre: "L'assimilation du travail humain, utilisant le feu (métallurgie, forgeage, cuisine, etc.) à la croissance de l'embryon dans le sein maternel, survit encore obscurément dans le vocabulaire européen (cf. *Mutterkuchen,* 'placenta'; *Kuchen,* 'gâteau')" (31).

7. Chevalier et Gheerbrant écrivent que "[l]e bois est par excellence la *matière*" (135). Et selon Bachelard, "pour certains psychismes, le bois est une sorte de cinquième élément" (*L'Air et les songes* 234). En effet, dans la cosmologie chinoise, le bois compte parmi les cinq éléments (les autres étant la terre, l'eau, le feu et le métal). Il correspond à l'est, au printemps, à la fécondité végétale, à l'ascension du *yang* (Chevalier et Gheerbrant 134). En outre, le symbolisme du bois "recèle une *sagesse et une science surhumaines*" (135). Logre devant sa cheminée réunit le sage du feu (l'alchimiste) et le sage du bois. Sa féminité s'explique par le fait que son domaine, la forêt, est un refuge maternel: "La forêt, ou le bois sacré, est un centre de vie, une réserve de fraîcheur, d'eau et de chaleur associées, comme une sorte de matrice. [. . .] Le sous-bois, avec ses hautes et profondes futaies, est aussi comparé à des grottes et à des cavernes" (Chevalier et Gheerbrant 135). Logre est ainsi symboliquement lié à Robinson et à Pierrot, attiré comme eux vers les lieux d'intimité et de repos.

8. Colin Davis fait une étude pénétrante de la relation paradoxale entre Tournier et son lecteur. Citant *Le Vent Paraclet, Le Vol du vampire* et d'autres commentaires que Tournier fait sur sa propre fiction, Davis conclut que, malgré ses prétentions de permettre au lecteur une liberté complète d'interprétation, Tournier "is clearly still attempting to control the meaning and reception of his texts" (Davis 117). En se référant à la réaction de l'auteur face à des critiques négatives du *Roi des Aulnes,* Davis ajoute que "Tournier's reader may apparently praise, but not blame" (118). Enfin, Davis cite *Le Vol du vampire* (27), où Tournier écrit: "Je te donne mon livre, dit l'écrivain au lecteur, qu'il fasse de toi un inspiré, fais de moi un auteur de génie." Le lecteur se trouve, écrit Davis, "in the paradoxical situation of a freed slave who still owes obedience to his former master" (123).

Chapitre six
L'Ascension:
L'Apothéose solaire et aérienne

1. Freud se sert de l'expression *pervers polymorphe* pour décrire l'érotisme généralisé qui caractérise la sexualité infantile (cf. Brown 23–39, surtout 27). Tournier emploie le même terme pour se caractériser lui-même (cf. Damour).

2. Antée, fils géant de Gaia et de Poséidon, est invulnérable tant que ses pieds touchent la terre (sa mère). Hercule le vainc en l'étranglant après l'avoir soulevé sur ses épaules (Grimal 37; Bachelard, *L'Air et les songes* 38). Ce mythe fait apparaître la potentialité d'une inversion maligne et meurtrière de la phorie.

3. Cette image rappelle une étape importante dans l'évolution de Robinson, quand, affaibli par l'explosion de la grotte, le cèdre tombe et soulève une grande quantité de terre, marquant ainsi la fin du règne terrestre et le début du règne solaire (*Vendredi* 189).

4. Tournier, qui se plaît à réduire les concepts philosophiques en formules mathématiques, propose l'équation suivante pour définir l'évolution de Robinson sous l'influence de Vendredi:

Terre + Air = Soleil
Robinson terrien + Vendredi = Robinson solaire
(*Le Vent Paraclet* 235)

5. Bachelard conclut que l'on peut trouver une meilleure image pour désigner la condition humaine flottant entre le passé et l'avenir. Cette image, c'est le *vol onirique;* elle nous permet "de nous constituer comme mobile, comme un mobile conscient de son unité, en vivant de l'intérieur la mobilité totale et une" (*L'Air et les songes* 293).

6. Rappelons l'importance de ce concept chez Tournier qui, en même temps qu'il les oppose, tâche d'unir le mobile et l'immobile. Colin Davis catalogue les termes qu'emploie Tournier pour désigner une fusion de ces états contraires: "faux sédentaire," "nomades sédentarisés," "voyageur sédentaire," "vagabond immobile." Pour Davis, ces états mixtes représenteraient "a triumph of the intellect over binary oppositions" (Davis 196).

7. Tournier nous dit dans *Le Vent Paraclet* (261) que l'inspiration de cette théologie du Saint-Esprit vient de ses études sur Joachim de Flore. Susan Petit analyse le rapport entre les trois âges historiques formulés par Joachim et la théologie de Koussek dans *Metaphysical Fictions* (52–58).

8. Dans "La Logosphère et les taciturnes," Tournier explique que le nom *logosphère* a été inventé par Bachelard pour désigner l'ionosphère, la couche de l'atmosphère à forte ionisation qui conduit les ondes sonores, et devient donc porteuse de la "parole mondiale" (167) diffusée par la radio.

9. Le *Robert* donne les définitions suivantes pour *sublimation,* mot qui signifie "élévation" en latin: (1) Alchimie: "Opération par laquelle 'on purge un corps de ses parties hétérogènes' (Furet) en le chauffant; épuration d'un corps solide qu'on transforme en vapeur." (2) Chimie: "Passage de l'état solide à l'état gazeux sans passage par l'état liquide." (3) Par métaphore: "Action de purifier, de transformer en élevant. V. Exaltation, purification."

10. Robinson se soumet également au "glaive purificateur" quand, au début du "règne solaire," il se coupe la barbe pour mieux s'exposer au soleil (*Vendredi* 191).

Chapitre sept
Les Clefs et les serrures
ou du mythe à l'histoire

1. Une première version de ce chapitre a paru sous le titre "Tournier et le 'mythe de liberté'" dans *Romanische Forschungen* 104.1 (1992): 181–89. C'est reproduit ici avec permission de Vittorio Klostermann GmbH.

2. Cette préoccupation de Tournier et Claudel pour le rythme, à la fois vital et poétique, de la respiration et de la circulation, marque aussi la pensée de Goethe, comme on le voit dans ces vers du *Divan occidental-oriental:* "Im Atmenholen sind zweierlei Gnaden: / Die Luft einziehen, sich ihrer entladen" ("Dans la respiration sont deux sortes de grâces: / Aspirer de l'air, ensuite s'en débarrasser") (Goethe 290; ma traduction). Dans son article "Goethe et les affinités électives" (*Le Vol du vampire* 74–87), Tournier fait remarquer les "correspondances" que Goethe révèle entre la chimie et l'amour: "S'il y a une 'thèse' dans ce roman [*Affinités électives*], c'est que la nature tout entière obéit aux mêmes lois, et qu'il existe d'inexorables correspondances entre les mouvements des molécules et ceux des cœurs amoureux" (86).

J'aimerais remercier le Professeur Wido Hempel de m'avoir indiqué la référence de Goethe.

3. Tournier exprime la même idée dans la nouvelle "Ecrire debout" (*Le Médianoche amoureux* 159–62), où le narrateur—un écrivain—essaie d'expliquer l'utilité de son métier à un groupe de prisonniers:

> L'écrivain a pour fonction naturelle d'allumer par ses livres des foyers de réflexion, de contestation, de remise en cause de l'ordre établi. Inlassablement il lance des appels à la révolte, des rappels au désordre, parce qu'il n'y a rien d'humain sans création, mais toute création dérange. (160)

4. Simone Vierne remarque que les auteurs modernes de romans d'initiation sont voués au *pessimisme,* car l'initiation est "réservée à de rares élus, vivant hors du monde" (Vierne, *Rite, roman, initiation* 123). Elle est de l'avis sans doute que la grandeur de Tournier réside, du moins en partie, dans sa capacité de véhiculer un pessimisme moderne dans un vieil emballage: "Michel Tournier est un très bel exemple à la fois de fidélité aux images suggérées par le mythe archaïque et de ce désespoir moderne qui fait de ce roman l'exact contraire du *Robinson* de Defoe" (123).

5. Nana, chez Zola, possède une puissance dévastatrice sur les hommes qui rappelle Vénus, ou bien la fée Mélusine, et qui la place à un niveau supérieur aux autres héros de Zola; cependant sa dégénérescence physique, suivie de son agonie et de la décomposition de son corps font un contraste absolu avec l'apothéose aérienne du héros tourniérien.

6. Voir Deleuze, "Michel Tournier et le monde sans autrui." Pour ce critique, la structure d'autrui disparaît sur l'île de Robinson. Lorsque Vendredi apparaît, Robinson n'est depuis longtemps plus capable d'entretenir des relations normales avec un autre. D'où ce que Deleuze appelle la perversion de Robinson, car "la structure perverse peut être considérée comme celle qui s'oppose à la structure Autrui et se substitue à elle" (Deleuze 280–81). Vendredi fonctionne pour Robinson comme un étrange objet, plutôt qu'un être humain (277). Ce grand solitaire nie l'humanité de Vendredi, devenant donc une sorte d'assassin coupable d'"autruicide" (283).

Tournier n'est pas d'accord avec Deleuze sur sa définition de la perversion, disant dans une conférence ("Littérature pour la jeunesse," Bordeaux 1975) que si Robinson est déshumanisé il n'est pas pour autant pervers. Car pour Tournier le pervers est celui qui ne "sort de l'ornière de l'acte sexuel habituel" que pour retomber dans une autre ornière où la jouissance dépend d'une recette et d'une situation précises, résultant en un appauvrissement de l'acte sexuel. Ce n'est pas le cas de Robinson, dont la vie sexuelle privée de femme est néanmoins enrichie infiniment par ses amours variées et imaginatives. De même, le fétichiste du *Coq de bruyère* (301–33) ne serait pas pour Tournier un pervers, car il renouvelle constamment sa vie sexuelle selon la mode des sous-vêtements féminins.

7. Dans un entretien avec J.-J. Brochier (*Magazine Littéraire* 138 [juin 1978]: 13), Tournier cite Flaubert comme son "patron" littéraire. Ailleurs (*Des clefs et des serrures* 194; *Petites proses* 245), il invoque J.-K. Huysmans comme "ancêtre."

8. Quelques exemples de ces alternances sont le log-book de Robinson, les "Ecrits sinistres" de Tiffauges, les "tiroirs" comme l'épisode des perles philippines dans *Les Météores,* "Barbedor" dans *Gaspard, Melchior et Balthazar,* "Barberousse" et "La Reine blonde" dans *La Goutte d'or.*

9. Citons à titre d'exemple *Le Roman comique* (1657) de Scarron, où le point de vue narratif est embrouillé par les "tiroirs"—contes racontés par divers personnages—qui s'ajoutent à l'intrigue principale.

10. Dans *Palimpsestes,* Gérard Genette fait l'apologétique de ce qu'il appelle "la littérature au second degré": "[L]'humanité, qui découvre sans cesse du *sens,* ne peut toujours inventer de nouvelles formes, et il lui faut bien parfois investir de sens nouveaux des *formes* anciennes" (453; je souligne). Genette privilégie bien évidemment le texte qui possède un *sens* original, quelle que soit la forme. En une tournure qu'apprécierait sans doute Tournier, Genette parle du plaisir que peut apporter la "saveur perverse" de la "lecture palimpsestueuse" (453).

Ouvrages consultés

Œuvres de Michel Tournier

"A la place de Dieu." *Le Monde* [Paris] 1–2 juillet 1984: 14.

Le Coq de bruyère. Paris: Gallimard-Folio, 1978.

Le Crépuscule des masques. Paris: Hoëbeke, 1992.

Des clefs et des serrures. Paris: Le Chêne/Hachette, 1979.

Entretien avec Michel Tournier par Jacques Chancel. *Radioscopie.* Emission de France-Inter. Paris. 17 mai 1989.

Entretien personnel avec Michel Tournier. Chez Gallimard. Paris. 10 août 1988.

"En marge du romantisme allemand: Les Voyages initiatiques." *Le Monde* [Paris] 19 janvier 1977: 1, 22.

"L'Etrange cas du Dr Tournier." *Michel Tournier.* Numéro hors série de *Sud* (printemps 1980): 11–16.

Gaspard, Melchior et Balthazar. Paris: Gallimard-Folio, 1980.

"La Gémellité." Avec "Littérature pour la jeunesse." Conférences avec Michel Tournier et Marc Soriano. Bordeaux, 25 et 29 mai 1975.

Gilles et Jeanne. Paris: Gallimard-Folio, 1983.

La Goutte d'or. Paris: Gallimard-Folio, 1986.

"L'Ile et le jardin." *Le Monde* [Paris] 31 octobre–1 novembre 1976: 9.

"Le Jardin de Michel Tournier." Emission de France-Inter. Paris. 29 juillet 1988.

Journal de voyage au Canada. Photos Edouard Boubat. Paris: Laffont, 1984.

"Journal extime (suite)." *Michel Tournier.* Numéro hors série de *Sud* (hiver 1985–86): 178–89.

"Littérature pour la jeunesse." Avec "La Gémellité." Conférences avec Michel Tournier et Marc Soriano. Bordeaux, 25 et 29 mai 1975.

"La Logosphère et les taciturnes." *Michel Tournier.* Numéro hors série de *Sud* (printemps 1980): 167–77.

Le Médianoche amoureux. Paris: Gallimard, 1989.

Les Météores. Paris: Gallimard-Folio, 1975.

"Michel Tournier: Comment écrire pour les enfants." *Le Monde* [Paris] 21 décembre 1979: 9.

"Michel Tournier fasciné par l'Allemagne de l'Est." *Le Monde* [Paris] 10 février 1978: 15, 20.

Le Miroir des idées. Paris: Mercure de France, 1994.

Petites proses. Paris: Gallimard-Folio, 1986.

Le Pied de la lettre: Trois cents mots propres. Paris: Mercure de France, 1994.

Le Roi des Aulnes. Paris: Gallimard-Folio, 1970.

"Sébastien, archer de Dieu." *Le Nouvel Observateur* [Paris] 13 janvier 1984: 16.

Le Tabor et le Sinaï: Essais sur l'art contemporain. Paris: Belfond, 1988.

Le Vagabond immobile. Dessins Jean-Max Toubeau. Paris: Gallimard, 1984.

Vendredi ou les limbes du Pacifique. 1967. Paris: Gallimard-Folio, 1972.

Le Vent Paraclet. Paris: Gallimard-Folio, 1977.

Le Vol du vampire. Paris: Mercure de France, 1981.

Vues de dos. Photos Edouard Boubat. Paris: Gallimard, 1981.

D'autres ouvrages

Abrams, M. H. *A Glossary of Literary Terms.* 5e éd. Fort Worth: Holt, 1988.

Anzieu, Didier. *Le Corps de l'œuvre: Essais psychanalytiques sur le travail créateur.* Paris: Gallimard, 1981.

Bachelard, Gaston. *L'Air et les songes.* Paris: José Corti, 1948.

———. *L'Eau et les rêves.* Paris: José Corti, 1942.

———. *La Poétique de l'espace.* Paris: PUF, 1957.

———. *La Psychanalyse du feu.* Paris: Gallimard, 1949.

———. *La Terre et les rêveries de la volonté.* Paris: José Corti, 1947.

———. *La Terre et les rêveries du repos.* Paris: José Corti, 1948.

Barthes, Roland. *Mythologies.* Paris: Seuil, 1957.

Baudelaire, Charles. *Œuvres complètes.* Ed. M. A. Ruff. Paris: Seuil, 1968.

Bellemin-Noël, Jean. *Psychanalyse et littérature.* Paris: PUF, 1978.

Benoist, Luc. *Signes, symboles et mythes.* 4e éd. Paris: PUF, 1985.

Bevan, D. G. *Michel Tournier.* Amsterdam: Rodopi, 1986.

Bible. Ed. David Martin. New York: Société Biblique Américaine, 1894.

Block, Haskell M. "Cultural Anthropology and Contemporary Literary Criticism." Vickery, *Myth and Literature* 129–36.

Bouloumié, Arlette. *Michel Tournier: Le Roman mythologique.* Paris: José Corti, 1988.

Bouloumié, Arlette, et Maurice de Gandillac, éds. *Images et signes de Michel Tournier: Actes du Colloque du Centre Culturel International de Cerisy-la-Salle.* Août 1990. Paris: Gallimard, 1991.

Brogniet, Eric. "Michel Tournier: De l'initiation au salut." *Revue Générale* décembre 1983: 51–59.

Brown, Norman O. *Life against Death.* New York: Vintage, 1959.

Brun, Jean. *Héraclite ou le philosophe de l'éternel retour.* Paris: Seghers, 1965.

Brunel, Pierre, éd. *Dictionnaire des mythes littéraires.* Paris: Editions du Rocher, 1988.

Butor, Michel. "L'Espace du roman." *Essais sur le roman.* Paris: Gallimard, 1964. 48–58.

Caillois, Roger. *L'Homme et le sacré.* 1939. Paris: Gallimard, 1950.

Cesbron, Georges. "Notes sur l'imagination terrienne du corps dans *Vendredi ou les limbes du Pacifique* de Michel Tournier." *Revue de l'Université de Bruxelles* 3–4 (1979): 357–65.

Chauvin, Danièle. "Apocalypse." Brunel 106–27.

Chevalier, Jean, et Alain Gheerbrant. *Dictionnaire des symboles.* 1969. Paris: Laffont et Jupiter, 1982.

Claudel, Paul. *Positions et propositions.* Tome 1. Paris: Gallimard, 1928. 2 tomes.

Cloonan, William. *Michel Tournier.* Boston: Twayne, 1985.

Corbin, Alain. *Le Territoire du vide: L'Occident et le désir du rivage.* Paris: Aubier, 1988.

Damour, J.-P. "Michel Tournier." *Dictionnaire des littératures de langue française.* Ed. J.-P. de Beaumarchais, Daniel Couty et Alain Rey. Paris: Bordas, 1984.

Dante. *La Divine Comédie.* Trad. Henri Longnon. Paris: Garnier, 1966.

Davis, Colin. *Michel Tournier: Philosophy and Fiction.* Oxford UP, 1988.

Deleuze, Gilles. Postface: "Michel Tournier et le monde sans autrui." *Vendredi ou les limbes du Pacifique.* Par Michel Tournier. Paris: Gallimard, 1972. 257–83.

de Man, Paul. "The Rhetoric of Temporality." *Blindness and Insight: Essays in the Rhetoric of Contemporary Criticism.* Minneapolis: U of Minnesota P, 1983.

Didier, Béatrice. Préface: "Sade Aujourd'hui." *Justine ou les malheurs de la vertu.* Par D. A. F. de Sade. 1791. Paris: Librairie Générale Française, 1973. ix–xxxi.

Domenach, Jean-Marie. *Enquête sur les idées contemporaines.* Paris: Seuil, 1981.

Dubois, Claude-Gilbert. "Aspects du feu." Conférences. Université de Bordeaux III. 6 et 13 novembre 1987.

Dubois, Claude-Gilbert. "Les Réseaux symboliques et leur fonction littéraire." *Versants: Littérature et mythe* 4 (1983): 5–31.

Durand, Gilbert. *Les Structures anthropologiques de l'imaginaire.* 1960. 10e éd. Paris: Bordas, 1984.

Edwards, Rachel. "Myth, Allegory and Michel Tournier." *Journal of European Studies* 19.2 (1989): 99–121.

Eliade, Mircea. *Forgerons et alchimistes.* 1956. Paris: Flammarion, 1977.

————. *Mythes, rêves et mystères.* Paris: Gallimard, 1957.

Escoffier-Lambiotte. "Un Entretien avec Michel Tournier." *Le Monde* [Paris] 8–9 octobre 1978: 32.

Ferenczi, Sandor. *Thalassa, essai sur la théorie de la génitalité.* 1924. *Œuvres complètes.* Tome 3. Trad. Judith Dupont et Myriam Viliker. Paris: Payot, 1974.

Freud, Sigmund. *Totem et tabou.* 1913. Trad. Dr. S. Jankélévitch. Paris: Payot, 1951.

Frye, Northrop. *Anatomy of Criticism: Four Essays.* Princeton: Princeton UP, 1957.

————. *The Critical Path: An Essay on the Social Context of Literary Criticism.* Bloomington: Indiana UP, 1971.

Genette, Gérard. *Palimpsestes: La Littérature au second degré.* Paris: Seuil, 1982.

Gide, André. *L'Immoraliste.* 1902. *Œuvres complètes.* Tome 4. Paris: NRF, 1932. 15 tomes.

Goethe, Johann Wolfgang von. *Der West-Östliche Divan. Gedenkausgabe der Werke, Briefe und Gespräche.* Tome 3. Zurich et Stuttgart: Artemis-Verlag, 1959.

Graves, Robert. *The Greek Myths.* 2 tomes. 1955. Harmondsworth: Penguin, 1969.

Graziani, Françoise. "Apollon, le soleil mythique." Brunel 128–36.

Grimal, Pierre. *Dictionnaire de la mythologie grecque et romaine.* Paris: PUF, 1986.

Hegel, G. W. F. *La Phénoménologie de l'esprit.* 1807. Trad. Jean Hyppolite. Tome 1. Paris: Montaigne, 1941. 2 tomes.

Hugo, Victor. *Les Misérables.* 1862. Paris: Gallimard, 1951.

Huysmans, J.-K. *A rebours.* 1884. Paris: Union Générale d'Editions, 1975.

Jung, C. G. *Dialectique du moi et de l'inconscient.* 1933. Trad. Roland Cahen. Paris: Gallimard, 1964.

————. *Métamorphoses de l'âme et ses symboles.* 1950. Trad. Yves Le Lay. Genève: Georg et Cie, 1967.

———. *Psychologie et alchimie.* 1944. Trad. Henry Pernet et Roland Cahen. Paris: Buchet/Chastel, 1970.

———. *Les Racines de la conscience: Etudes sur l'archétype.* 1953. Trad. Yves Le Lay. Paris: Buchet/Chastel, 1971.

———. *Types psychologiques.* 1920. Trad. Yves Le Lay. 2e éd. Genève: Georg et Cie, 1958.

Jung, C. G., et al. *Man and His Symbols.* 1964. London: Pan, 1978.

Koster, Serge. *Michel Tournier.* Paris: Veyrier, 1986.

Krell, Jonathan. "Tournier et le 'mythe de liberté.'" *Romanische Forschungen* 104.1–2 (1992): 181–89.

Laplanche, Jean, et J.-B. Pontalis. *Vocabulaire de la psychanalyse.* 1967. 10e éd. Paris: PUF, 1990.

La Tour du Pin, Patrice de. *Une Somme de poésie.* Paris: Gallimard, 1946.

Leiris, Michel. "Le Sacré dans la vie quotidienne." *Le Collège de sociologie (1937–1939).* Ed. Denis Hollier. Paris: Gallimard, 1979.

Lévi-Strauss, Claude. "La Structure des mythes." *Anthropologie structurale.* Paris: Plon, 1958.

Levy, Karen D. "*Le Grand Meaulnes* and *Le Roi des Aulnes:* Counterpointed Echoes from a Distant Past." *Romance Notes* 29.2 (1988): 107–18.

"Lucifer." *The Compact Edition of the Oxford English Dictionary.* 2 tomes. Oxford: Oxford UP, 1984.

Magazine Littéraire. Dossier Michel Tournier. 138 (juin 1978). Articles de Christiane Baroche, Claude Brahimi, Jean-Jacques Brochier, Jean Plumyène, Lionel Richard, Jean-Didier Wolfromm.

Magazine Littéraire. Dossier Michel Tournier. 226 (janvier 1986). Articles de Arlette Bouloumié, Serge Koster, Françoise Merllié, Jean Montalbetti, Jean-Didier Wolfromm.

Merllié, Françoise. *Michel Tournier.* Paris: Belfond, 1988.

Mignone, Patricia. "Michel Tournier, une symbolique initiatique." *Cahiers Internationaux de Symbolisme* 45–47 (1983): 185–95.

Monès, Philippe de. Postface: "Abel Tiffauges et la vocation maternelle de l'homme." *Le Roi des Aulnes.* Par Michel Tournier. Paris: Gallimard, 1975. 585–600.

Moreau, Alain. "Apollon antique: Ombre et lumière." Brunel 137–47.

Nietzsche, Friedrich. *Ainsi parlait Zarathoustra.* 1885. Trad. Maurice de Gandillac. Paris: Gallimard, 1971.

———. *Par-delà bien et mal: Prélude d'une philosophie de l'avenir.* 1886. Trad. Cornélius Heim. Paris: Gallimard, 1971.

Owen, Thomas, et Michel Tournier. "Le Fantastique et le mythe: Deux réalités." *Bulletin de l'Académie Royale de Langue et de Littérature françaises* 56 (1978): 293–316.

Petit, Susan. "The Bible as Inspiration in Tournier's *Vendredi ou les limbes du Pacifique.*" *French Forum* 9 (1984): 343–54.

———. *Michel Tournier's Metaphysical Fictions.* Purdue University Monographs in Romance Languages 37. Amsterdam: Benjamins, 1991.

———. "Varieties of Sexuality in Michel Tournier's *Les Météores.*" *Literature and Psychology* 37.1–2 (1991): 43–61.

Piatier, Jacqueline. "Michel Tournier et le voyage d'Idriss." *Le Monde* [Paris] 10 janvier 1986: 11, 14.

———. "Michel Tournier ou l'art du détour." *Le Monde* [Paris] 21 avril 1989: 20.

Platon. *Le Banquet et Phèdre.* Ca. 387 et 406 av. J. C. Trad. Emile Chambry. Paris: Garnier-Flammarion, 1964.

Proust, Marcel. *A la recherche du temps perdu.* 3 tomes. Paris: Gallimard, 1954.

Robert, Paul. *Dictionnaire alphabétique et analogique de la langue française.* 7 tomes. Paris: Société du Nouveau Littré, 1951–64.

Rosello, Mireille. *L'In-différence chez Michel Tournier.* Paris: José Corti, 1990.

Sankey, Margaret. "Meaning through Intertextuality: Isomorphism of Defoe's *Robinson Crusoe* and Tournier's *Vendredi ou les limbes du Pacifique.*" *Australian Journal of French Studies* 18 (1981): 77–88.

Sartre, Jean-Paul. *La Nausée.* Paris: Gallimard, 1938.

Sbiroli, Lynn Salkin. *Michel Tournier: La Séduction du jeu.* Genève: Slatkine, 1987.

Schelling, F. W. J. *Œuvres métaphysiques (1805–1821).* Trad. Jean-François Courtine et Emmanuel Martineau. Paris: Gallimard, 1980.

Shattuck, Roger. "Locating Michel Tournier." *The Innocent Eye.* New York: Washington Square, 1986. 250–66.

Stirn, François. *Vendredi ou les limbes du Pacifique: Analyse critique.* Paris: Hatier, 1983.

Strauss, Walter A. "Tournier's Quest for Sophia." *Literature as Philosophy / Philosophy as Literature.* Ed. Donald G. Marshall. Iowa City: U of Iowa P, 1987.

Sud. Numéro hors série. *Michel Tournier.* Printemps 1980. Articles de Christiane Baroche, André Clavel, Patrick Grainville, Agnès Gramond, Salim Jay, Serge Koster, Jacques Lovichi, Jean-Marie Magnan, Catherine Marty, Jean-Michel Maulpoix, Hubert Nyssen, Jean-Max Tixier, Jean-Bernard Vray.

Sud. Numéro hors série. *Michel Tournier.* Hiver 1985–86. Articles de Jean Arrouye, Christiane Baroche, Kirsty Fergusson, Serge Koster, Jean-Marie Magnan, Catherine Marty, Françoise Merllié, Roger Shattuck, Jean-Bernard Vray, Michael Worton.

Tacou, Constantin, et al. *Mircea Eliade.* Paris: Editions de l'Herne, 1978.

Vickery, John B. "Literary Criticism and Myth: Anglo-American Critics." *Literary Criticism and Myth.* Ed. Joseph Strelka. University Park: Penn State UP, 1980.

———. "Literature and Myth." *Interrelations of Literature.* Ed. Jean-Pierre Barricelli et Joseph Gibaldi. New York: MLA, 1982.

———, éd. *Myth and Literature: Contemporary Theory and Practice.* Lincoln: U of Nebraska P, 1966.

Vierne, Simone. "La Littérature sous la lumière des mythes." Tacou 350–54.

———. *Rite, roman, initiation.* Grenoble: PU de Grenoble, 1973.

Wilson, Emma. "Tournier, the Body and the Reader." *French Studies* 47.1 (1993): 43–56.

Worton, Michael. "Myth-Reference in *Le Roi des Aulnes.*" *Stanford French Review* 6 (1982): 299–310.

Zeldin, Theodore. "The Prophet of Unisex." *The Observer* [London] 30 janvier 1983: 43.

Zola, Emile. *Correspondance.* Ed. B. H. Bakker. Tome 5. Montréal: PU de Montréal, 1985. 6 tomes. 1978–87.

Index